编 委 会

主　编　曾娟娟　袁静云　孙青波

副主编　刘季商　周　婷　江秋兰

编　委　邓宝玲　匡兰凤　王　霞　陈笑兰

实用应用文写作教程

SHIYONG YINGYONGWEN

XIEZUO JIAOCHENG

主　编　曾娟娟　袁静云　孙青波

四川大学出版社

责任编辑:陈 蓉
责任校对:王小碧
封面设计:胜翔设计
责任印制:王 炜

图书在版编目(CIP)数据

实用应用文写作教程 / 曾娟娟，袁静云，孙青波主编. —成都：四川大学出版社，2018.8
ISBN 978-7-5690-2289-6

Ⅰ.①实… Ⅱ.①曾… ②袁… ③孙… Ⅲ.①汉语-应用文-写作-高等职业教育-教材 Ⅳ.①H152.3

中国版本图书馆 CIP 数据核字（2018）第 196014 号

书名 **实用应用文写作教程**

主 编 曾娟娟 袁静云 孙青波
出 版 四川大学出版社
地 址 成都市一环路南一段 24 号 (610065)
发 行 四川大学出版社
书 号 ISBN 978-7-5690-2289-6
印 刷 四川盛图彩色印刷有限公司
成品尺寸 148 mm×210 mm
印 张 11.625
字 数 311 千字
版 次 2018 年 12 月第 1 版
印 次 2018 年 12 月第 1 次印刷
定 价 38.00 元

◆读者邮购本书,请与本社发行科联系。电话:(028)85408408/(028)85401670/(028)85408023 邮政编码:610065
◆本社图书如有印装质量问题,请寄回出版社调换。
◆网址:http://press.scu.edu.cn

前 言

本书结合社会发展对技能人才综合能力的要求，在传统应用文写作教材编写体系的基础上进行了大胆改革。在体系上，根据“项目导向、任务驱动”的能力本位的教学改革要求，采用了项目式的编写方法，即引入“教师为主导、学生为主体”的“行动导向”教学模式，将创业教育、职场综合能力教育融入应用文写作教学中，重在激发学生学习应用文写作的兴趣，提高其应用文写作水平。这是“行动导向”教学模式在文科领域的有益探索，以期学生在学习过程中自然而然地提高职业能力，提升职业素养。

本书打破了传统的应用文写作教材分类编排模式，模糊了传统文种的类别，强化了职场情境与需求，由校园重要文书过渡到职场应用文书，将四十多个应用文文种按照毕业、求职、职场应用的逻辑纳入了“顺利毕业”“招聘求职”“创新创业”“宣传包装”“职场沟通”“事务管理”六大模块。涵盖的各类应用文种体现出与大学生学习、工作和生活的共时性、过程性、发展性，有利于大学生取得较好的学习实效。

学习过程设计了“文种知识”“模板指导”“范文欣赏”“拓展训练”“知识链接”等，安排了学生自学、理论教学和实践练习等环节，写作有“情境模拟”，训练有“模板指导”，并对文种的难点、重点以及文种的区分配以简单明了的知识导图。“知识链接”用以增强教材的信息量，加深学生对各文种的理解，让学生真切体会到职场乃至生活中应用文使用的广泛性和必要性，以实实在在地提高其应用文写作水平。

在本书的编写过程中，编者精心选录了一些范文和案例，选入时有改动，并参考了相关文献，因条件有限，未能一一与相关作者取得联系，在此向这些文献资料的作者们表示衷心的感谢！

限于时间和编者的学术水平，失误与疏漏在所难免，敬请读者批评指正。

目　录

模块四　宣传包装

模块五　职场沟通

模块六　事务管理

导　学

应用文写作课程是高职院校普遍开设的一门公共基础必修课，对于培养学生的语言表达能力、应用文写作能力，全面提升学生综合素质，培养复合型人才具有重要意义。然而，在应用文写作课程实际教学过程中，存在教学内容比较枯燥、教学方法相对呆板、学生学习积极性不高的问题。要想合理解决以上问题，应用文写作课程就必须牢牢把握住应用文本身“实用性”的特点，在教学内容和教学方法上进行合理改进。

本书为了满足我国当前高职高专教学改革的需要而编写，结合“校企合作”的高职教育教学特点与途径，遵循“以够用为度，以适用为则，以实用为标”方针，以职业活动为导向，以职业技能为核心，突出项目化的教学特色，体现了融实用性、技能性、职业性、趣味性和可读性于一体的高职教育教学特色。特别是强调理论与实践的结合，设置了一系列具有可操作性的项目，并引入模板指导和范文评析，使学生能够更好地把理论知识应用于实践，提高学生的学习兴趣和学习效果。

一、教学模式

本教材遵循理论教学为专业技能服务的宗旨，坚持以就业为导向，以能力为本位，面向社会，为大学生的职业生涯发展奠定基础。在编写过程中，从强化技能角度出发，紧密结合学生就业所需的专业知识，以项目化教学为依托，培养学生在熟悉各文种应用文写作的基础上分析问题、解决问题以及交流沟通、团队合作的能力。在教学中建议采用“行动导向”理念下的项目化教学法、大脑风暴法、卡片展示法、文本引导法、模拟教学法、角色扮演法、案例教学法等教学方法。

二、教学流程

本教材教学项目包括：大学生毕业—就业—创业。以大项目贯穿全书，并将每个大项目分解为几个小项目。本教材设置了六大学习模块，并在各个学习模块设置了可操作性较强的项目活动，具体见表1。

表1　六大学习模块

六大模块	应用文种	具体过程	拓展知识	可设置项目活动
应届准备顺利毕业	1. 实习报告 2. 毕业论文 3. 毕业设计	1. 小组结合专业确定论文选题 2. 小组共同完成任务 3. 各组分别推选一名答辩代表和一名答辩评委	答辩注意事项	论文答辩
初入职场招聘求职	1. 启事、招聘启事 2. 简历 3. 演讲词 4. 竞聘词	1. 招聘应届毕业生 2. 通过面试正式入职 3. 初入职场 4. 竞聘公司市场部经理，开拓某地市场	1. 求职面试礼仪及技巧 2. 公司制度及岗位职责	求职面试 竞聘会

续表1

六大模块	应用文种	具体过程	拓展知识	可设置项目活动
勇闯职场创新创业	1. 计划 2. 策划书 3. 开幕词、闭幕词 4. 产品说明书	1. 成立新的分公司 2. 策划开业庆典，完善产品	1. 相关的法律知识 2. 筹备活动的流程	1. 自主创业开业庆典 2. 创新与完善产品 3. 宣传策划
职场推广宣传包装	1. 名片 2. 海报 3. 请柬 4. 贺信、祝词 5. 新闻	1. 行业内部交流 2. 制作活动新闻宣传	1. 名片的设计知识 2. 名片的收发礼仪	1. 新产品推广会 2. 新闻发布会
规范洽谈职场沟通	1. 通知、会议纪要 2. 请示、批复 3. 条据 4. 函 5. 介绍信、证明信	组织会议 合作交流	相关法律知识	工作会议
深入市场事务管理	1. 合同 2. 调查问卷 3. 调查报告 4. 工作总结	年终工作总结表彰会	相关法律知识	商务谈判 总结表彰会

本教材打破了传统的以知识传授为目的的学科体系，紧密结合学生校园生活实际和职业能力普适性需求，以培养能力为导向，将应用文种分为六大模块，实施项目化教学；每个项目模块则设计若干任务，并进行项目描述，便于在教学中为任务设定具体事件或情境，充分体现了任务驱动、突出能力和素质培养的职教理念和先进的课程教学观。同时，在模块的确定上做了精心编排，将创新创业思想融入其中；在文种的甄选上，简单文种和复

杂文种参半；在知识体系构建上，根据学生写作训练的需要，以必要、够用为原则；在范文的挑选上，注重规范性和代表性；在实践项目设计上，体现了与校园生活和实际工作需求接近的层次性和多样性。

三、教学环节图

学生紧扣专业，通过模拟活动、角色扮演等，对应用文相关文种的实际运用会有更清晰的了解。这种模拟毕业、就业、创业活动的应用文教学模式以学生自主活动为中心，使其在情境写作、拓展训练、项目活动、成果展示、学习评价等具体的教学活动环节中，获得真实的角色体验、情感体验、情境体验和价值体验，更好地掌握应用文写作技能，并增强口语表达、职业沟通、团队合作、自我管理等从业核心能力，初步树立职业意识，培养职业行为习惯，并养成职业道德价值观。在此模式下教学，教师也由施教者变为学生学习的帮助者和促进者。

教学设计主要包含五个环节（如图 1 所示），可根据实际情况调整顺序。根据教学环节的不同，可采取多样性的评价方式，

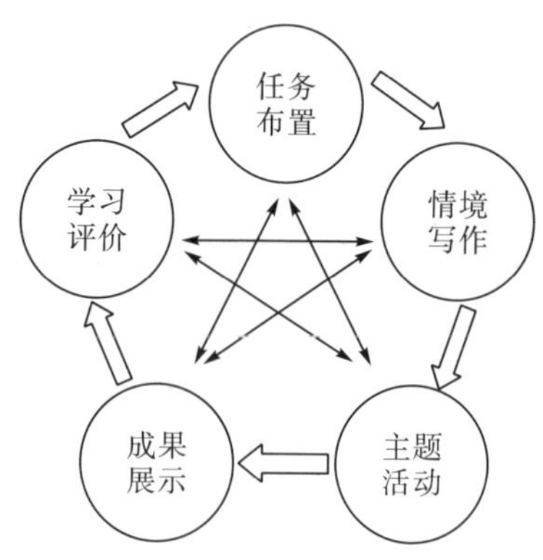

图 1　教学设计

如学生自评、小组互评以及教师评价等，通过角色体验、任务驱动、成果展示、项目活动实现技能、知识一体化，教、学、做一体化。

四、教学方法

以行动为导向的教学，其理论教学和实践教学是不可分割、融为一体的。“行动导向”教学模式作为一种新型的职业教育教学方法，对推动职业院校的教学，特别是培养学生的职业行为能力具有重要作用。本书整体上采用“行动导向”的理念，将应用文教学从课堂延伸到校园，从书本延伸到职场，从训练延伸到应用，使学生获得角色体验、情境体验、情感体验、价值体验，将学生的个体行为和学习过程与适合外界要求的“行动空间”结合起来，提高个体行动的“角色能力”，使其体验个人在小组分工中的作用，通过“文种知识”“模板指导”“范文欣赏”“拓展训练”“知识链接”等学习环节，充分调动学生的主动性，培养学生良好的写作习惯。

五、教学实施

（一）实施原则

在具体实施项目时，按自由组合原则，4 至 5 人一组将学生划分为若干学习小组。以小组形式共同讨论完成以上不同类别的文书训练项目（以任务卡或习作的方式），共同参与子项目下的实践、展示、考核和答辩，再经小组互评或教师点评得出分数，所得分数作为期末考核成绩。

（二）考核原则

本课程对学生的考核可从学习素养、学习能力与学习效果三方面展开，其中学习素养包括考勤和课堂表现，学习能力包括每一次任务完成情况，学习效果可表现为期末成绩。这三方面的考核分值可依据不同院校、不同专业进行设置。

考核总成绩=考勤+课堂表现+任务考核+期末考核。

六、教学实施注意事项

第一，及时更新案例和范文。

第二，要求学生在课堂规定的时间内完成相关的写作任务。

第三，有条件时可将学生带到课堂外，例如进行校企合作，去相关的企业、公司调研。

模块一　顺利毕业

项目活动一　模拟毕业答辩

实习报告

一、文种知识

（一）实习报告的概念

实习报告是实习人员撰写的对实习期间的个人工作学习经历及个人思想和能力提高情况进行描述的文本。它是应用文写作的重要文体之一。

实习报告可以如实客观地反映实习情况，同时撰写者也可以从中发现知识学习的不足，有利于及时纠正和补充，为未来工作打下坚实的基础。

实习是生产实践过程中理论联系实际的重要环节，是培养应用型人才必要的基础训练和从业、创业的适应阶段，而实习报告的撰写又是知识系统化的吸收和升华过程，要体现出学生掌握专业必备的基础理论和专业知识的程度，以及从事本专业实际工作的基本技能和初步能力综合运用的水平。

（二）实习报告的特点

1. 真实性

真实是实习报告的生命。实习报告的真实性表现为以事实为根据，不仅报告中涉及的人物、事件要真实，而且事件发生的时间、地点、背景、过程、原因和结果也必须真实。

2. 客观性

客观性是指客观地反映事实，忠于事实，不带有调查者的主观随意性。撰写实习报告时应对实习情况进行客观的记录，对自己的失败和成功进行客观的总结，必须杜绝凭空想象、任意虚构的做法。

3. 概括性

实习报告以叙述实习过程和结果为主要内容，但不是对全过程不厌其详、不分主次地进行材料的堆砌与罗列，必须按照一定的目的要求，对材料进行认真的综合分析、整理加工，用清晰、简练的文字，概括地叙述实习活动的基本情况，集中反映工作中某些方面的操作规律和程序。

（三）实习报告的分类

实习报告按实习内容和实习时间的不同，可分为多种类型。

按实习内容可分为教学实习报告、生产实习报告、课程实习报告和毕业实习报告等。

按实习时间可分为阶段实习报告、暑期实习报告、寒假实习报告、毕业实习报告等。

（四）实习报告的结构

实习报告大致由前置部分、主体部分和附件部分组成，具体内容如下。

1. 前置部分

（1）封面的内容。包括学校、系、专业、学生姓名、实习报告题目等，题目要求能够反映实习的内容或实习单位。

（2）目录。用以反映实习报告的结构和主要内容，也可以省略。

2. 主体部分

（1）标题。可采用文种式标题，即直接写成“实习报告”；也可以采用实习内容或实习专业名称加文种的方式，如《秘书专业实习报告》；还可采用正副标题，如《实践长真知——××公司实习报告》。

（2）署名。在标题下写明作者所在的专业、班级及姓名。标题和署名也可按所在学校的统一规定来设置，如单设封面，按标题、实习单位、实习者姓名及报告撰写日期的顺序一一标明。

（3）前言。主要介绍实习期的情况，包括本次实习的目的、意义、要求等，要做到简明扼要。

（4）正文。这是实习报告的核心部分，占主要篇幅，可按实习大纲要求，把掌握的材料分章分节地写出来，包含以下四个方面。

①实习目的。言简意赅，点明主题。

②实习单位及岗位介绍。扼要介绍实习单位的情况，如当前的规模和特点、过去的建设情况、今后的规划等，要求详略得当、重点突出，重点应放在对实习岗位的介绍上。

③实习内容及过程。这是重点，要求内容翔实、层次清楚，侧重写实际动手能力和技能的培养、锻炼和提高，但切忌日记式或记账式的简单罗列。

④实习总结及体会。包括对实习单位工作的建议与设想，在本次实习中的思想收获与心得体会，向为本次实习提供条件、给予帮助的单位与个人致谢。

这部分是精华，要求条理清楚、逻辑性强；着重写出对实习内容的总结、体会和感受，特别是自己所学专业理论与实践的差距和今后应努力的方向。

⑤结尾。概括全文，得出结论，还可针对问题提出建议。若正文已包括上述内容，可不要结尾。

3. 附件部分

附件部分主要是实习鉴定，由实习单位签章，作为附件放在正文后面。

（五）实习报告的写作要求

第一，要具备四要素，即实习时间、实习地点（单位名称）、实习目的和实习内容，其中后两者是实习报告的主要内容。

第二，要重点突出。实习报告不同于工作日记，不能事无巨细，什么都写，必须对所做工作和所见所闻进行有目的的筛选。选取的材料必须围绕报告的主旨，要突出重点。

第三，内容必须实事求是，客观真实，准备完备，合乎逻辑，层次分明，语言流畅，结构严谨，符合学科及专业的有关要求。

二、模板指导

表1-1　实习报告的模板

模式	文字模板
简介、缘由、时间、目的 实习单位情况 文种承启语 实习内容和过程 专业收获 体会 其他	××××实习报告 我是××学院××专业××级××班的学生。根据学校的教学计划安排，我于今年×年×月×日到××公司进行了××实习。此次实习的主要目的是××。（实习生情况及实习缘由、时间、目的） ××公司主要从事××。（实习单位情况） 现将实习的内容及收获报告如下：（文种承启语） 一、实习内容和过程 （一）××××。（做法、专业知识和技能） （二）××××。（做法、专业知识和技能） 二、专业收获 （一）××××。（专业知识与技能应用方面的收获） （二）××××。（专业知识与技能应用方面的收获） 三、体会 ××××。（包括存在的问题、努力方向及与专业有关的思考和建议） 四、对实习作出总评性评价 五、致谢

三、范文欣赏

【范文一】

××市人民检察院实习报告

法律系04级××

一、实习目的（略）

二、实习时间：2006年2月21日—2006年4月7日

三、实习单位和部门：××市人民检察院反渎职侵权处

四、实习单位简介（略）

五、实习工作情况

（一）学习渎职侵权案件的具体规定

进入实习单位，领导向我介绍了关于反渎职侵权处的基本情况，又交给了我一本关于反渎职侵权的工作手册。我认真学习了有关反渎职侵权案件的知识，加深了对渎职侵权的认知程度。

（二）法律文书处理

在实习期间，我协助处理了××市各基层检察院反渎职侵权科的立案报批表，负责录入一些预立案件的基本情况，协助打印、记录一些询问和讯问笔录。

（三）协助办案人员办理相关案件

实习过程中，我跟随检察人员办理了一起税务人员渎职案件，一起司法人员渎职案件，一起海关工作人员渎职案件。

六、专业知识在实习过程中的应用（略）

七、实习过程中发现的问题、原因及解决途径

（一）发现的问题

第一，案件的后续工作做得不够。侦查人员办理完案件之后没有对案件出现的原因进行分析，没有及时向一些单位提出司法建议，这对犯罪的再预防不利。

第二，在办案过程中，现代科技手段的应用不完善。我实习

期间，××省正在全面推进询问、讯问过程全程录音录像工作，但我在跟随办案过程中发现这些技术设备不完备，相应的软件程序不是很先进，技术人员的技术水平也不是很高。

第三，跨地区办案效率不高。在办理一些案件时，行程很远的出差，只是核实几个问题，有时还要多次前往同一个地方，办案效率不高，浪费了国家的司法资源。

（二）原因分析

第一，办案人员有“事不关己，高高挂起”的倾向，只关注自己办理的案件中的问题，对引发犯罪的原因关注不够。

第二，培训和学习体系不完备。技术人员的学习和培训没有跟上时代进程。

第三，地区合作不够，异地司法协助的功能没有发挥好。

（三）解决途径（略）

八、实习体会

第一，要刻苦学习理论知识，应当明白“书永远都不白读”的道理。现在许多同学认为，书上讲的在实践中是用不上的，看书没用。从我的实践经验来看，如果没有书本上积累的知识，实践将缺少方向。

第二，现实中的案件是复杂的，单凭理论知识是不能解决实际问题的。参加实践对理论知识的学习和深化意义重大。

第三，掌握现代办公手段非常重要。办公自动化、网络化，能够提高办案效率，节约国家资源；全程录音录像，提高了案件的透明度，对司法文明的发展具有极大的推动作用。

第四，必须扩展知识面，增强综合素质。在这次实习中，我接触的很多案件都与其他学科有联系。例如，在查账过程中，会计、税务知识显得极为重要；交通、海关知识对于案件的侦查也非常有帮助。

2006年4月8日

【范文评析】

这篇实习报告分为八个部分，所列内容非常全面且有实际意义。全文层次分明，脉络清晰。不足的是，该报告有的部分过于简略，特别是应作为重点来写的第七部分和第八部分，没能充分展开、深入分析，使得报告流于肤浅。

【范文二】

奥美商务咨询实习报告

新闻学院广告系 07 级×××

一、实习时间

×年×月×日—×年×月×日

二、实习单位

上海奥美商务咨询有限公司

三、实习职务

PRIntern

四、实习目的

学习公关公司的运作模式，理解公关活动操作流程，了解危机公关的处理程序。

五、单位概况

1948 年，大卫·奥格威在纽约创立自己的广告公司。

今天，奥美已经从两个员工的小公司成长为全球八大广告事业集团之一，拥有分布在 100 个国家和地区的 359 个分支机构。

奥美隶属的 WPP 集团，是世界上最大的传播集团之一。凭借 WPP 集团的雄厚实力，奥美已经成为调研、公关、设计、视觉识别、零售市场营销、促销和新媒体等传媒领域的专家。目前奥美集团旗下已有涉及不同领域不同专业的众多子公司，包括奥美广告、奥美互动咨询有限公司、奥美公关、奥美世纪、奥美行动营销、Brand Union、ITOP、奥美红坊等。奥美公关是中国最大的公关顾问公司，在北京、上海、广州、成都、深圳设有办公室，专长于科技、医药保健行销、企业财经、公共事务、体育营销和消费者营销等六大领域。

过去的50年里，奥美与包括美国运通、西尔斯、福特、壳牌、芭比、旁氏、多芬、麦斯威尔、IBM、柯达等在内的众多全球知名品牌并肩作战，创造了无数市场奇迹。

六、实习客户简介

福特：（略）

养乐多：（略）

七、实习经历

负责福特日常新闻简报及数据库的更新；

独立完成预测参展的各车型信息汇总报告；

协助参与4月份上海车展的现场工作及后续的出样监测；

协助调研训练营相关信息及活动后续媒体监测；

协助阿迪达斯小组参与了Me，Myself千人派对的现场工作；

负责养乐多日常危机新闻的监测与预警；

独立撰写基于监测公司报摘的养乐多月度报告；

协助6月份养乐多赞助的青岛乳酸菌研讨会的媒体跟踪监测；

协助参与7月份养乐多“还原奶事件”的危机处理。

八、实习内容

1. 福特

今年3月份适福特新嘉年华上市，其目标受众为20～30岁首次买车的年轻消费群体，同时为了体现对中国这一新兴汽车消费市场的重视，新嘉年华的三厢车型在中国首发。为了给新嘉年华造势，奥美作为其公关公司协助进行了大量的宣传工作，包括给各大主流媒体，汽车、运动乃至时尚类杂志发稿，并且在3月

10 日新嘉年华正式上市后的两周内集中监测网络媒体的报道及公众的论调。

4 月份的上海国际车展历来是众厂商不会放弃的宣传契机。福特作为美国三大汽车巨头之一，携新嘉年华与一款全新概念车亮相。我从 2 月下旬开始负责关于车展的“Intelligence Report”英文撰写，内容主要为罗列所有可能参展，尤其是全球首发的车型，进行归类并摘录相关细节，包括到会高层、展台信息等，每两周更新一个版本。

5 月份的工作焦点为上海车展后媒体出样的跟踪监测。网络媒体注明时间、来源、是否转载、作者、链接、摘要等，纸媒则附上相关扫描件。一般而言，网络媒体的出样速度最快，传播较广，能迅速形成规模效应，但内容大多是主办方官方稿件，相似性高，信息含量低。电视媒体一般是重中之重，由于兼备视觉与听觉的优势，信息含量较高。杂志媒体一般出样较晚，其对时效性的要求相应偏低，信息角度更为新颖。

福特在 6 月份举办了安全驾驶训练营，训练前期的资料准备及活动中后期的媒体监测与车展较为相似，这里不再赘述。

2. 养乐多

对于这个客户，我的工作是撰写月度报告。这份报告也是基于监测公司的动态报刊数据库进行筛选整合后的信息聚合。主要包括行业动态，竞争者动态以及所有涉及本产品的新闻、评论等。

意外的收获是 7 月份《齐鲁晚报》的一则失实报道，对养乐多造成了一定的名誉影响，我也在前半程跟进了这一危机的处理。

7 月 23 日，《齐鲁晚报》刊出养乐多娃哈哈仍在卖还原奶。同一天，网络转载 34 条，标题内含有养乐多关键词，且为鲜明的负面论调。

7月24日，养乐多在官方网站刊出醒目告示，养乐多属于含乳饮料，不属于饮品，此报道有谬。

下午我协助搜索到所有版面的报道并电话询问相关编辑的联系方式，用电话、信函、传真等形式澄清了事件原委，出示了养乐多的声明及《齐鲁晚报》的撤稿函，要求网络撤销转载。截至晚上，华龙网、网易等各大门户网站已经证实为不实报道并撤稿。

九、实习体会

公关在很多人的印象中也许是请客应酬，也许是给媒体发发小红包，这固然反映了部分现实，但如果认为公关仅限于此，那也过于偏颇。公关的功能性定义为：社会组织为了生存发展，通过传播沟通、塑造形象、平衡利益、协调关系、优化社会心理环境、影响公众的科学与艺术。

养乐多的危机事件告诉我们：在这样一个信息社会，任何一条消息只要经过合适的传播均有可能对企业造成无法预估的影响，从这个事件里，可以看到公关并不意味着就是拉关系，掩盖真相，而是起一种和公众沟通的作用。面对不实报道，公众其实处于信息不平等的地位，如何第一时间告知真相并取得消费者的理解，这不仅与企业的处理方式有关，更考验其长期以来的品牌形象和消费者对品牌的忠诚度。

记得在某本书里看到过，公关就是要尽量避免所有的不确定因素。这句话在活动执行过程中也得到了充分体现。我认为，公关活动的流程从本质上而言就是反复修改和确认，无限地细分，精确无误地实行，最后即时监测媒体效应。

在奥美的半年，我充分参与了一系列的公关活动。虽然没有太多机会参与前期的统筹与策划，但是后期琐碎而不乏完整性的工作依然给了我很大的成就感。我也接触了一直以来相当感兴趣的危机公关，而这个环节给了我一些思考空间。

十、一些思考（略）

资料来源：盛夏的果实——复旦大学新闻学院06、07级大、小实习报告精华汇编，http://www.doc88.com/p—7827396717062.html。

四、拓展训练

根据所学的知识，联系本专业近期的实习安排，写一份规范的实习报告。

五、知识链接

实习纪律要求

第一，严格遵守国家法令，遵守学校和实习单位的有关规章制度，尊重实习单位的领导和职工，虚心学习。

第二，服从领导，听从指挥，不迟到、不早退、不旷实习、不擅离职守。实习期间一般不得请假。

第三，团结友爱，文明礼貌，严禁酗酒闹事、打架斗殴以及其他不文明行为。

第四，严格遵守保密制度，不遗失和损坏保密文档。

第五，爱护公共财物，不得擅自动用实习单位的仪器设备和实习用品。

第六，严格遵守操作规程和安全制度。

第七，注意交通安全，遵守交通规则，防止交通事故。未经批准，学生一律不准离队单独活动，不准离队外宿，更不得到无安全防护措施的水域游泳。

第八，要培养勤俭节约的优良习惯，不浪费水电，不准私自使用电炉、煤炉等。

第九，凡违反上述规定造成个人人身安全事故和损失的，由个人负责。造成集体和国家损失的视情节轻重，按照学院和单位规定或国家有关法纪、法规处理。

毕业论文

一、文种知识

（一）毕业论文的概念

毕业论文是高等学校学生在专业和相关课程学习的基础上，就学科、专业或科学研究领域的某一问题进行讨论、研究或总结，由此形成的具有一定学术价值的研究论文，是应用文的种类之一。

毕业论文由学校统筹安排、教师负责指导、学生独立完成，是教学目标完善的需要，是教学质量评价的手段，是人才培养中的重要因素，是高等院校学生毕业的重要环节。

（二）毕业论文的特点

1. 学术性

学术性是指毕业论文所讨论、研究的某一问题在相应的学科领域所具有的学术价值与意义，体现了撰写者在特定学科的某一方面所具有的独特知识体系。

2. 科学性

毕业论文的科学性有三个方面的内涵：其一，论文内容要符合学科基本精神，研究成果能反映客观存在的自然现象或认识规律，客观可信，先进可行；其二，论文研究方法科学，态度严谨，即以科学的世界观与方法论为指导，用科学严谨的态度获取、分析、总结研究材料，从而获得科学可靠的结论；其三，论文写作形式要科学规范，即以统一规范的写作格式、严谨的结构、严密的逻辑、科学准确的语言把研究成果呈现给读者。

3. 创新性

创新性是决定毕业论文价值的最重要因素，是其核心与灵魂所在。毕业论文的创新性是指撰写者对特定的专业内容加以研究、探索，或运用独特的研究方法，或得到独特的结论或认识，即论文的独特性所在。

一般来说，毕业论文的创新性有三个方面的体现：其一，表现为选题视角或研究方法的创新；其二，表现为研究材料或研究内容的新颖，可以填补某一方面的空缺；其三，表现为研究成果、认识或结论的与众不同。除此之外，还有理论创新与应用创新之分。

（三）毕业论文的种类

毕业论文是一种特殊的应用文文体，时下通行的应用文写作教材极少对毕业论文进行分类。若从毕业论文的功能作用着眼，则有学位毕业论文与非学位毕业论文之分。

1. 学位毕业论文

学位毕业论文是撰写者根据专业内容所学，就某一方面的问题或现象进行研究、探索，把创造性的成果或认识按照一定的规范撰写成文，最终用于申请相应学位的论文。根据我国的学位设置情况，学位毕业论文有学士学位毕业论文、硕士学位毕业论文与博士学位毕业论文之分。

2. 非学位毕业论文

非学位毕业论文指为深化专业课程，完善教学目标与专业人才培养，作为毕业必要环节的一种论文。此种论文只作为毕业的条件之一，没有申请学位的功用，因而称为非学位毕业论文。大专院校学生的毕业论文多属此种类型。

（四）毕业论文的结构及其写法

毕业论文通常由标题、摘要、关键词、正文、参考文献与致谢六个结构要素组成，是一个相对完整的文本系统。

1. 标题

标题在概念上有广义与狭义之分。广义的标题包含总标题（论文题目）与一级标题、二级标题、三级标题等不同层级的标题；狭义的标题则专指总标题。在这里我们着重讲总标题。

（1）总标题的提炼要求。

①准确规范。所谓准确，就是语言表达要精准，没有逻辑错误，没有语病，意思清晰明了；规范则针对专业词汇的使用而言，即要选用学科的规范专业术语，慎用特殊专业术语，也没有必要为了求新而新造词语。

②高度概括。可以从两个方面加以思考：一是总标题要与论文相一致，并且是论文内容的高度概括与提炼，体现论文的写作主题、立论方向、关键要点，是论文总体面貌的缩影；二是注意标题的字数要求，25 字以内为宜。

③视角独特。总标题的视角决定论文的写作格局，质量高的论文往往都有独特的视角，因此在拟定论文总标题时要注意体现论文在构思上的独特视角，这也是论文创新的基点与开始。

（2）总标题的形式。

①单式标题。也就是单行标题，这种标题往往在独特的视角下，把论文所要表达的核心内容以精练的文字、恰当的逻辑通过一句话的形式加以呈现。如“林冲的性格矛盾及其悲剧命运”“从细节描写解读林冲的性格转变”。

②复式标题。复式标题由正题与副题组合而成，正题的内容往往宽泛、宏大、复杂、抽象，需要副题加以解释、说明或补充，使行文方向更加明确具体，或更有操作性。如“当代文学接受理论观念嬗变研究——以文学理论教材为中心”。

在篇幅较长的硕、博士学位论文中，根据写作需要，总标题下往往出现不同等级的标题，如一级标题、二级标题、三级标题。这些不同等级标题的拟定方式与总标题的拟定方式相似，但以内容概括的方式为主。不同等级的标题之间存在一个逻辑：一级标题充当总标题的论据，为总标题服务；二级标题充当一级标题的论据，为一级标题服务；三级标题充当二级标题的论据，为二级标题服务。同级标题之间也有一定的逻辑可循，有的是并列关系，有的是递进关系，有的是对比关系，也有遵照“是什么—为什么—怎么样”或“提出问题—分析问题—解决问题”这些逻辑关系的。

2. 摘要

摘要是毕业论文相对独立的一个部分，又称为内容摘要。顾名思义，是论文内容的概括性表述，即以简短的文字交代论文涉及的核心观点、结果或主要发现等信息。此外，摘要也可以根据需要，适当说明论文的目的、意义或方法等。

摘要以其直接简明的语言，让读者可以在短时间内捕捉到论文的核心内容，了解论文的整体构架，其字数往往有一定的限制。8 000字的论文，摘要字数可以以 100 字为参考值；3 万字的论文，摘要字数控制在 500 字以内为宜；10 万字的论文，摘要字数以1 000字为参考值；10 万字以上的论文，摘要字数以2 000字以内为宜。

3. 关键词

关键词是传达论文主要内容的几个词，往往根据标题、摘要中的重要概念或论文的核心内容提炼而成，由名词、动词或词组充当，3~5 个为宜。

4. 正文

正文是毕业论文的核心部分，通常情况下，由引言、主体、结论三个结构要素组成。

（1）引言。

引言是正文内容的开头部分，又叫引论、导论或绪论。引言，在论文中的作用就是把论文所要论述的核心问题引出来，起到引导的作用。具体内容可以从以下三个方面着手。

第一，论述论文选题的由来、背景或依据，交代选题的价值或意义。此部分内容旨在论述为什么做相关选题的研究，其理论价值和现实意义是什么。

第二，进行这一选题的研究现状述评，秉着实事求是的原则，对与选题相似的已有研究成果进行客观的概述与梳理，在梳理的过程中以自己的研究思路或定位为出发点，进行研究现状评价。

第三，明确论文的研究思路与定位，提出研究的主要问题，并围绕主要问题论述论文的整体构架。

引言只是论文的引子，却十分必要。在篇幅较长的硕、博士学位论文中，引言常常放在正文的开头，单独成为一部分；若是在篇幅较为短小的论文中，就没有必要单独作为一部分，与正文内容一起，写在正文开头即可。引言的撰写要力求简明扼要，直截了当，说清论文由来、依据及整体研究思路，能起到引出主体内容的作用即可。

（2）主体。

主体是毕业论文的核心内容，又叫本论，是围绕论题而进行的详细论述，具体内容因人而异，因选题而各有不同。但在撰写过程中，需要注意以下四个方面。

第一，以问题为导向，突出中心，观点鲜明，内容充实，论述有理有据。

第二，层次结构合理，逻辑严密，各个部分的内容要紧扣标题，突出核心问题，有层次地展开论述，切勿堆砌，胡乱拼凑。

第三，引用合理、得当，所引用的内容、数据需要有针对性，能说明问题，且要尊重他人成果，对所引用的内容规范注释。

第四，规范使用专业术语，语言表达准确、流畅、朴实，没有语病，文从字顺。

（3）结论。

这部分既是对引言的照应，也是对主体内容的总结与深化。此部分的写作需要注意以下两个方面。

第一，在得出结论或总结全文内容时，不是把前文内容机械相加，或重复已论述的观点，而是针对论文提出的主要问题进行集中概括，并加以阐释，最终形成基本的观点或认识。

第二，此部分内容除结论之外，也可以适当阐释研究结果的理论价值与实践意义，或对论文已经涉及但未能解决的问题进行说明，提出一些设想与意见。

5. 参考文献

参考文献位于正文内容之后，是论文必不可少的一个部分，既是对已有研究成果的尊重，也是判定论文价值的重要依据之一。参考文献的选取与罗列需遵循以下三个原则。

第一，真实性。文中直接引用并进行注释的文献资料，一定要出现在参考文献当中；未在文中引用或出现，但对论文写作具有重要参考价值的，也要罗列其中。

第二，代表性。当参考资料繁多时，应该着重选择与论文内容关系密切、对论文起重要作用、在该领域有代表性或最新的文献资料作为参考文献。

第三，规范性。参考文献应按照特定的规范有序罗列。

6. 致谢

此部分内容往往出现在学位毕业论文中，尤其是硕、博士学位论文。在撰写毕业论文与研究过程中，撰写者对曾经给予帮助的人以书面形式表示感谢而形成的内容就是致谢。致谢部分的内容除感谢之外，也可以记述自己撰写毕业论文的过程或感悟。

（五）毕业论文写作的注意事项

第一，注重资料的收集与整理。毕业论文写作是一个漫长的过程，在动笔写作之前，往往需要收集大量的文献资料，并对文献资料加以分析，以明确选题范围与方向。

第二，注意选题方法。通过对文献资料的阅读与整理，在敲定选题时有一定的方法可循：一是联系学术前沿与热点，或紧靠专业领域中亟待解决的课题；二是留意未经充分研究或关注较少的专业问题；三是选择一个恰当而又相对独特的研究视角，并对选题加以提炼。

第三，拟定写作提纲。在提炼好论文题目之后，根据文献资料，进一步捋清思路，进行写作构思，列出写作提纲，搭建论文整体框架。

第四，注意论文的整体性与自洽性。整体性，就是把论文各个部分的内容组合起来，构成一个相对完整的系统或者整体；自洽性，主要指论文各个部分尤其是正文内容的设置与安排要合理，逻辑严密，论证充分有力，能说明论题或问题。

第五，语言表达力求规范得体。论文的语言讲求朴实有力，科学严谨，客观准确，能说清问题即可，不需要追求辞藻华丽，也不可堆砌专业术语。

第六，反复修改。在论文提纲的指引下进行写作，组织文字，充实内容，待到初稿完成后，根据指导老师的意见反复修改，尤其需要重视格式、体例与语言表达上的细节，以在修改中不断完善。

二、模板指导

____

（正题：在整体上勾勒写作方向，概括写作主题或核心内容。）

____

（副题：对正题进行解释、补充、说明或具体化。）

摘要：____（概括论文的主要内容，勾勒论文的整体面貌。）

关键词：________ ________ ________ ________（体现论文核心内容的名词、动词、词组或关键术语，3~5 个为宜。）

____（引言：从选题的由来与背景论述过渡到论文的研究方法、定位与写作思路陈述，篇幅不宜过长，能起到引出正文的作用即可。）

一、____

（一）____

1\. ____

2\. ____

3\. ____

（正文：论文的主体内容，围绕论题进行详细的论述。此部分内容的写作要求观点明确，合乎逻辑，论证科学严谨、有效严密，语言表达准确流畅。这部分内容可以通过并列、递进、对比等方式进行组织，也可以遵照“是什么—为什么—怎么样”或“提出问题—分析问题—解决问题”这些逻辑关系进行安排。）

____

______________（结论：论文成果的集中体现。这部分内容是在结构上对引言进行的呼应，在整体上纵观全文，对论文内容的论述作出综合概括，得出基本结论、观点或有关想法。）

参考文献：

[1] 赵××，周赵××. ××理论［M］. 北京：××大学出版社，2018.

[2] 钱××. 基于××的嬗变研究［J］. ××刊，2018，3（2）.

[3] 孙××. ××的发现［N］. ××日报，2018－05－04（1）.

三、范文欣赏

【范文】

当下教育生活的文学书写及其思考

——论温新阶的中篇小说《铁猫子》

摘　要：在职业生活背景下，温新阶以现实主义笔触推出最新的教育题材小说《铁猫子》，从教育生活的一个侧面再现了当下受到钳制的教育状况，并揭示了作为社会小人物的教师在教育中的价值选择与命运。

关键词：写实立场　钳制　小人物命运

温新阶的中篇小说《铁猫子》，是一篇典型的教育题材小说，是作者对自己教育生活的一种记录，也是当下教育现实的一个缩影。教育题材的小说在当代小说中有着较为悠长的历史，本身并不新奇，但是在文学旨趣各异、题材繁杂的当下，小说《铁猫子》有着更为特殊的创作背景，反映了作者独特的文学追求和美学风格，给读者带来了一种更为特殊、新鲜的感受。

一、写实立场与现实主义的美学品格

在小说的作者简介中有这样一句话：温新阶，教书为生，业余写作。的确，他所写的就是他自己熟悉的教育生活，并且发表了一系列的教育小说，在发表《花椒刺》《请你回短信》之后，作者又推出了《铁猫子》。小说《铁猫子》对教育题材的选择与作者自身的教师职业生涯有着密切的关系，正如作者在“创作谈”中所说的那样：“我是一名教师，几十年生活在教师中间，我深深地理解教师。”或许，正是这样的教育生活催生了他的写作态度与立场，作者用小说的方式来记录当下的教育生活，对当下的教育生活进行文学书写，自然就成了一种自觉的追求。

小说中的竹园中学正是当下学校的一个缩影，在教师职业生活的主线之下，具有好校长形象的李中奎、老一代的模范老师张文光、满怀教育激情的青年教师欧阳向东，在现实生活中都能找到鲜活的对应。同时，社会整体教育政策和环境的变化，教师待遇问题，教师因利益而产生的微妙关系，校长与普通教师、教育局局长之间的复杂关系，学校与家长之间的关系，小说中包含的种种问题和现象，无不映射着现实的教育环境与生活。温新阶自己也说：“生活丰富多彩，我们在生活面前显得苍白无力，但是我们不能忘记生活，我在生活的浪涛中浮游，并且试着记录，仅此而已。”所以说，《铁猫子》对教育生活的记录体现着作者强调文学与社会生活联系的根本文学观念与态度，显示着小说的现实主义的美学品格。

二、教育现实中的钳制思考

《铁猫子》以写实的态度记录了作者作为一个拥有几十年教育经历的人所看到的当下社会的教育生活，体现了小说的现实主义美学品格。笔者认为这种现实主义的美学品格除了如实记录之外，还有更为深刻的一层内涵，即在记录这种真实生活的同时唤起一些思索。作者把小说题目定为“铁猫子”，或许就是留给读者进行思考的一条重要线索。

“铁猫子”作为标题，真正在小说中出现是在小说的末尾，占用了少量的笔墨。这样的安排应是作者深思熟虑的结果，隐含着一定的深意。作为读者或许都应该思考作者有意留下的这一问题，铁猫子意味着什么，仅仅是伤了石瑞的利器吗，受伤的又仅仅是石瑞吗？此刻，联系当下的教育现状，或许能够理解作者所说的铁猫子的真正含义。从铁猫子的直接指向上说，小说中的铁猫子是父亲石先刚安置的，却意外地伤了自己的儿子石瑞，在无形当中影响了石瑞中考时的正常发挥，进而激发了家长和学校的矛盾，引发了安全调查风波，并把竹园中学的一场场风波推向了高潮。由此可见，铁猫子代表着父辈钳制下的教育生活，家长不顾孩子的想法把自己的意志强加于孩子身上，干扰甚至阻碍了学生的自由发展和选择，这无疑钳制了正常的教育生活。

“铁猫子”不但象征着父辈对孩子的钳制，还象征着对教师的钳制，影响着教师的命运。从小说的人物命运来看，小说以“铁猫子”为喻，暗示了教师个体在现实教育生活中受到不同程度的钳制，这种钳制给教师个体的职业选择与命运带来了深刻影响，由此引发了作者对当下逐渐沦为弱势群体的教师这一社会小人物命运的关注与思考。作者本身就是教育系统中的一员，深切关注教师个体的命运。小说以竹园中学为背景，塑造了李中奎、张文光以及欧阳向东三个典型的教师形象，三人作为教师都以教育为神圣使命，李中奎一心为了竹园中学而周转于不同的场合，张文光与欧阳向东更是深刻明白教书非同一般的意义，认为自己担负着文化传承的责任，在山区过着简单朴素的生活，踏实地做着平凡的教育工作，享受着教书育人带来的快乐与受到的尊重。对他们来说，这应该是能够终其一生的一份工作。但是，他们的教育热情与坚守最终都在复杂的社会因素和微妙的人际关系之中备受挫折，兢兢业业的校长得到了处分与调令，一直不肯离开的张文光最终还是选择了离开，年轻的欧阳向东被解除聘用，他们带着伤感离开了曾经坚守的教育阵地，从此曾是县里一面红旗的竹园中学走向了下坡路。

三、教育现实中的价值观照

在对教师个体命运的揭示中，作者并不是那么悲观，从教师价值定位导向上说，小说有温暖亮色的一面。李中奎、张文光、欧阳向东是作者塑造的典型性人物，以他们的身份、地位和价值坚守为考察点，可以适当反思当下的教师职业选择和价值定位。

作者温新阶说，在今天这个时代，人们更加关注叱咤风云的经济人物，媒体渲染的是大款、大亨，现实中的人们狂热地追求经济利益，往往使人的价值定位、职业坚守有所偏移。风云人物毕竟只是社会中的少数，普通平凡的人才是多数，而真正能够折射一个社会的整体风貌，体现这个社会本真的往往是大众，是普通平凡的人。作者笔下塑造的众多人物形象就是这样的普通平凡的人，也即作者在“创作谈”中提及的小人物。教师，小说中所说的偏远地区的中学教师是社会中小人物的代表之一，正是教育中的这些小人物构筑了当下时代的教育大生活，也集中体现了这个时代的教育生态。年轻的欧阳向东，本可凭借优渥的家境去寻求一份在多数人看来更为体面的工作，他却执意要去偏远的竹园中学教书。在欧阳心目中，教书是一个伟大神圣且有意思的职业，教师是生生不息的人类文明的火把传递者，教师这个职业应该是光荣而又伟大的。充满教育激情和信念的他，来到竹园中学，不是为相对丰厚的三万五年薪，而是作为一个有精神追求的读书人对文化传承与接力的一份担当。

在这个追逐经济价值的时代，尤其在年轻一代中，有一个不为稻粱谋的读书人，能够把自己的职业选择为普通的教师，能够具有那份文化传承意识和教书育人的担当意识，这是极为可贵的。欧阳向东这样的职业选择与价值定位，或许是使教育摆脱

“铁猫子”钳制进入良性运行的一剂思想良方。

参考文献：

[1] 温新阶. 铁猫子 [N]. 北京文学·中篇小说月报，2014 (6).

【范文评析】

这是一篇以小说评论的方式形成的学术论文，与毕业论文性质相同。论文首先以当下多样的文学创作题材为切入点，引出对教育题材小说的特别关注与思考；接着围绕小说《铁猫子》，以写实的文学创作立场为论述起点，继而引发对教育现实中存在的钳制现象及教师的价值定位的思考。

四、拓展训练

（一）自主学习

在中国知网下载一篇与专业有关的期刊论文，从题目的凝练，摘要的写作，关键词的选取，正文内容的逻辑构架、语言及格式规范等方面进行自主学习。

（二）写作训练

结合自己的专业与兴趣，参照毕业论文的写作方式与要求，撰写一篇2 000字左右的学术论文。要求：选题可行，内容充实，结构合理，论证严密，表达得体，格式规范。

五、知识链接

（一）关于注释

在毕业论文写作过程中，如直接引用他人的文章、观点或成果，务必进行注释。注释的方式有以下三种。

1. 夹注

在正文直接引用的内容后面加上圆括号，在圆括号内注明参考文献，这种注释方式称为夹注。

2. 脚注

把同一页所引用的文献资料按顺序依次编号，标注在本页下方，这种注释方式即为脚注。毕业论文的注释多采用此种方式。

3. 尾注

把论文全文引用的文献资料放在正文结束之后，统一编号排列，这种注释方式叫尾注。

（二）关于参考文献

正文内容结束后，在参考文献条目下罗列参考资料时，需要注意体例与格式，可参照下列体例、格式进行罗列。

1. 专著

［序号］作者. 专著名［M］. 出版地：出版社，出版年份.

2. 论文集

［序号］作者. 书名［C］. 出版地：出版社，出版年份.

3. 学位论文

［序号］作者. 论文题目［D］. 高校所在地：高校名+论文性质，发表年份.

4. 期刊论文

［序号］作者. 论文题目［J］. 期刊名称，出刊年份，卷号（期数）：页码.

5. 报告

［序号］作者. 报告名［R］. 出版地：出版社，出版年份.

6. 报纸文章

［序号］作者. 文章题目［N］. 报纸名，出版日期（版次）.

7. 专利

［序号］专利所有者. 专利名［P］. 专利国别：专利号，出版日期.

（三）关于论文答辩

毕业论文定稿并不代表论文的彻底完结，因为定稿之后往往还有答辩这一环节。论文答辩是论文撰写者与答辩评委在一定情境下通过问答、辩论的方式对论文进行的一个审查过程。在答辩过程中，答辩人需要注意以下几个方面的事项。

按照答辩要求，认真准备好答辩自述及相关资料。在答辩前，尽量做一个演示文稿，呈现论文的选题依据、价值意义、特色、论证过程、主要内容等方面的信息。

答辩人要严肃认真，从容自信，做到有的放矢。答辩时，要认真听取答辩评委的意见及所提问题，抓住问题的关键，并进行有针对性、逻辑清晰的回应。作答时力求语言准确，简洁明快，表达流畅。

答辩态度要端正。第一，在答辩陈述中切勿大言不惭、妄自尊大，需谨慎稳妥；第二，面对答辩评委的看法或提问，要态度诚恳，坦诚直言，能求同存异，理性回应；第三，认真记录答辩评委的建议，以便在答辩之后对论文进行再次修改与完善。

毕业设计

一、文种知识

（一）毕业设计的概念

毕业设计是指大专毕业生在教师指导下，综合运用所学专业知识和技能，针对职业岗位中现实的课题（或问题）进行分析研究后写成的具有应用价值的文章，相当于一般高等学校的毕业论文，目的是总结检查学生在校期间的学习成果，是评定毕业成绩的重要依据。

（二）毕业设计的特点

1. 科学性

毕业设计本质上属于科技论文。虽然应届毕业生是在试验或考查中对专业项目进行设计，带有一定的主观性、预测性，但其设计也应具有一定的科学性，这样才能体现其对知识的掌握及运用能力。

2. 严谨性

毕业设计应力求详尽，以策划为主，力求设计方案缜密严谨。策划文案设计应包括活动环境分析、总目标、内容和措施、方案与实施、费用预算、日程安排等，如缺少项目，则无法实施。

3. 考查性

由于应届毕业生缺少设计操作经验，加上时间仓促，一般与实际设计要求会有一定距离。毕业设计重在强调使学生熟悉设计的过程，考查其运用原理的能力、查阅资料的能力、绘制图纸的能力、数据分析的能力以及文案写作能力，力求使学生得到全面综合的能力训练。

（三）毕业设计的分类

从涉及的内容和性质来看，毕业设计主要有工程（工艺）设计、产品（设备）设计和活动策划文案设计三大类。

1. 工程（工艺）设计

工程（工艺）设计，是关于工程的整体布局和建设的设计，主要是工艺规程设计，也包括主要设备的旋梯和专用设备的设计以及其他辅助设施的设计等，如某汽车生产流水线的设计、某高层建筑的设计、某交通管理系统的设计等。

2. 设备（产品）设计

设备设计又分为单体设备设计和零部件设计，产品设计则是某一产品的模具设计。设备设计具有局限性，主要对某一具体设备和零部件的规格、形式、传动结构等进行设计。

3. 活动策划文案设计

活动策划文案设计是指调研活动、宣传活动和促销活动等方面的设计。包括活动环境分析、总目标、内容和措施、方案与实施、费用预算、日程安排等内容。

（四）毕业设计的结构及其写法

通常由标题、摘要、关键词、正文、致谢、参考文献、附录七个部分组成。

1. 标题

毕业设计的标题也就是毕业设计的课题名称，它是毕业设计中最重要内容的概括，一般简短、明确，不使用缩略词、符号、代号和公式，不采用提问式，不超过 20 个汉字。

2. 摘要

摘要是毕业设计主要内容的提要，是毕业设计内容简短的陈述。摘要应说明毕业设计的目的、方法、结果和结论，表达要简明，语义要确切，一般不再分段落，字数一般不超过 300 字。

3. 关键词

关键词是从毕业设计报告的题目、摘要和正文中选取出来，对表述毕业设计报告的中心内容有实质意义的词汇或术语，一般列出 3~5 个即可。

4. 正文

正文是毕业设计的核心内容，包括前言、主体、结论三大部分，字数一般不少于6 000字（包括标点符号、图片等）。

（1）前言。

前言一般说明毕业设计选题的依据、目的、意义、范围、思想、方法等内容，概括地写出作者的工作，不要与摘要类同。

（2）主体。

主体是毕业设计的主要部分，主要陈述设计目标、方案论证、技术手段、设计过程、结果分析等内容。

设计目标：阐述本课题的设计为用户提供的主要功能，相应需解决的主要问题，及最终要实现的目标。

方案论证：提出设计思路，选择设计方案，通过分析、比较不同的方案，从中确定一种技术先进、经济合理的方案，同时阐明选择该方案的理由及其特点。

技术手段：根据设计方案，选取技术手段，包括选择、确定设计的软硬件环境、开发工具、核心技术和主要算法，采用的新技术、新方法、新工艺、新材料及其他创新的内容。

设计过程：详述设计步骤，论证设计思路。

结果分析：总结设计结果，分析技术性能。

3. 结论。

结论是对整个毕业设计报告主要成果的归纳和评价，要突出设计的创新点，做到首尾对应；结论部分一般还应对设计过程中尚存的问题以及需要进一步探讨的问题作必要的阐述，并提出相应的见解、建议和设想，为更深入的研究打下基础。

4. 致谢。

对指导教师和给予指导或协助完成毕业设计工作的组织和个人表示感谢。内容应简洁明了、实事求是、避免俗套。

5. 参考文献。

参考文献是毕业设计过程中研读的一些文章或资料，要按照引用的先后顺序，另起一页编号罗列。

6. 附录。

附录是与毕业设计有关但不宜放在正文中，又直接反映完成设计工作的成果内容，例如程序流程图、公式的推导、图纸、数据表格等有参考价值的内容。

二、模板指导

标题（毕业设计名称）

摘要（简要陈述毕业设计的内容、目的、意义等）

关键词（用3~5个词表达设计的中心内容）

正文：

（一）前言（说明选题的依据、目的、意义、范围、思想、方法等内容）

（二）主体（陈述设计目标、方案论证、技术手段、设计过程、结果分析等内容）

（三）结论（突出设计的创新点，点明设计存在的问题）

致谢

参考文献（参考的国内外研究成果）

附录（这部分可有可无，视情况而定）

三、范文欣赏

【范文】

关于学生成绩管理系统的设计报告

××大学信息管理系×××

摘　要：本文设计了一般学校通用的“学生成绩管理系统”。本设计采用目前通用的小型数据库Foxbase语言编写，以适应现行学校内部与外部交换信息的需要。

本设计以Foxbase为核心模块，开发出菜单模块、运算功能模块……采用功能模块式的组合方式，构建整个系统。

关键词：数据库　学生成绩　管理系统　设计

一、前言

目前，大多数学校在利用计算机管理学生成绩方面，还停留在“单独表格式文件管理、没有形成系统”的水平层面上，即采用的是半手工、半计算机式的管理方式。在计算机上录入编排学生成绩名册，并录入成绩，进行手工统计，最后排版打印。这种方式造成很大浪费，即计算机资源得不到分利用，且每学期录入一次名单，手工统计一次分数，费时费工。

为解决这一问题，我们先后调查了5所中小学和3所大学，分析了学生成绩管理工作一般过程的需要，设计了本管理系统。

二、系统原理说明

（一）系统构建依据

本系统的构建依据是一般学校的学生成绩管理过程。其过程是：新生学籍登记→一年级上下学期成绩登记（包括期中成绩登记、期末成绩登记、补考成绩登记）→各个学期成绩登记→毕业成绩汇总。

（二）系统内容和性能

在这个过程中，各环节所需要的功能如下：

学籍登记需要名单录入、修改、查询、打印等功能。

各学期学习成绩需要名单录入、学习科目名称录入、各科成绩登记、各科人均分数、各分数段人数统计、学生个人各科成绩平均分数、各科补考人数统计和补考成绩登记。

毕业成绩汇总需要登记各学期成绩，统计学习总分和平均分，登记毕业实习和论文成绩等。

以上各项必须具有录入、修改、查询和打印的功能，已录成绩需要具有计算、统计等功能。

整体系统如下图所示。

附：XSCJ系统流程原理图（图略）

三、系统设计

（一）数据库文件

1. 成绩库文件字段含义

QCJ（ABCD）库。

Q101——Q指期中，1指第一学期，01指第一门课程。

Q202——Q指期中，2指第二学期，02指第二门课程。

F101——F-Q101<60，读入1。

FZ——第一学期不及格课程门数。

FZ2——第二学期不及格课程门数。

QZ——第一学期期中总分。

QZ2——第二学期期中总分。

QP——第一学期期中平均分。

QP2——第二学期期中平均分。

KQ01——第一学期期中考试门数。

2. 打印库文件

（1）文件名：KCDY. DBF

说明：本库用于打印各类成绩报表有关课程名称、学院名称、专业名称。与其他库的连接字段为“班级”。

本库的结构与各个“管理系统”中的“课程库”（KCKA-BCD）结构相同。（略）

（2）文件名：XJDY. DBF

本库为学籍打印库，与XJKA-BCD结构相同。（略）

（3）文件名BYDY. DBF

本库为毕业成绩打印库，与“BYKA-BCD”结构相同。（略）

（二）功能模块设计

1. 软件整体界面与功能模块程序设计（略）

2. 录入、修改、查询界面与功能模块程序设计（略）

3. 运算、统计、打印界面与功能模块程序设计（略）

（三）数据库文件与功能模块文件关系一览表（略）

附件：

1. 软件整体界面程序

2. 录入、修改、查询程序

3. 运算、统计、打印程序

资料来源：王彦、黄小娥主编《应用文写作教程》，中国水利水电出版社，2015 年版。

参考文献：

[1] ×××. FoxBASE 编程 [M]. 北京：北京科学技术出版社，1995.

[2] ×××. 小型数据库实用案例 [M]. 北京：电子工业出版社，1996.

【范文评析】

该设计报告书属于计算机程序设计类。作为学生的毕业设计实践，选题大小、难度均适当，又具有现实意义。从写法上来说，其整体为总分式，即先概括介绍整体设计思想，然后分项说明各项设计的具体内容，最后局部设计汇总，结构清晰。在表述上，多采用图表结合方式和典型设计程序说明方式，将设计思想阐述得比较清楚。对具体程序文件采用了附件形式说明，避免了因程序文件过长对阐述设计思想造成的影响。

四、拓展训练

结合自己的专业与兴趣，参照毕业设计的写作格式，自选主题完成一篇毕业设计。要求：选题可行，内容充实，结构合理，表达得体，格式规范。

五、知识链接

关于毕业设计的答辩

毕业设计答辩是一种有组织、有准备、有计划、有鉴定的审查论文的重要形式。针对毕业设计的答辩，校方成立答辩委员会或答辩小组。答辩委员会是审查和公正评价毕业论文、评定毕业设计成绩的重要组织保证。答辩委员会一般由 3～5 人组成，答辩中涉及的问题基本属于论题范围，必要时可以外延，所列问题多是毕业设计的重要问题或薄弱环节。在答辩会上，毕业生先概述设计的标题以及选择该论题的理由，较详细地介绍设计的主要论点、论据和写作体会。然后主答辩老师提问。主答辩老师一般提 2～3 个问题。主答辩老师提出问题后，要求学生当场立即作出回答，随问随答。该过程可以是对话式的，也可以是主答辩老师一次性提出问题，学生在听清楚记下来后，按顺序逐一作出回答。根据学生回答的具体情况，主答辩老师和其他答辩老师随时可以适当地插问。毕业生逐一回答完所有问题后退场，答辩小组根据设计质量和答辩情况，拟定成绩和评语。

模块二　招聘求职

项目活动二　模拟求职应聘

启　事

一、文种知识

（一）启事的概念

启事是机关、团体、单位及个人有事情需要公开告诉大众，或希望别人给予支持、协助办理某事时所使用的告启文书。启，陈启、陈述；事，事情。启事，就是公开陈述事情。

启事使用广泛，处理公、私事务均可使用，其性质因作者属性而定。机关、团体、单位需要公众周知某些具体事项，不必或不能以通知、通告、公告等公文文种行文时，则可用启事。它不如公文那样具有较强的约束力和强制性，多具有期请性、商洽性和周知性。

“启事”与“启示”是有区别的。“启事”是为了公开声明某事而登在报刊上或贴在墙上的文字。这里的“启”是“说明”的意思，“事”是指被说明的事情。而“启示”的“启”则是“开导”的意思，“示”是把事物摆出来或指出来让人知道。“启示”是指启发指示，开导思考，使人有所领悟。可见“启事”和“启示”的含义截然不同，二者不能通用。无论是“征文启事”，还是“招聘启事”，都只能用“事”字，而不能用“示”字。

（二）启事的种类和特点

启事可分为三大类：一是征招类启事，如招生、招聘、招工、招领、征文、征婚启事等；二是知照性（声明类）启事，如迁移、更名、开业、停业、竞赛、讲座、解聘启事等；三是祈请性（寻找类）启事，如寻人、寻物启事等。

启事具备以下特点。

1. 内容的广泛性

它可以用于公务中的招生、招聘、开业、庆典、单位成立、商标的使用与更换等多种事宜。

2. 告知的求应性

启事不同于只是向社会“告知”的声明，它要求通过告知得到社会上广泛的回应，以解决某件公务事宜。

3. 参与的自主性

启事不具有强制性和约束力。启事的对象有参与的自主性，可以参与或不参与。

4. 内容的简明性

启事的内容简洁明确，篇幅短小。张贴在公共场所的启事不宜过长，否则读者会缺乏耐心看完全文；在广播电台、电视台播放或在报纸上刊登的启事因要按字数付费，更要写得简明扼要。

（三）启事的结构

启事一般由标题、正文和落款三部分组成。

1. 标题

标题位于正文上方，居中，字体较大，主要有三种写法：

（1）以事由或文种作为标题，如“寻物”“启事”“紧急启事”；

（2）以事由和文种作为标题，如“出租启事”“招聘启事”“征婚启事”；

（3）以告启者、事由和文种作为标题，如“华联超市搬迁启事”“吉安学院聘请法律顾问启事”。

2. 正文

具体说明启事的内容，必须将有关事项一一交代清楚。正文一般包含启事目的、原因、具体事项、要求等。如果内容较多，可分条列项，逐一交代明白。正文部分是体现各种启事不同性质和特点的关键部分，应依据不同启事的内容和要求，变通处置，注意突出启事的有关事项，不可强求一律。

如寻物启事应着重交代丢失物品的名称、特征、时间、地点、失主姓名、住址或单位名称、地址、发现后交还的办法和酬谢方式等；开业启事则应写明开业单位的名称、概况、性质、地点、经营项目和开业时间等；招聘启事一般包括招聘基本情况、招聘对象、应聘条件、招聘待遇、招聘方法等。

文末可写上“此启”或“特此启事”，亦可略而不写。

3. 落款

在正文偏右下角，写明启事单位名称或个人姓名和启事日期。单位的启事一般要署名，而个体的启事大多不署名。如果标题或正文中已写明单位名称，此处可以省略。

有的启事还需要写明单位地址、时间、电话、电子邮箱、联系人等。凡以机关、团体、单位的名义张贴的启事，应加盖公章，以示负责。

（四）启事的写作要求

第一，标题醒目。公众通过标题就能了解启事的主要内容与性质。

第二，一事一启，内容单一。一篇启事只有一个主旨，简明扼要，重点突出。

第三，通俗易懂，用语文明。语言浅显通俗，让人一看就明白有什么事、需要做什么和怎么做。措辞文明，符合礼仪规范。

二、模板指导

（一）结构模板

表 2－1　启事的结构模板

<table>
<tr><th colspan="2">项目</th><th>要点</th></tr>
<tr><td colspan="2">标题</td><td>“文种”“事由”“文种＋事由”或“告启者＋文种＋事由”</td></tr>
<tr><td rowspan="2">正文</td><td>主体</td><td>事项、目的、意义、具体办法、要求、条件等</td></tr>
<tr><td>结尾</td><td>表示敬意或邀请的礼貌用语</td></tr>
<tr><td colspan="2">落款</td><td>联系地址、电话、联系人姓名、时间等</td></tr>
</table>

（二）写作模板

__________启事

______________________________（事项、目的、意义）______________________________（具体办法、要求、条件等）

联系人：________　　　　联系电话：________

地址：__________　　　　邮箱：__________

__________（告启者）

×年×月×日　（发文时间）

三、范文欣赏

（一）寻人启事

寻人启事要写明被寻人的姓名、性别、年龄、身高以及外貌、衣着、口音等方面的特征和走失原因，如果有照片可以附上，便于辨认。

【范文】

寻人启事

×××，男，8岁，身高1.28米，圆脸，平头，上穿橘黄色运动背心，下穿白色运动短裤，篮球鞋。12日外出玩耍，至今未归。有知其下落者，请速与××市××街道×××和××电视台广告部联系，必有重谢。

联系电话：×××××××××××

联系人：×××

××××年×月×日

（二）寻物启事

寻物启事要写明物品丢失时间、地点、名称、数量、特征等。

【范文】

寻物启事

本人不慎于3月18日乘6路公共汽车时，将内装身份证、驾驶证和单位业务发票数张的一黑色公文包遗失。有拾到者请与××机械局201办公室联系，必有重谢。

电话：×××××××××××

启事人：×××

××××年×月×日

（三）招领启事

招领启事一般应写明于何时何地拾到何物以及认领的具体地址。至于物品的具体特征和数量则不宜写出，等认领人认领时再具体核对，以防冒领、错领。

【范文】

招领启事

本人于今天早晨7:30在学生一食堂一楼大厅拾到黑色钱包一个，内有银行卡若干张、人民币若干元。请失主携有效证件到学生处办公室雷老师处领取！

学生处

××××年×月×日

（四）征集设计启事

征集设计启事要说明征集的目的、有关背景、设计要求、奖励办法和投寄地址、截止日期，尤其是设计要求一项要交代明确、具体，使应征者能设计出符合征集者意图的设计稿。

【范文】

征集片头美术设计启事

××电视台卫星节目目前正处于前期试运行阶段，每天滚动播放18个小时。为了树立一流的节目形象，特面向社会征集以下栏目的片头美术设计。

1.《××新闻》，要求在运动中体现出气势，新颖，庄重，大方，有特色。

2.《经济广角》，要求新颖活泼，充分体现当代经济生活的丰富多样性。

以上栏目片头时间长度约10秒，设计稿应包括文字创意、图案设计和图案运动变化说明。可提供全部或单片头设计。对投稿单位或个人将赠予纪念品，中选稿件除在节目正式播出的一段时间内注明作者外，还将给予酬谢。

来稿请寄××电视台李××收　　　邮编：××××××

××电视台

××××年×月×日

（五）招聘启事

1. 招聘启事的含义

因工作和业务发展的需要，向社会公开招聘各种专业人员或招收员工，可写招聘启事或招工启事。要写明招聘人员的职别或工种、应具备的条件、考核和录用办法及报名事项等，有的还需说明录用后的待遇。

2. 招聘启事的类别

依据招聘的目的和要求，招聘启事可分为两类。

（1）招贤类。

招贤类启事，是指招聘方要求应招的人员素质高、能力强，具有别人无法替代的经营、管理、组织领导等能力，或在某领域、某学科学有所长、深孚众望。这类招聘启事又称“招贤榜”或“招贤启事”。

（2）招工类。

招工类启事，其目的只是招聘一般的工作人员，通常不需要应招者具有什么特殊的才能或技能，用工的条件一般也不作严格要求。这类招聘启事可称为“招工启事”。

3. 招聘启事的基本结构与写法

（1）标题。

无论是招贤类启事还是招工类启事，其标题可以有以下几种写法。

①事由加文种。这是最常见的标题形式，如“招聘启事”“招工启事”“招聘科技人员启事”等。

②招聘单位名称、事由加文种。如“××服装厂招聘启事”“××宾馆招工启事”“××学院教师招聘启事”等。

③招聘单位名称加事由。如“××××公司诚聘”“××宾馆招聘服务员”“××玩具厂招工”等。

④单纯以事由作标题。这种写法比较灵活，如“招聘”“诚

聘”“诚聘英才”“招聘打字员”“诚聘幼儿教师”“招贤榜”等；还可以采用文章式标题，如“创中国名校　招优秀教师”等。

（2）正文。

正文内容要具体，一般应写明下列事项。

①招聘方的情况。包括招聘方的业务性质、工作范围及地理位置等。

②对招聘对象的具体要求。包括招聘目的，拟招聘人员的工作性质、业务类型，以及对应招人员的年龄、性别、文化程度、工作经历、技术特长、科技成果等方面的要求。

③应招人员受聘后的待遇。一般要写明能够给予受聘人员的相关待遇，如月薪或年薪数额，是否解决住房，是否安排家属，等等。

④应聘办法。包括要求应聘人员交验的相关证件和需办理的手续，以及应聘的具体时间、联系地点、联系人、电话、电子邮箱、通信地址等。

（3）落款。

在正文右下角写明招聘方的名称和启事发布的具体时间。标题或正文中已出现招聘单位名称的，此处可以省略。

【范文】

××××有限责任公司招聘启事

××××有限责任公司位于××省××市复兴工业区，属私营有限责任公司，主营各种钢材。因公司发展需要，现招聘普通工作人员数名、管理人员数名、销售人员数名。现将有关事项公示如下：

一、聘用条件

1. 爱岗敬业，有较强的服务意识和奉献精神；遵纪守法，吃苦耐劳，具有全局观念和团结合作精神。

2. 有相关工作经验者优先。

3. 年龄18周岁以上。

4. 无违法违纪记录。

5. 身体健康。

二、聘任要求

应聘者提供个人简历及身份证、学历证书、医院体检证明、住所证明、照片×张等有关材料的原件、复印件，应聘人员在××报名，公司招聘人员对应聘者进行资格审查。报名截止日期为201×年×月×日。

联系人：×老师

联系电话：×××××××××××

三、聘任期间的待遇

1. 合同工月薪（基本工资）为人民币×元。

2. 根据工作表现和绩效在年终给予适当奖励。

3. 受聘期间的社会保险（养老、工伤和失业保险等）按公司劳动制度执行。

四、聘任程序和时间安排

1. 个人申请：应聘者填写《个人申请表》，并提交相关材料的原件、复印件。

2. 面试考核：201×年×月×—×日对审核合格的应聘人员进行面试，并对初选人员的政治素质和表现进行全面考察。根据面试的结果拟定初选人员名单。

3. 确定拟聘方案：201×年×月×日—×日综合上述程序的结果，经人力资源部会议讨论后，确定拟聘方案报送公司审批。

4. 聘任：公司与受聘人员签订聘任协议，新聘任人员实行试用制，试用期限为×个月。

5. 本文由公司人力资源部负责解释，本文内容与公司相关规定如有不符，以公司规定为准。

××××有限责任公司

201×年×月×日

四、拓展训练

（一）改错训练

寻物启事

本人是TCL集团会计，于5月15日骑车经过农科大学教援楼附近时，不小心丢失皮包一只。有拾到者请交给本人，我愿意负出重金表示感谢。

此致

敬礼！

TCL集团全体职工

2016年5月16日

参考答案：

（1）它在格式上有三个毛病：①标题应放中间；②“此致敬礼”多余；③该启事为个人行为，落款处“TCL集团全体职工”应删去。

（2）它在内容上有两个问题：①没说清如何交还；②不应署单位名称。

（3）文中有两个错别字：①“援”改“授”；②“负”改“付”。

（二）写作训练

（1）根据自己的专业创建一个公司，为新创建的公司写作一则招聘启事，广纳天下贤士。

(2) 你不小心在学校食堂遗失了校园卡，请撰写一则寻物启事。

五、知识链接

(一) 各类启事写作小技巧

第一，标题。标题直接写成“启事”两个字即可，也可以写成“事由+启事”，如“招聘启事”，也可以写成“主体+事由+启事”，如“百度公司招聘启事”。需要注意的是很多人把“启事”和“启示”混淆，如图 2-1，切忌把“启事”写成给人启发的“启示”。

第二，周知类启事的写法。如搬迁启事、更名启事即属此类，目的是让人知道某个事情或某种情况，内容主要是把需要受众知晓的事情说清楚。如图 2-2《搬迁启事》，不仅写清楚了门牌地址，还把附近的地标也写清楚，便于客户寻找。

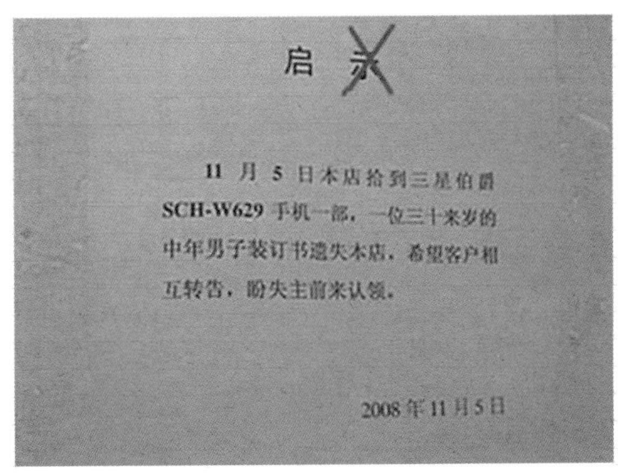
启示

11 月 5 日本店拾到三星伯爵 SCH-W629 手机一部，一位三十来岁的中年男子装订书遗失本店，希望客户相互转告，盼失主前来认领。

2008 年 11 月 5 日

图 2-1　“启事”非“启示”

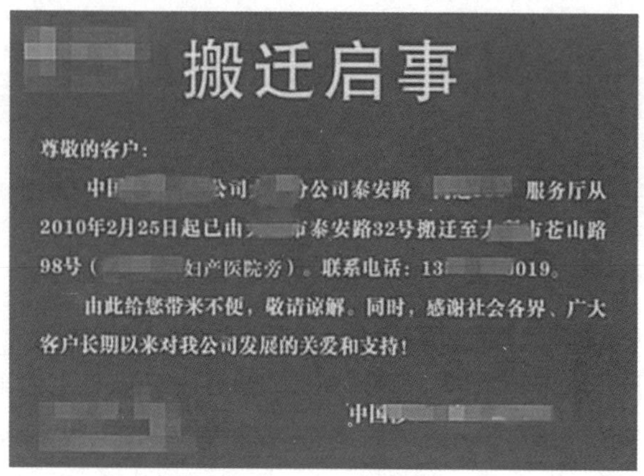

搬迁启事

尊敬的客户：

中[illegible]公司[illegible]分公司泰安路[illegible]服务厅从2010年2月25日起已由[illegible]市泰安路32号搬迁至[illegible]市苍山路98号（[illegible]妇产医院旁）。联系电话：13[illegible]019。

由此给您带来不便，敬请谅解。同时，感谢社会各界、广大客户长期以来对我公司发展的关爱和支持！

中国[illegible]

图 2—2　搬迁启事

第三，声明类启事的写法。这类启事多是因为单位或个人为了履行法律程序，如营业证、身份证等遗失时，往往需要刊登遗失（作废）启事。偶见解聘、授权等启事，也属于此类。如图 2—3《遗失启事》，主要起到了明确法律责任的作用。

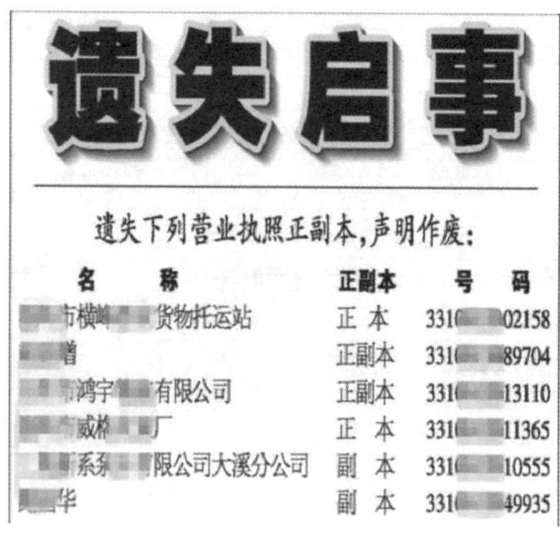

遗失启事

遗失下列营业执照正副本，声明作废：

名　称	正副本	号　码
[illegible]市横[illegible]货物托运站	正　本	331[illegible]02158
[illegible]	正副本	331[illegible]89704
[illegible]鸿宇[illegible]有限公司	正副本	331[illegible]13110
[illegible]威[illegible]厂	正　本	331[illegible]11365
[illegible]系[illegible]限公司大溪分公司	副　本	331[illegible]10555
[illegible]华	副　本	331[illegible]49935

图 2—3　遗失启事

第四，寻找类启事的写法。这类启事比较常见。要写清楚寻找的人或物的主要特征、失落时间、地点等，以提供尽可能多的线索，帮助大众寻找和确认，如果可能最好附上照片。注明联系方式是必须的，有时还要提供答谢方式。与此相对应的是招领启事，不必写详细的细节，写清楚认领方式即可，细节由遗失的一方提供，便于确认失主。如图 2－4 的《寻狗启事》，描述详尽，还声明了答谢方式，同时还请求大家帮助扩散，值得参考。

图 2－4　寻狗启事

第五，征召、招聘类启事的写法。征稿、征文、招聘时常用，也比较常见。内容要写清楚征稿、招聘的目的、要求以及相关的报酬等。联系方式同样必不可少，还可以留下网址等，便于受众进一步了解情况，增加应征、应聘的兴趣。如图 2－5《招工启事》，各种要素齐备。

招工启事

因生产发展需要，我公司受公交公司委托，面向社会公开招聘公交大客驾驶员，具体如下：

工种	人数	地区	条件	录取办法	待遇(元)	分配去向
大客车驾驶员	10	不限	热爱公交事业，男性，年龄45周岁以下，品貌端正，无劣迹行为，学历初中以上，持A1或A3驾驶证，要求大客驾龄为2年(含2年)以上。	经技术考试、面试、体检后择优录取(外省籍驾驶员另需参加市车管部门三类测试合格后方可录取)。	工资待遇每日约200元	公交

一、应聘者请携带身份证，单寸彩色近照3张以及正副驾驶证原件。应聘者须本人到场，不得他人代替。

二、报名时间：11月29日起开始报名，额满为止。

三、报名地点：路4号(业区沿江路东段)

联 系 人：张先生　　手机：138118

劳动服务有限公司

二〇十一月二十三日

图 2—5　招工启事

第六，落款。启事文体比较灵活，有时不需要落款。落款一般在启事右下方，分两行，一行写启事主体，另起一行注明日期。以单位名义发布的，可以加盖公章，以示严肃。

（二）招聘信息你真的看懂了吗

在我们找工作的过程中，往往是先看招聘信息，然后根据招聘信息情况评判是否适合自己，或者说自己是否对这个公司感兴趣。然而很多应届大学毕业生会对招聘信息产生误判，或者说经常发现招聘信息与实际情况有差异。为什么会出现这种情况呢？这当然跟应届大学毕业生缺乏工作经历有关，但也可能是没有读懂招聘信息造成的，那该怎么根据招聘信息评断公司呢？

第一，评估企业整体实力。一般大一些的公司肯定在各方面都比较规范，因此可以从注册资金、在职人数、占地面积及产品市场占有率综合判断。

第二，看懂福利待遇。工资一般由基本工资、加班工资、岗位补贴、奖金等组成。如很多招聘简章上写着“月综合工资3 000～4 500元”，一定要弄清楚这个综合工资包含哪几个部分，固定工资有哪些，如底薪多少、加班费怎么算等，浮动的又包含哪些，一般浮动是多少（也存在拿不到浮动工资的情况）。此外，切记问清食宿是补贴资金还是免费提供，当然也有些企业会提供报到车费补贴等，很多细节需要你做个有心人。

第三，搞清工作任务和时间。工作岗位的名称并没有固定的标准，每个公司的叫法不一，但工作内容其实大同小异，比如行政文职类、市场销售类、售后服务类、施工管理类、项目开发类等，如果这样去命名就很容易理解具体的工作任务了。一般来说销售类、售后服务、施工管理类、项目开发类等不好固定工作时间的工作经常加班，但通常很难确算加班费。而有固定工作时间的行政文职类工作，一般加班有加班费。

招聘简章中写着“5 天 8 小时制，其他时间算加班”，不要因此认为没有加班。一定要弄清楚企业运作模式，只有了解企业运作模式后才能知道是否需要加班。

第四，为什么很多招聘信息介绍与企业实际情况有落差呢？对于这种情况要辩证看待，如果没有原则性的问题或者故意欺骗的行为要能换位思考，多分理解。从企业的角度，在介绍自己时会下意识地对自己有所美化。从应聘者的角度，一旦其决定去这家企业，就会下意识地对这份工作有着诸多幻想，而这些幻想一定很美好。

一切企业的人员需求、岗位变化、奖金福利都随着该公司效益的变化而变化，企业在迅速发展，员工机会多，奖金福利好，反之亦然。比如，企业最初承诺不加班，但是到了某个时候订单增加，而人员又无法补齐，为了如期完成订单，如果你是企业老板是不是也会安排加班呢？如果这种情况不是常态是不是应该多分理解呢？

第五，看不出工作的好坏怎么办？其实为应届毕业生提供岗位的大部分企业条件大同小异，提前了解企业，做好职业定位，一旦选择了就不要后悔，也不要犹豫与纠结，好工作是干出来的，不是找到的，很多地方都可以干一番事业。

（三）企业招聘应届大学生看重的方面

第一，工作经验或实践经验。很多人有疑问，应届生哪来的工作经验。但事实上，应届大学生有很多时间和机会去积累相关经验，小到学校的实验、实训、社会实践，大到暑期实习、平时兼职等。大部分企业比较喜欢有工作经验的员工，因为可以节省许多培训成本。

第二，职业规划。许多 HR（人力资源）在面试时都会询问应聘者的职业规划。这一点对于应届生来说尤为重要，一个刚刚踏入社会的学生，对职业的认识和未来的计划应该是最纯净、最真实的，而 HR 也能从中看出这个人的长期规划能力。

第三，学习欲望和学习能力。有句话说“现在拥有什么不重要，想要拥有什么最重要”，因此对于 HR 来说，他们想看到一个应届毕业生身上强烈的学习欲望和较强的学习能力，这也是一种想要进步的态度的体现。

第四，人品和性格。不同的岗位可能需要不同性格的人，例如销售岗位可能需要比较健谈、性格比较开朗的人，后勤岗位需要比较细心、耐心的人，等等。

简　历

一、文种知识

（一）简历的概念

简历，是求职者提供给招聘单位的一份个人情况的简要介绍，包含自己的基本信息，如姓名、性别、年龄、民族、籍贯、政治面貌、学历、联系方式、学习经历、实践或工作经历、能力、个性、业绩、自我评价等，以达到求职或者应聘目的。

简历是求职者对招聘者的第一次自我展示，求职者应当通过简历达到以下几个目的：第一，建立求职者与招聘者的初次有效联系；第二，告诉招聘者自己符合所应聘岗位的条件；第三，尽可能给招聘者留下深刻的良好的印象；第四，获得招聘者的初步认同，获取进一步考察的机会。

（二）简历的特点

1. 求职性

求职简历具有鲜明的求职性，目的在于使用人单位对求职者产生注意和兴趣，进而提供面试的机会。因此，不能把求职简历当作学历、经历的简单罗列，要认识到求职简历是求职者推销自己的广告，要突出自己的能力和优势。

2. 真实性

写求职简历时一定要客观理性地总结自己的经历，做到实事求是，真实准确，既不夸大也不缩小，更不能编造，这样才能取信于人。内容不真实，即使包装再好，也可能会给求职者或应聘者造成难以预料的不良后果。

3. 正面性

求职简历的内容应当是正面典型材料的集合，是求职者闪光点的聚焦。所有内容都应有利于求职应聘成功，无关甚至妨碍应聘的内容一概不要。

4. 精简性

求职简历不宜过长，一般排满一页 A4 纸即可，不要超过两页。没有必要罗列那些与求职无关的材料。许多人在简历中概括自己的兴趣，比如游泳、爬山等，其实这些只有与目标工作有关联时才有撰写的意义。

（三）简历的类型

求职简历的常用类型有表格式、条文式、表格条文兼用式等几种。

表格式是将有关内容放在表格中列出。其长处是条理清楚，一目了然。不足之处是受表格限制，需要多加说明的内容无法展开，有时分类比较难。表格可以根据情况自己绘制，以清楚易懂、美观大方、突出重点为主要特色。

条文式是分条列项地将有关内容加以说明。其优点是不受限制，可根据需要自由取舍。不宜归类的内容只要写出即可，不必为划分类别浪费精力甚至出现错误，缺点是不如表格清楚。

表格条文兼用式是将上述两种格式结合起来，在不同的地方使用不同的格式，其兼有二者之优点，使用比较广泛。

（四）简历的结构

1. 标题

可以直接写“简历”两字，也可以在简历之前冠以求职者的姓名。

2. 正文

求职简历的格式写法并不固定，主要包括以下几点。

（1）基本情况。简要介绍个人的基本情况，包括姓名、性别、出生年月、民族、籍贯、学历、政治面貌、个人特长等。这部分通常安排在简历的最前端，让面试者一目了然，注意要简明扼要。

（2）教育情况。可按时间顺序列出求职者的专业、毕业院校、毕业时间、专业课程、教育背景、技能等级、获奖情况、实习情况等。这部分要突显自己的优质形象，只记录重要部分，一般从大中专阶段开始，也可附上培训、进修经历等。

（3）工作经历。按时间顺序列出参加工作以来的主要经历，要注意突出主要才能、贡献、成果以及学习、工作、生活中具有典型意义的事迹。这部分要尽可能详尽，尤其要总结出自己突出的工作能力和工作技能以及所产生的效应和业绩。在每一项工作经历中应写明起止时间以及工作单位和职务，最好还要有证明人。如果没有工作经历，也可以写大学的团学组织、社团组织、实习经历和实习单位的评价等。

（4）其他部分。

①求职意向。主要写自己对哪些工作岗位、行业感兴趣及相关要求，主要表明自己想应聘的职位，说明自己具备哪些资格和技能，能为用人单位做些什么以及相关的要求。内容应简短清晰。

②联系方式。写清楚求职者的有效联系方式，包括手机号码、座机号码、通信地址、邮编、电子邮箱等。

③自我评价。实事求是地对自己进行分析，重点是分析优势，找出自己与众不同的地方，形成鲜明的自我定位，在招聘者面前亮出一个独特的招牌，让自己的价值更好地为招聘单位所认识。建议在写自我描述之前，仔细罗列自己的性格特点、工作经历，找出对所求职位有利的因素，挑选出自己与其他人的不同之处，以突出自己的优势。可以从知识、经验、业绩三个方面分析。

④佐证材料。佐证材料包括所获荣誉（包括“优秀学生”“优秀学生干部”“优秀团员”及奖学金和各类比赛所获得的荣誉）、所获证书和所发表的论文论著等。所获荣誉写清楚何时何地受何单位何种性质奖励，所获证书写清楚何时何地受何单位颁发何种性质证书，所发的论文论著写清楚主要作者、文献题名、出版者、出版年和起止页码等。

（五）简历的写作要求

1．实事求是

撰写简历既不能夸张（自负），也不能消极地评价自己（过分谦虚），更不能编造。简历一定要用心设计，内容要真实，切忌凭空杜撰。

2．表述简洁

求职简历撰写要重点突出，言简意赅。应根据企业和职位的要求事先进行分析，有针对性地设计准备，巧妙突出自己的优势；篇幅不宜长，可采用简洁的无主句式表达，尽量少用修饰性语言。

3．形式美观

求职简历设计要美观大方，与众不同，不落窠臼。如果是打印稿，排版格式要规范有序，不宜花哨；如果是手写体，书写要整洁清晰，不宜潦草。

4．语言得体

求职简历措辞力求准确、恰当，不宜用口语、有歧义的词语或生僻词语；句法要求严密，一般不用感叹句和省略句；语气要求平实，不宜用抒情或夸张等修辞手法；文字、语法、标点符号等都要正确。简历是求职者的第一张脸，招聘者在大多数情况下是先见到简历，后见到求职者本人的。

5．写法灵活

求职简历谋篇的布局应遵循古人所说的“大体须有，定体则无”原则，既要考虑一般规律，又要结合自身实际确立重点和组织材料，绝不能生搬硬套。

二、模板指导

表 2-2 简历的模板

<table>
<tr><td>姓　名</td><td></td><td>性　别</td><td></td><td>出生年月</td><td></td><td rowspan="4">照　片</td></tr>
<tr><td>籍　贯</td><td></td><td>民　族</td><td></td><td>政治面貌</td><td></td></tr>
<tr><td>身体状况</td><td></td><td>学　历</td><td></td><td>专　业</td><td></td></tr>
<tr><td>毕业院校</td><td></td><td></td><td></td><td>个人特长</td><td></td></tr>
<tr><td>联系电话</td><td colspan="2"></td><td colspan="2">电子邮箱</td><td colspan="2"></td></tr>
<tr><td>通信地址</td><td colspan="2"></td><td colspan="2">邮　编</td><td colspan="2"></td></tr>
<tr><td>求职意向</td><td colspan="6"></td></tr>
<tr><td>教育背景</td><td colspan="6"></td></tr>
<tr><td>专业课程</td><td colspan="6"></td></tr>
<tr><td>技能等级</td><td colspan="6"></td></tr>
<tr><td>工作经历</td><td colspan="6"></td></tr>
<tr><td>获奖情况</td><td colspan="6"></td></tr>
<tr><td>自我评价</td><td colspan="6"></td></tr>
<tr><td>佐证材料</td><td colspan="6"></td></tr>
</table>

三、范文欣赏

【范文一】

表 2-3 个人简历（表格式）

<table>
<tr><td>姓名</td><td></td><td>性别</td><td></td><td>出生年月</td><td></td><td rowspan="4">照片</td></tr>
<tr><td>籍贯</td><td></td><td>民族</td><td></td><td>政治面貌</td><td></td></tr>
<tr><td>身体状况</td><td></td><td>学历</td><td></td><td>专业</td><td></td></tr>
<tr><td>毕业院校</td><td></td><td>毕业时间</td><td></td><td>个人特长</td><td></td></tr>
<tr><td>联系电话</td><td colspan="2"></td><td colspan="2">电子邮箱</td><td colspan="2"></td></tr>
</table>

续表2-3

通信地址		邮　　编	
求职意向	人力资源部主管或其他相关工作		
教育背景	2007.9—2011.6 在××大学人力资源管理专业学习。大学四年，成绩一直名列前茅。掌握了管理学、经济学及人力资源管理的基本理论、基本知识，掌握了人力资源管理的定性、定量分析方法，掌握了与人力资源管理有关的方针、政策及法律		
专业课程	管理学、微观经济学、宏观经济学、管理信息系统、统计学、会计学、财务管理、市场营销、经济法、人力资源管理、组织行为学、劳动经济学等		
培训情况	1. 2011.9—2012.12 在××市劳动局进行人力资源干部认证培训 2. 2013.7—2014.11 在××××投资有限公司进行人力资源管理培训		
获奖情况	1. 2009.11 获学校职业生涯规划大赛一等奖 2. 2011.6 被学校评为优秀实习生 3. 2011.6 被学校评为优秀毕业生		
技能等级	1. 职业资格证书：全国人力资源管理师 2. 计算机等级证书：国家计算机二级		
实习情况	2010.9－2011.6 在××电脑公司顶岗实习，任人力资源部经理助理。负责公司内部员工的调动、提升、离职等的审批工作，协助经理进行员工的业务考核工作，负责公司人力资源招聘及培训工作。2011 年 5 月被评为顶岗实习先进个人		
自我评价	1. 熟悉人力资源管理理论，具有招聘和内训的实际操作经验；学习了管理、经济、法律及与人力资源管理相关的专业知识，能在大中型企事业单位和政府机关从事人力资源管理、研究和教学工作 2. 具有较强的语言和文字表达能力、人际沟通能力、组织协调及领导能力，熟练运用外语和计算机及现代管理手段独立分析解决相关问题的能力 3. 诚实守信、责任心强，具有高度的敬业精神与团队精神，踏实肯干，与同事相处融洽，服从命令，尊重领导，喜欢有创意地完成工作		

【范文评析】

这是一份表格式的个人简历。简历要素齐全，求职意向明确，语言简洁，合乎写作要求。

【范文二】

简历（条文式）

一、个人概况

姓名：××× 性别：× 民族：××

出生年月：××××年××月××日

政治面貌：××

职称：××

联系电话：×××××××××××

地址：××××××××× 邮编：××××××

二、教育背景

××××年考入××大学中文系文秘专业，系统学习了汉语言文学及文秘相关课程，××××年毕业，获文学学士学位。

××××年考入××大学教育系攻读硕士学位，××××年毕业，获教育硕士学位。

三、工作经历

××××年在××职业学院任教，从事大学语文教育及高职教育研究工作。

××××年任学校办公室副主任，主管文秘工作。由于工作认真，成绩显著，2次被学校评为先进工作者，1次被学校评为优秀教师，1次被学校党委评为优秀党员，××××年被评为××市先进教师。

四、个人能力

通过大学英语六级考试，能借助工具书熟练翻译外文资料，在日常生活中可以用英语口语和外教交流。具有较强的教学和语言表达能力，曾获得××省优秀课例一等奖，××市教师演讲大赛一等奖。

在学校任办公室副主任期间，不断提高办文、办会、办事质量和效率，并有效协调各方关系，得到各方好评。

通过了全国计算机四级水平考试，并获得证书，能熟练地运用 Office 等相关软件进行高效的办公室日常工作。

熟悉公文写作，能独立、迅速完成公文的拟写。

五、求职意向

中文（文秘）教师，办公室文秘工作人员。

六、相关材料

（略）

资料来源：李惠峰. 高职应用写作实训教程［M］. 兰州：兰州大学出版社，2006.

【范文评析】

这是一份条文式的求职简历，简明扼要地介绍了个人基本情况，教育背景中突出了优秀的个人形象，工作经历中突出了主要经历和业绩，实践能力在个人能力中得到重点突出。

四、拓展训练

（一）改错训练

下面这则求职简历存在哪些问题？

姓名：王××

联系地址：××市××路××号

联系电话：（略）

求职目标：经营部、营销部、广告部、管理部

资格能力：××××年×月毕业于××商学院商业管理系，获商业管理学学士学位。所修课程主要有：商业经济、商业管理、市场营销、商业传播、广告学、公共关系学等。选修课程：

零售企业管理、消费者行为和计算机原理与应用等。在校期间学习成绩优秀，撰写的毕业论文曾受到奖励，并在全国多家报刊上发表。

工作经历：××××年×月至现在皆在××市百货公司负责市场营销及有关管理工作。

社会活动：求学期间曾担任××协会主席，曾在××市营销管理论坛上代表协会发表演讲，并在该论坛××××年×月举行的会议上当选为年度“明日之星”。

其他情况：××××年出生，未婚，能熟练运用各种现代办公设备，英语会话能力强，书写能力略逊。爱好旅游、打网球、摄影。

参考答案：

（1）求职意向性不明确，仅罗列部门，无具体岗位。

（2）资格能力部分所述内容平淡，无重点突出能力。

（3）工作经历中无相关业绩和能力证明。

（4）其他情况中，所列爱好与求职意向无直接关联，且不应特意说明英语书写能力这一弱势。

（二）写作训练

根据自己所学专业以及自身实际情况，设计出一份精美的求职简历。

五、知识链接

如何让你的网上简历更“抢眼”

据统计，规模较大的企业一般每周要接收500至1 000份电子简历，其中80%在管理者浏览不到30秒钟后就被删除了。要让别人在半分钟内通过一份电子邮件对你产生兴趣，其难度与跟用人单位直接见面相比更大。因此，是否拥有一份个性化的电子简历就显得极为关键。

一、放大你的“卖点”

简历中有几栏是用来给对方留下深刻印象的，也是决定对方是否给你面试机会的关键。写好这部分的内容很重要，应从以下几个方面着手。

（一）成绩。以你的傲人成绩去打动未来的雇主，突出你的技能和成绩。集中对能力进行细节描写，运用数字、百分比或时间等量化手段加以强化。强调动作，避免使用人称代词如“我”“我们”等。

（二）能力。对各方面能力加以归纳和汇总，扬长避短，以你无可争议的工作能力和个人魅力征服未来的雇主。用词应简单明确，观点鲜明，引人入胜。

（三）工作经历。应当包括你所有的工作历史，无论是有偿的还是无偿的，全职的还是兼职的。在保证真实性的前提下，尽量扩充与丰富你的工作经历，但用词必须简练，不要只针对工作本身，业绩和成果更为重要。

（四）技能。列出所有与求职有关的技能，向雇主展现你的学历和工作经历以外的天赋与才华。回顾以往取得的成绩，对自己从中获得的体会与经验加以总结、归纳。你的选择标准只有一个，即这一项能否给你的求职带来帮助。

（五）嘉奖。简历中的大部分内容是对经历和成绩的主观记录，而荣誉和嘉奖将赋予它们实实在在的客观性，这是令雇主注意到你已获得肯定成绩的机会。强调此奖项是你资历的重要证明，突出此嘉奖与你所求职务的相关性。

二、扣人心弦的“开场白”

求职成功的前提就是要对自己有一个客观全面的了解，然后再根据自身的情况准备好所需材料，一般包括求职信和简历。求职信是简历的“开场白”，这个开场白的功能是激发别人阅读下文的兴趣。为了使公司了解你申请的是哪个职位，并对你有更深的印象，发简历的时候，应连同求职信一并发出。求职信的内容包括以下几点。

（一）求职目标，明确你所向往的职位。

（二）个人特点的小结，吸引人来阅读你的简历而不要重复简历。

（三）表决心，简单有力地显示信心。

在准备求职信时还要注意控制篇幅，要让人事经理无须使用屏幕的滚动条就能读完；直接在邮件内编辑，排版要工整；要做到既体现个人特点又不过分吹嘘，让求职信成为应聘者的敲门砖，长短适中，切中要害。

求职信和简历都应该用文本格式（txt）来写，这样虽然会限制一些文本修饰功能，如粗体、斜体等，但你可以用一些符号来突出重点；注意措辞和语言，求职信中千万不可有错别字；求职信和简历要一同发送，不要分开；求职信中某些关键词也是很重要的，有些公司会通过关键词搜索来寻找符合他们条件的人选；在你的电子邮件里创建并保存一个求职信样式，这样稍加修改你就可以用它来申请其他的职位。

三、别让简历成为“格式化”的牺牲品

模块化简历虽然是最简单易行的，但并不能满足不同公司的不同需求，尤其是在我国网上简历并没有一个统一的标准，加上求职信病毒盛行，因此网上简历必须注意一些特殊的需要。

（一）有的放矢。人力资源部门总是收到许多不合格的简历，也就是不适合该公司职位的简历。因此，在发简历的时候，你应该注明申请的是什么职位，并了解你能否胜任这个工作。

（二）不用附件。虽然以附件形式发送的简历看起来效果更好，但是由于病毒的威胁，越来越多的公司都要求求职者不要用附件发送简历，甚至有些公司把所有带附件的邮件全部删除。在这种情况下，尽管你的简历排版极为精心，却可能根本没有人看。

（三）美化“纯文本”。不少人事管理者抱怨收到的许多简历在格式上都很糟糕。用电子邮件发出的简历在格式上应该简洁明了，重点突出，因为公司通常只看他们最感兴趣的部分，另外还有一个好办法就是把你制作的精美简历放到网上，再把网址告诉公司即可。

精心设计一下纯文本格式的简历，以下有一些小技巧可供参考：

第一，注意设定页边距，使文本的宽度在 16 厘米左右，这样你的简历在大多数情况下看起来都不会换行；

第二，尽量用相同字号下显示较大的字体；

第三，如果你一定要使自己的简历看起来与众不同，你可以用一些特殊符号分隔简历内容。

四、最大限度地抢夺眼球

网上求职时主要精力应该放在拥有人才数据库的招聘网站上，要把你的简历放到他们的数据库中，因为用人单位会来这些网站浏览或直接索要符合其要求的简历。总的来说，应该让用人单位带着明确的目的来找你，这要胜过自己向大量公司无目的地发放个人简历。

在申请同一公司的不同职位时，最好能发两封不同的电子简历，因为有些求职网站的数据库软件能自动过滤掉第二封信件，以免造成冗余。另外，在你发送电子简历时要错过高峰期，上网高峰一般在中午至午夜，这段时间传递速度非常慢，而且还会出现错误信息，因此，要择机而动。

网上流行“微简历”

“北方有女年十九，誓以广告为业，性韧不馁。常教自己：敏而善思，观而能察，听之不盲，言之礼信。旁人有叹，此乃璞玉！噫嘻，璞玉不琢，安知资质？欲知资质，详见面试。”这样的简历是否让你觉得挺新奇？

在“微生活”时代，微博世界永远不缺新鲜话题。继“微小说”“微访谈”“微直播”之后，眼下，“微简历”正流行。一场“‘微简历’大赛”刚刚在腾讯网站上举办，引来众多“微简历”的投递、关注与转发……

“微简历”是一张名片①

“微简历”是微博招聘里出现的一种新形式。求职者要在微博的140字以内打造出一份个人简历。

“我们从2009年就开始尝试在微博上招聘。”支付宝招聘业务的一位负责人说，“利用微博的传播效应进行招聘往往会有事半功倍的效果，在某些行业内的招聘尤其有效。”据该负责人介绍，支付宝除了校园招聘时辅以微博同步消息扩大传播面，日常的招聘也加大了微博的比重。

微博上流行一种说法：“微简历是一张名片。”该负责人认为这种说法很形象：“名片的一大功能就是让对方认识自己，微简历的功能与这类似，它是进入传统面试流程的一块敲门砖。”

专注互联网广告领域的浪淘金公司人力资源总监王栋则表示，自己对微简历持保守和谨慎的态度，企业圈子里的朋友使用微博招聘的也不多，“微博招聘并不适用于所有行业，互联网、广告、传媒等行业比较适用这种新型招聘方式”。

浪淘金日前也进行了“微招聘”，不过在王栋看来，微简历由于篇幅有限，通过它很难对候选人有足够了解，判断不出对方是否符合岗位要求，“我们还是更倾向于接受传统简历，以便对候选者有系统的认识”。

---

① 王孟．网上流行“微简历”[N]．中国青年报，2011-05-19 (12).

“微简历”投递者普遍抱“尝试”心态

深圳某公司的高级招聘经理阮欣已有3年的招聘工作经验，近日也在微博上发布了自己的微简历。阮欣表示，自己一方面是想要求职，另一方面也是出于兴趣，想要动手写写，“微简历是一种新的招聘方式，对于HR来说，能省掉以往频繁地在网上看简历的方式，对于求职者来说也有更多的机会去挑战，将自己的实力、经验由一份平常的简历变成百把字的自我推荐，还是挺不错的”。

微简历的撰写者，大学生是绝对主力，其中又以在校生和刚毕业的学生居多。

求职若渴者有之。网上有人总结出了做简历的十大类型，如诚实可靠型、热情四溢型、明确目标型等，求职者竭力在140字以内展现自己的优势和对职位的渴望，某求兼职的幽默微简历结尾写道：“别笑，哥再不找兼职就饿死了。”

打酱油者有之。从事计算机网络技术的李斌就是抱着娱乐的心态，先后编写了3条风格各异的微简历，还发微博表达“写后感”：“闲暇之余喜欢上了编撰一下微简历，大家鼓励一下，我来骄傲一下。”

质疑者有之。华中师范大学新闻专业的王严认为，靠微简历求职不怎么靠谱，能够通过它最后获得职位的人肯定是极少数，“这更像新一轮的全民娱乐，就像前一段时间的‘微小说’”。

围观者亦有之。网友“牟晓彬”说：“看看别人的简历感觉自己一无是处，甚至白活了这么多年。唉，悲哀……”记者发现，与“牟晓彬”有相同感受的人也不少。围观者们纷纷感慨，在微博的大世界，发现了自己的渺小。

“开始觉得这个东西不太靠谱，但是即将毕业的自己还是有点心动。不论结果怎样，都是在给自己创造机会。”在新浪和腾讯都发布了微简历的李然说。她的观点代表了很多微简历参与者的心态。

如何写出吸引 HR 眼球的微简历

通过微简历获得公司面试及工作机会的小郑说，自己的微简历之所以被看中，公司给出的原因是“经理说所有微简历中你的最简洁，就召唤你了”。当然，随后小郑还是被告知要提交传统简历。

王栋告诉记者，一份微简历要想获得青睐，首先必须符合简明扼要的标准，内容过多就容易冗杂，第一眼就失去吸引力。最好能根据应聘岗位有针对性地写微简历，这跟传统简历是共通的。

“就大学生而言，一般没有正式的工作经历，那就一定要突出自己在校期间的实践活动，把自己经历中的重点和亮点突显出来。”王栋说，“如果实在没什么实践经历可写，就要在微简历中突出自己的个性特点，让招聘方看到你所具备的潜力特质。”此外，他还支了一招，“如果有心的话，其实还可以在你的微简历上附加图片和链接，展示你的详细简历或者个人主页什么的，还可以做些创意简历，比如最近出现的视频简历等。给招聘者一个可以进一步了解你的渠道，也就是给自己增加被看中的机会”。

演讲词

一、文种知识

（一）演讲词的概念

演讲词，又称演讲稿。它是在大会上或其他公开场合发表个人的观点、见解和主张的文稿。在各种会议上，它用来交流思想，表达感情，发表意见和主张，提出号召倡议。演讲词的好坏直接决定演讲的成败。

演讲词像议论文一样论点鲜明、逻辑性强，但它又不是一般的议论文。演讲词是一种带有宣传性和鼓动性的应用文体，经常使用各种修辞手法和艺术手法，具有较强的感染力。

（二）演讲词的作用

演讲词可以组织演讲者的思路，使演讲内容条理清楚，中心突出，逻辑严密，更加深刻丰富，从而帮助演讲者实现演讲的目的；演讲词可以发挥“备忘”功能，帮助演讲者熟悉演讲内容，以此消除演讲时的紧张、恐惧心理，增强演讲者的自信心。另外，还可以依据演讲词的篇幅计算演讲时间，使演讲者能有计划地在较短的时间内充分表达演讲内容。其巧妙的构思，恰当的遣词造句也有提高演讲者思维能力和表达能力的作用。

（三）演讲词的特点

演讲词是演说类文体的一个品类，相对于其他演说文体而言，具有以下特点。

1. 针对性

撰写演讲词，要考虑听众的需要，讲话的题目应与现实紧密结合，所提出的问题应是听众所关注的事情，所讲内容的深浅也应符合听众的接受水平。同时，演讲要注意环境气氛，既要注意当时的时代气氛，又要了解演讲的具体场合：是庄严的会议或重大集会，还是同志间的座谈和讨论；是欢迎国宾，还是一般的友人聚会。不同的场合，演讲有不同的内容、不同的讲法。

2. 鲜明性

演讲的内容不能只是客观地叙述事情，还必须表明自己的主张，阐明自己的见解。赞成什么，反对什么，表扬什么，批评什么，均应做到立场鲜明、态度明确，不能含糊。好的演讲总是以其精密的思想启发听众，以鲜明的观点影响听众，给听众以鼓舞和教育。

3. 条理性

要使讲话易被听众听清、听懂，就要条理清楚，层次分明，否则，所讲内容虽丰富、深刻，但散乱如麻，缺乏逻辑性，亦会影响讲话效果。

4. 通俗性

演讲的语言，总体说来应该通俗易懂，明白晓畅。要做到这一步，关键是句子不要太长，修饰不要太多，不宜咬文嚼字，要合乎口语特点。同时，也应该讲究文采，以便雅俗共赏。

5. 适当的感情色彩

演讲既要冷静地分析即晓之以理，又要有诚挚热烈的感情即动之以情，这样才能使讲话既有说服力，又有鼓动性。

（四）演讲词的选题和选材

1. 演讲词的选题

根据演讲活动的性质与目的来确立讲题。所谓讲题，就是演讲的中心话题。演讲词须围绕一个有社会价值或科学价值、有现实意义或学术意义的特定问题展开，否则就会无的放矢。演讲者总是根据演讲的性质、目的来确定选题。若被邀请做学术演讲，就应该介绍自己最新的研究成果或自己掌握的最新的学术信息，这样的话题才最具学术性。如果是在思想教育性的活动上做演讲，就应该针对现实中最新鲜的现象和听众最关心的问题发表见解。就连竞选演说和就职演说，也要能把握住听众的理想和愿望来选题。

2. 演讲词的选材

根据演讲主题与听众的情况来选择材料。材料是演讲词的血肉，材料的选择和使用是演讲词写作过程中的一个重要环节。

首先，要围绕主题筛选材料。主题是演讲词的思想观点，是演讲的宗旨所在。材料是主题形成的基础，又是表现主题的支柱。演讲词的思想观点必须靠材料来支撑，材料必须能充分表现主题，有力地支持主题。所以，凡是能充分说明、突出、烘托主题的材料就应选用，否则就舍弃，要做到材料与观点的统一。另外，还要选择那些新颖的、典型的、真实的材料，使主题表现得更深刻、更有力。

其次，材料的选择要考虑到听众的情况。听众的政治素质、社会地位、文化修养以及心理需求等，都对演讲有制约作用。因而，选用的材料要尽量贴近听众的生活，这样，不仅容易使他们心领神会，而且他们听起来也会饶有兴味。一般而言，对青少年的演讲应形象有趣，寓理于事，举例要尽量选择他们所崇拜的人和有轰动效应的事；对工人、农民的演讲，要生动风趣、通俗浅显，尽可能列举他们周围的人和发生在他们中间的事作例子；而对知识分子的演讲，使用材料则必须讲究文化层次。

（五）演讲词的结构和写作要求

1. 演讲词的结构

不同类型、不同内容的演讲词，其结构也各不相同，但都是由标题、开头、主体、结尾构成。各部分的具体要求如下。

（1）标题。

演讲词的标题一般采取单标题式。常见的是以演讲的主旨为题，通常以判断句表达，如《写作是建构现代文明的重要素质》；有的点明演讲内容，如《国家、民族与正气》。此外，还可用其他各种形式的标题。即兴演讲可不拟标题。

（2）开头。

开头要先声夺人，富有吸引力。演讲词的开头，也叫开场白，它犹如戏剧开头的“镇场”，在全篇中占据重要的地位。

开头的方式主要有如下几种。

①开门见山、亮出主旨式。这种开头不绕弯子，直奔主题，开宗明义地提出自己的观点。如 1941 年李卜克内西《在德国国会上反对军事拨款的声明》开头就说：“我投票反对这项提案，

理由如下。”

②叙述事实、交代背景式。开头向听众报告一些新发生的事实，比较容易引起人们的注意，吸引听众倾听。如1941年7月3日斯大林《广播演说》的开头：“希特勒德国从6月22日向我们祖国发动的背信弃义的军事进攻，正在继续着。虽然红军进行了英勇的抵抗，虽然敌人的精锐师团和他们的精锐空军部队已被击溃，被埋葬在战场上，但是敌人又从前线调来了生力军，继续向前闯进……我们的祖国面临着严重的危险。”

③提出问题、发人深思式。通过提问，引导听众思考一个问题，并由此造成一个悬念，引起听众欲知答案的期待。如曲啸的《人生·理想·追求》就是这样开头的：“一个人应该怎样对待自己青春的时光呢？我想在这里同大家谈谈我的情况。”

④引用警句、引出下文式。这种开头通过引用内涵深刻、发人深省的警句，引出之后的内容。如一个大学生的演讲词《我的思考与奋起》的开头就很精彩：“一个人如果一辈子都不曾混乱过，那么他从来就没有思考过。”

（3）主体。

主体是正文的核心部分，演讲词的主体要层层展开，步步推向高潮。所谓高潮，即演讲中最精彩、最激动人心的段落。在主体部分的行文上，要在理论上一步步说服听众，在内容上一步步吸引听众，在感情上一步步感染听众。这一部分必须围绕开头提出的问题或观点展开论述。有理论依据，有典型事例，有逻辑推理；多采取夹叙夹议的方法，在陈述事实与严密的逻辑分析中表达观点。

主体部分展开的方式有以下三种。

①并列式。并列式就是围绕演讲词的中心论点，从不同角度、不同侧面进行表现，其结构形态呈放射状四面展开，宛若车轮之轴与其辐条。而每一侧面都直接面向中心论点，证明中心论点。

②递进式。递进式即从表面、浅层入手，采取步步深入、层层推进的方法，最终揭示深刻的主题，犹如层层剥笋。用这种方法来安排演讲词的结构层次能使事物得到由表及里的深入阐述和证明。

③并列递进结合式。这种结构，或是在并列中包含递进，或是在递进中包含并列。一些纵横捭阖、气势雄伟的演讲词常采用这种方式。

(4) 结尾。

结尾要干脆利落、简洁有力。演讲词的结尾是主体内容发展的必然结果。结尾或归纳，或升华，或希望，或号召，方式很多。好的结尾应收拢全篇、卒章显志、干脆利落、简洁有力，切忌画蛇添足、节外生枝。此外，还应注意首尾照应，使全文结构浑然一体。

2. 演讲词的写作要求

(1) 注意整体性。

演讲词并不能独立地完成演讲任务，它只是演讲的一个文字依据，是整个演讲活动的一个组成部分。演讲者、听众、特定的时空条件共同构成了演讲活动的整体。

首先，要根据听众的文化层次、工作性质、生存环境、品位修养、爱好愿望来确立选题，选择表达方式，以更好地沟通。

其次，演讲词不仅要充分体现演讲者独到、深刻的观点和见解，而且要对声调的高低、语速的快慢、体态语的运用进行设计并加以注释，以达到最佳的传播效果。

最后，要考虑演讲的时间、空间、现场氛围等因素，以强化演讲的现场效果。

(2) 注意口语性。

演讲词必须借助有声语言来表达，必须讲究“上口”和“入耳”。所谓上口，就是讲起来通达流利；所谓入耳，就是听起来非常顺畅，没有什么语言障碍，不会发生曲解。具体做法是：把长句改成适听的短句，把倒装句改为常规句，把不容易听明白的文言词语、成语加以删改，把单音节词换成双音节词，把生僻的词换成常用的词，把容易误听的词换成不易误听的词。这样才能保证讲起来朗朗上口，听起来清楚明白。

（3）注意临场性。

演讲活动是演讲者与听众面对面的一种交流和沟通。听众会对演讲内容及时作出反应：或表示赞同，或表示反对，或饶有兴趣，或无动于衷。演讲者对听众的各种反应不能置之不顾，因此，写演讲词时，要充分考虑它的临场性，在保证内容完整的前提下，要注意留有发散的余地，充分考虑到演讲时可能出现的种种问题以及应付各种情况的对策。总之，演讲词要有弹性，要体现必要的控场技巧。

二、模板指导

表 2−4　演讲词的结构模板

项目	要点
标题	一般采用单标题式
开头	开门见山、亮出主旨式；叙述事实、交代背景式；提出问题、发人深思式；引用警句、引出下文式
主体	并列式：围绕演讲词的中心论点，从不同角度证明中心论点 递进式：层层推进，最终揭示深刻的主题 并列递进结合式：或是在并列中包含递进，或是在递进中包含并列
结尾	归纳，或升华，或希望，或号召，收拢全篇，卒章显志，干脆利落，简洁有力

三、范文欣赏

【范文一】

加强道德修养　追逐我们的中国梦

去年，习近平总书记参观国家博物馆时，首次提出了“中国梦”的概念。今年“两会”期间，习总书记更是多次提及“中国梦”。“中国梦”之于国，是民族复兴的梦，是国家富强的梦；“中国梦”之于己，则是要做好十三亿分之一，以踏实的行为践行梦想。

在英国最古老的威斯敏斯特教堂旁边，矗立着一块犹太思想家的墓碑，上面刻着一段非常著名的文字。“我这一生，有很多梦想，梦想改造世界，改造国家，改造家庭。然而到了垂暮之年，回首往事，我却发现自己一事无成，我终于意识到：如果起初我先改变自己，接着我就能依次改变家人。然后，在他们的激励下，我或许就能改变我的国家。再接下来，谁又能知道？也许，我连整个世界都能改变！”

贤人的道理，总是存在惊人的巧合。在万里之外的中华大地，有这样一段话代代流传。“欲治其国者，先齐其家；欲齐其家者，先修其身；欲修其身者，先正其心。”这是流传千古的四书之一《大学》里的一段话，是儒家经典“修身齐家治国平天下”的原版！

“千里之行，始于足下。”要追逐我们的中国梦，要从细节做起，从小事做起，从自身做起！从自身做起便是要修身，先贤的话里明确指出修身的前提是正心，用今天的话来解释，是摆正自己的心，是以道德的力量修持己身！

在追逐中国梦的征途中，在先贤“修身齐家治国平天下”的号召里，道德修养是根本所在，道德的力量是指引我们前进的明灯！

明灯在前，天下有德！

君可见“草鞋书记”杨善洲，甘弃晚年清闲乐，为国造林不酬劳！

君可见“最美女孩”孟佩杰，独力支起破碎家，带母上学书孝义！

君可见“新时代雷锋”郭明义，二十年来为表率，家中苦寒无人知！

君可见“索道医生”邓前堆，溜索行医轻己命，妙手仁心济苍生！

新时代的青年们，要以时代先锋为榜样，以道德模范为旗帜，来追逐我们的中国梦！

追逐中国梦，要加强个人品德修养！

树立正确的世界观、人生观、价值观！要不断鞭策自己，奋发有为，以崭新的面貌，吹响时代的号角，为中华民族的伟大复兴，贡献自己的光和热！

追逐中国梦，要加强家庭美德修养！

正所谓“家和万事兴”，让家庭美德开花结果，是家庭和睦的前提，也是民族兴旺的前提！学会尊老爱幼，才有母慈子孝；学会珍惜眼前人，才有力顾及天下事！新时代的青年们，要有做好儿女的觉悟，要有做好伴侣的准备，要有做好父母的打算。

追逐中国梦，要加强社会公德修养！

现在的社会上存在一些不良习气。要想正本清源，实现风清气正，需要扬起社会公德的大旗！新时代的青年们，应该广泛接收正能量，广泛传递正能量。正所谓“人间正道是沧桑”，要以大无畏的精神，披荆斩棘，奋勇向前！

追逐中国梦，要加强职业道德修养！

个人品德滋生家庭美德，家庭美德助长社会公德，而社会公德在各行业中的最高体现，则是职业道德。作为一个公务员，职业道德尤显重要。在现今的大环境下，在东西方道德价值观猛烈碰撞的时代中，有一小部分人，经不起糖衣炮弹的轰炸，经不起纸醉金迷的诱惑。权力寻租者有之，贪赃枉法者有之，严重损害了公务员队伍的形象。作为一个年轻公务员，要树立起公仆意识，长存敬畏之心，把握好人生的风帆！

“雄关漫道真如铁，而今迈步从头越！”未来的路依旧很长，未来的路布满荆棘！作为新时代的青年，我们要有一颗坚定的心，不畏艰难，不惧流言，相信心中的信仰，来迎接“长风破浪会有时”的将来。在追逐中国梦的征程中，我们要以道德为集结号，发出新时代青年的最强音，为自己代言！

资料来源：http://www.yigfwcom/10_19325html.

【范文二】

大学生“七一”演讲稿

七月，到处彩旗飘动，鲜花如海，笑语欢歌，我们伟大的党也迎来了她八十一岁的生日，这是一个激动人心、光荣而自豪的日子，这个日子将永远激荡在中华大地，将永远铭记在亿万人民的心头。

忆往昔峥嵘岁月，百年史卷浸满了中国多少屈辱的泪，数十年的抗争又流尽了中华儿女多少沸腾的血。

我们不会忘记1921年7月1日这一天，我们也不会忘记嘉兴的南湖，以及南湖上那条小游船，因为就是在那碧波荡漾的南湖上，就是在那条小游船上，就是那十几个来自天南海北的年轻人，他们穿过无边的黑暗，躲过追逐的枪炮，艰难而又执着地举起了拯救中国命运的火种，为中国指明了一条光明而又充满希望的道路。从此，奋勇的中华儿女万众一心、披荆斩棘……

当鲜花代替了和平，当我们的天空不再有枪声回荡，当我们的家园不再经受炮火的洗礼，我们是否还能够想到那些把牢底坐穿的先驱者，那些戴着铁镣手铐蹒跚步行在长街的革命者，那些倒在血泊中的共产党员以及那些为着坚定的共产主义信念而牺牲的人。

我们的先辈用自己的鲜血和生命谱写了一曲动人的正气之歌、民族之歌，透过这一曲曲荡气回肠的旋律，我们所看到的不是狭隘的利己主义，也不是无耻小人的蝇营狗苟，而是作为一名共产党员为了民族和人民的事业勇于献身的忠诚和坦荡。在这种精神面前，我们所感受到的不仅是对革命先辈的崇敬，对一段历史的缅怀，更是一份沉甸甸的责任和神圣使命的召唤。

今天，我们的祖国像一棵苍劲的青松，在经历了八十一年的风风雨雨之后更加傲岸挺拔。

今天，作为一名当代的大学生，站在这儿我深知，庆祝我们党的八十一岁生日，我们不仅仅是对其祝福，更重要的是要在新时期把我们党的思想精神发扬光大。

今天，我体会到了为国争光的神圣，也更加明白了自己肩上的那份责任。贫穷就会受歧视，落后就要挨打，这是一个亘古不变的真理，唯有中国经济富强，我们才能站得更直、更稳。今天，我也知道，只要我们充满执着的信念，我们就没有什么不能克服的困难；只要我们不停下自己的脚步，无论前方有多远，无论道路有多艰难，我们都不会畏惧、不会退缩。

因为，前方有我们敬爱的、伟大的、光荣的党。

资料来源：http://www.zuowen.com/e/20090902/4b8bcf0829f5e.shtml.

四、拓展训练

假设你们学校将进行“中国梦·我的梦”演讲比赛，请先写一篇演讲词，然后进行模拟演讲。

五、知识链接

我有一个梦想

马丁·路德·金

今天，我高兴地同大家一起，参加这次将成为我国历史上为了争取自由而举行的最伟大的示威集会。

100年前，一位伟大的美国人——今天我们就站在他象征性的身影下——签署了《解放宣言》。这项重要法令的颁布，对于千百万灼烤于非正义残焰中的黑奴，犹如带来希望之光的硕大灯塔，恰似结束漫漫长夜禁锢的欢畅黎明。

然而，100年后，黑人依然没有获得自由。100年后，黑人依然悲惨地蹒跚于种族隔离和种族歧视的枷锁之下。100年后，黑人依然生活在物质繁荣瀚海的贫困孤岛上。100年后，黑人依然在美国社会中间向隅而泣，依然感到自己在国土家园中流离漂泊。所以，我们今天来到这里，要把这骇人听闻的情况公之于众。从某种意义上说，我们来到国家的首都是为了兑现一张支票。我们共和国的缔造者在拟写《宪法》和《独立宣言》的辉煌篇章时，就签署了一张每一个美国人都能继承的期票。这张期票向所有人承诺——不论白人还是黑人——都享有不可让渡的生存权、自由权和追求幸福权。

然而，今天美国显然对她的有色公民拖欠着这张期票。美国没有承兑这笔神圣的债务，而是开始给黑人一张空头支票——一张盖着“资金不足”的印戳被退回的支票。但是，我们决不相信正义的银行会破产。我们决不相信这个国家巨大的机会宝库会资金不足。

因此，我们来兑现这张支票。这张支票将给我们以宝贵的自由和正义的保障。

我们来到这块圣地还为了提醒美国：现在正是万分紧急的时

刻。现在不是从容不迫悠然行事或服用渐进主义镇静剂的时候。现在是实现民主诺言的时候。现在是走出幽暗荒凉的种族隔离深谷，踏上种族平等的阳关大道的时候。现在是使我们国家走出种族不平等的流沙，踏上充满手足之情的磐石的时候。现在是使上帝所有孩子真正享有公正的时候。

忽视这一时刻的紧迫性，对于国家将会是致命的。自由平等的朗朗秋日不到来，黑人顺情合理哀怨的酷暑就不会过去。1963年不是一个结束，而是一个开端。

如果国家依然我行我素，那些希望黑人只需出出气就会心满意足的人将大失所望。在黑人得到公民权之前，美国既不会安宁，也不会平静。反抗的旋风将继续震撼我们国家的基石，直至光辉灿烂的正义之日来临。但是，对于站在通向正义之宫艰险门槛上的人们，有一些话我必须要说。在我们争取合法地位的过程中，切不要错误行事导致犯罪。我们切不要吞饮仇恨辛酸的苦酒，来解除对于自由的饥渴。我们应该永远得体地、纪律严明地进行斗争。我们不能容许我们富有创造性的抗议沦为暴力行动。我们应该不断升华到用灵魂力量对付肉体力量的崇高境界。席卷黑人社会的新的奇迹般的战斗精神，不应导致我们对所有白人的不信任——因为许多白人兄弟已经认识到：他们的命运同我们的命运紧密相连，他们的自由同我们的自由休戚相关。他们今天来到这里参加集会就是明证。

我们不能单独行动。当我们行动时，我们必须保证勇往直前。我们不能后退。有人问热心民权运动的人："你们什么时候会感到满意?"只要黑人依然是不堪形容的警察暴行恐怖的牺牲品，我们就决不会满意。只要我们在旅途劳顿后，却被公路旁汽车游客旅社和城市旅馆拒之门外，我们就决不会满意。只要黑人的基本活动范围只限于从狭小的黑人居住区到较大的黑人居住区，我们就决不会满意。只要我们的孩子被"仅供白人"的牌子剥夺个性，损毁尊严，我们就决不会满意。只要密西西比州的黑人不能参加选举，纽约州的黑人认为他们与选举毫不相干，我们就决不会满意。不，不，我们不会满意，直至公正似水奔流，正义如泉喷涌。

我并非没有注意到你们有些人历尽艰难困苦来到这里。你们有些人刚刚走出狭小的牢房。有些人来自因追求自由而遭受迫害风暴袭击和警察暴虐狂飙摧残的地区。你们饱经风霜，历尽苦难。继续努力吧，要相信：无辜受苦终得拯救。

回到密西西比去吧，回到亚拉巴马去吧，回到南卡罗来纳去吧，回到佐治亚去吧，回到路易斯安那去吧，回到我们北方城市中的贫民窟和黑人居住区去吧。要知道，这种情况能够而且将会改变。我们切不要在绝望的深渊里沉沦。

朋友们，今天我要对你们说，尽管眼下困难重重，但我依然怀有一个梦。这个梦深深植根于美国梦之中。

我梦想有一天，这个国家将会奋起，实现其立国信条的真谛——“我们认为这些真理不言而喻：人人生而平等”。

我梦想有一天，在佐治亚州的红色山岗上，昔日奴隶的儿子能够同昔日奴隶主的儿子同席而坐，亲如手足。

我梦想有一天，甚至连密西西比州——一个非正义和压迫的热浪逼人的荒漠之州，也会改造成为自由和公正的青青绿洲。

我梦想有一天，我的四个小女儿将生活在一个不是以皮肤的颜色，而是以品格的优劣作为评判标准的国家里。

我今天怀有一个梦。

我梦想有一天，亚拉巴马州会有所改变——尽管该州州长现在仍滔滔不绝地说什么要对联邦法令提出异议和拒绝执行——在那里，黑人儿童能够和白人儿童兄弟姐妹般地携手并行。

我今天怀有一个梦。

我梦想有一天，深谷弥合，高山夷平，歧路化坦途，曲径成通衢，上帝的光华再现，普天下生灵共谒。

这是我们的希望。这是我将带回南方去的信念。有了这个信念，我们就能从绝望之山开采出希望之石。有了这个信念，我们就能把这个国家的嘈杂刺耳的争吵声，变为充满手足之情的悦耳交响曲。有了这个信念，我们就能一同工作，一同祈祷，一同斗争，一同入狱，一同维护自由，因为我们知道，我们终有一天会获得自由。到了这一天，上帝的所有孩子都能以新的含义高唱这首歌：我的祖国，可爱的自由之邦，我为您歌唱。这是我祖先终老的地方，这是早期移民自豪的地方，让自由之声，响彻每一座山岗。

如果美国要成为伟大的国家，这一点必须实现。因此，让自由之声响彻新罕布什尔州的巍峨高峰！

让自由之声响彻纽约州的崇山峻岭！

让自由之声响彻宾夕法尼亚州的阿勒格尼高峰！

让自由之声响彻科罗拉多州冰雪皑皑的洛基山！

让自由之声响彻加利福尼亚州的婀娜群峰！

不，不仅如此，让自由之声响彻佐治亚州的石山！

让自由之声响彻田纳西州的望山！

让自由之声响彻密西西比州的一座座山峰，一个个土丘！

让自由之声响彻每一个山岗！

当我们让自由之声轰响，当我们让自由之声响彻每一个大村小庄，每一个州府城镇，我们就能加速这一天的到来。那时，上帝的所有孩子，黑人和白人，犹太教徒和非犹太教徒，耶稣教徒和天主教徒，将能携手同唱那首古老的黑人灵歌："终于自由了！终于自由了！感谢全能的上帝，我们终于自由了！"

怎样才能给听众留下深刻的印象呢？美国作家约翰·沃尔夫说："演讲最好在听众兴趣到高潮时果断收束，未尽时戛然而止。"这是演讲稿结尾最为有效的方法。在演讲处于高潮的时候，听众大脑皮层高度兴奋，注意力和情绪都由此而达到最佳状态，如果在这种状态中突然结束演讲，那么保留在听众大脑中的最后印象就特别深刻。

竞聘词

一、文种知识

（一）竞聘词的概念

竞聘词，又叫竞聘演讲词。它是竞聘者为了实现竞争上岗，在竞聘会议上发表的一种阐述自己竞聘条件、竞聘优势、对竞聘职位的认识、被聘任后的工作设想等的工作文书。在我国，随着竞争上岗的普遍实行，竞聘词的写作显得越来越重要。

（二）竞聘词的结构和写法

1. 标题

通常有三种写法：一种是文种标题法，如“我的竞聘词”；一种是公文标题法，由竞聘人和文种构成或竞聘职务和文种构成，如“关于××公司财会主管的竞聘词”；还有一种是文章标题法，可用单行标题拟制，也可采用正副标题形式，如“明明白白做人，实实在在做事——学生会主席的竞聘词”。

2. 称谓

可根据听众的不同而采取不同的称谓，一般用“各位领导”“同志们”“同学们”这样的泛称。

3. 正文

（1）开头。

精彩而简练的开头非常重要。一般常用这样的开头——“非常感谢给我这次争取新岗位的机会”，接着阐明自己发表竞聘演说的理由。开头应写得自然真切，干净利落。

（2）主体。

这是全文的重点和核心，应围绕以下几个方面展开。

①介绍自己竞聘的条件。要针对竞聘的岗位来介绍自己的学历、经历、政治素质、业务能力、已有的政绩等。不需要面面俱到，切忌夸夸其谈。应根据竞聘职务的职能要求有所取舍。

②介绍自己竞聘的优势。可以从工作经历方面展示自己的优势，或从自身素质方面展示优势，也可以从工作能力和作风上展示优势，甚至可以从工作实绩方面展示优势，从而表现出人无我有、人有我优的特点。

③对竞聘职务的认识和完成岗位职责的打算。这是竞聘演说的主要部分。评委除了看竞聘人基本条件，一般更关心竞聘者的施政目标和施政措施。竞聘者应鲜明突出地提出自己的施政目标和施政措施，既要适应总体形势，又要体现部门特点。基本目标要具有客观性、明确性和先进性，应围绕人们对竞聘岗位较为关注的热点、难点、重点提出，还必须要有切实可行的措施作保证。措施必须明确具体，从岗位工作出发，要具有可操作性，要定性、定量相结合，能量化的尽量量化，以便评委进行比较、评估。

（3）结尾。

好的结束语能加深评选者对竞聘者的良好印象，从而有利于竞聘者竞聘成功。结尾应写得恳切、有力，言近旨远，拨动人心。常见的结尾有以下几种。

①表达自己竞聘的决心和做好未来工作的信心。

②表明对竞聘成败的态度，要一颗红心两手准备，这样会使评选者感受到竞聘者的坦诚。

③对大家聆听自己的竞聘演讲表达感谢。

二、模板指导

（一）结构模板

表 2-5　竞聘词的结构模板

<table>
<tr><th colspan="2">项目</th><th>要点</th></tr>
<tr><td colspan="2">标题</td><td>“竞聘词”或“关于×××的竞聘词”</td></tr>
<tr><td colspan="2">称谓</td><td>“尊敬的×××”</td></tr>
<tr><td rowspan="3">正文</td><td>开头</td><td>竞聘职务+竞聘缘由</td></tr>
<tr><td>主体</td><td>个人简历（简洁）+竞聘优势（详细）+岗位目标、岗位构想、岗位方案（具体）</td></tr>
<tr><td>结尾</td><td>竞聘决心、信心和请求</td></tr>
</table>

（二）写作模板

×××——关于×××的竞聘词

尊敬的×××（称谓）：

大家好！

竞聘职务+竞聘缘由（正文开头）

个人简历（简洁）+竞聘优势（详细）+岗位目标、岗位构想、岗位方案（具体）（正文主体）

竞聘决心、信心和请求（简洁诚恳）（正文结尾）

三、范文欣赏

【范文一】

竞聘词[①]

各位领导：

我叫×××，今年28周岁，中共党员。自××年大学毕业后，我受聘到××报社，一直做记者、编辑。大学读的是经济管理类技术经济专业。

2002年，考上××大学新闻学院新闻专业硕士研究生，目前在职就读。

我之所以竞聘直属党委群工宣传主管这个岗位，主要是我认为在这个岗位上更能发挥自己的特长。从我的理解来看，群工宣传岗位主要有以下几个工作要点：

（1）要根据总公司员工工作的总体规划，协助领导制定并落实直属党委群众工作规划方案；

（2）了解并掌握直属机关各单位群众团体工作情况，及时总结经验，向上级领导汇报有价值的群众信息，同时要协助做好直属机关工会和直属机关团委等群众团体的日常管理工作；

（3）负责总公司、有限公司的机关工会、团委的日常管理，按照上级组织和直属党委的工作部署，协助制订年度工作计划并组织实施；

（4）协助做好直属党委的思想建设和宣传教育工作。

我也知道，这个岗位工作有难点。

首先，工作面比较宽，主要分为三大块：工会、团委、宣传。而每一块又包含着不同的工作范围和工作内容，头绪繁多，工作起来需要有较强的计划性和条理性。

---

① 腾晋. 一名记者的竞聘演讲［J］. 中国石油石化，2003（09）：55.

其次，工作难以量化，工作成效在短时间内不容易得到体现。在市场经济模式下，国有及国有控股企业的群工工作算是一个新的课题，需要在不断摸索中前进。

我在大学读的是经济管理类专业，与新闻采编没有多大关系。但我有一股不服输的劲头，经过不懈努力，我从事了新闻工作，逐渐掌握了报纸新闻的各种编采业务。

××年，报社派我参加全国人大九届三次会议的采访工作。期间，我刊发了近二十篇新闻作品，其中《江总书记倾听“海洋心声”》被评为2000年度全国人大好新闻三等奖。

我是报社中第一个获得该项奖励的记者。

在做好本职工作的同时，我积极参与并组织了报社几乎所有的文体活动。如每年一度的新年联欢会，策划、主持大多由我一人完成。2002年，报社工会进行改选，共有48人参加投票，我得到了46票，以最高票当选工会文体委员。

说起个人的性格，我觉得自己是个性情中人，活泼、直爽、进取心强、具有创新精神、为人诚恳。但我目前还欠成熟，在处理某些事情时容易冲动。

不过，我觉得自己很适合从事这个岗位。其一，接受新事物的能力比较强；其二，我的组织协调能力比较强；其三，我有5年记者经历，对总公司总体情况比较了解，对员工都有过广泛接触，建立了良好的人际关系，这有利于今后各项工作的开展；其四，我有较强的文字功底，能熟练运用各种文体进行写作；其五，我掌握了一定的摄影技术，能熟练运用传统机械相机和新型数码相机，可以更好协助进行各种宣传工作。

【范文评析】

这篇竞聘词首先介绍了自己的基本情况，然后从工作要点和难点两方面阐明了对应聘岗位的认识，最后用以往取得的成绩、个人的能力和素质证明自己竞聘的优势。全文逻辑清晰，语言流畅，符合竞聘词的写作规范。

【范文二】

学生会主席竞聘词

亲爱的老师们、同学们：

大家早上好！我是来自09级的××，很高兴能站在这里参加竞选，我竞选的职位是院学生会主席。从大一的懵懂无知，到大二的如梦初醒，一路走来我经历了很多，也体会到了很多。作为文艺部的副部长，在院学生会工作将近一年的时间里，我参与和负责了一些重要的学生工作，比如10级新生的联欢会，看电影，谈物理精品活动的开展，第二届博睿文化节开幕式的整体筹办和演出，不久前刚刚结束的院精品活动班级情，携手同行班团风采展，等等。一直以来我都很用心、很努力地工作，或许，做得没有想象中的那么完美，但是我的付出是大家有目共睹的。

如果我有幸当选主席，我将从以下两大方面开展我的工作。

第一，学生会内部改革。一方面，从主席团自身开始，积极营造相互沟通、和谐互补的工作氛围，出现问题及时解决，团结、活泼、高效是我们最终的目标。另一方面，向所有部门强调宣传意识的重要性，把各项活动的宣传做足，保证同学们了解每个活动的全过程，与此同时集中力量提升活动本身的质量，让参与的同学们感受到活动的魅力，愿意从始至终坚定地支持学生会工作。

第二，加强对外交流。本着“互相合作，共同协商，促进学生会工作的开展，更好地为同学服务”的宗旨，更加积极主动地与其他院系以及校学生会交流，学习先进的理念与措施，进一步提高我院学生活动的质量与影响力，打造属于我们物院自己的品牌。

总的来说，学生会内部建设和对外交流是生存与发展的基础，只有做好这两方面的工作，才能让同学们感受到我们的进步，感受到院学生会是我们大家的学生会。

好了，我最后想说的是，请大家相信我，相信站在台上这个坚定的身影，相信这个坚定的眼神，有你们，有我，物院的明天会更加璀璨！我的演讲完毕，希望大家能够为我投上宝贵的一票。谢谢！

四、拓展训练

假设你们学校将进行学生会改选，请根据自己的兴趣爱好选择一个职位参与竞选，先写一篇竞聘词，然后进行模拟竞聘。

五、知识链接

（一）竞选演讲稿幽默开场白

1. 各位领导、同志们：

大家好！此时此刻，我能以一个竞争者的身份走上演讲台，向各位展示自己，心里既激动又紧张。激动是因为我幸运地赶上了公平竞争的大好时机，紧张是因为我害怕有负领导和同志们的厚望。但无论如何，我要对局党委这一英明而富有魄力的决策表示衷心的感谢！并借此向所有关心支持我的领导和同志们表示深深的谢意！至于说到对竞聘的认识，我想局属××单位竞聘的成功实践已经作出了回答，全局上下呈现出的百川归海、百舸争流的可喜局面就是最有力的证明。对此，我一举双手赞成，二要积极参与。我要竞聘的职位是业务科室副职。

2. 尊敬的领导，各位同事：

很高兴，也很荣幸，能向大家做一个工作汇报。

首先，我从内心感谢组织的培养和领导的信任，多年来组织和领导对我的工作给予了相当的肯定。其次，如果我能和大家一起共事，我感到非常荣幸，也非常愿意。俗话说，“十年修得同船渡”，能和大家一起共事，这修行得要几十年啊，说明我们都是有缘人，缘分不浅啊，所以，我一定珍惜和大家一起共事的机会。

（二）竞聘词幽默开场白：陶行知“喂鸡”

有一次，陶行知先生在武汉大学演讲。他走上讲台，不慌不忙地从箱子里拿出一只大公鸡。台下的听众全愣住了。陶先生从容不迫地又掏出一把米放在桌上，然后按住公鸡的头，强迫它吃米，可是大公鸡只叫不吃。他又掰开鸡的嘴，把米硬往鸡嘴里塞。大公鸡拼命挣扎，还是不肯吃。最后陶先生轻轻地松开手，把鸡放在桌子上，自己向后退了几步，大公鸡自己就吃起米来了。

这时陶先生开始演讲：“我认为，教育就跟喂鸡一样。先生强迫学生去学习，把知识硬灌给他，他是不情愿学的。即使学也食而不化，过不了多久，他还是会把知识还给先生的。但是如果让他自由地学习，充分发挥他的主观能动性，那效果一定会好得多!”台下一时间欢声雷动，为陶先生形象的演讲开场白叫好。

（三）竞选演讲稿开场白技巧

1. 语出惊人

如果你想迅速吸引听众，那么开场白就要语出惊人。你可以描绘一个异乎寻常的场面，透露一个触目惊心的数据，或者栩栩如生地描述一个耸人听闻的问题。听众不仅会蓦然凝神，而且还会侧耳细听，更多地寻求你接下来的讲话内容，探寻你演讲的原因。南达科他州北部州立大学的希瑟·拉森在撰写她的演讲稿《逆流而行》时，运用了一系列的惊人之语，迅速地把她的听众吸引了过来。

2. 利用幽默

幽默如果运用得恰当，在吸引听众注意力上能取得很好的效果。它有助于缓和现场气氛，使听众愿意继续听你的演讲。

下例中演讲者以幽默的语气，用他自己的故事做开场白，来表达他对被邀请做演讲的感谢。

三位公司主管试图给“名声”这个词下个定义。

第一个说：“名声就是白宫邀请你去与总统会面。”

第二个说：“名声就是白宫给你发出邀请，当你在那儿时，电话响了，但是总统却不接。”

第三个主管说：“你们俩说的都不对。名声就是你被邀请到白宫拜见总统，这时总统的热线电话响了，他接过来，听了听，然后说，‘××，找你的!’”

今天我应邀在这里演讲，就如同在白宫有电话找我。

模块三　创新创业

项目活动三　模拟企业筹备

计　划

一、文种知识

（一）计划的概念

计划是党政机关、社会、企事业单位或个人，在工作、生产、学习及日常生活中，为能在一定时期内更好地完成某项任务，而预先拟定具体打算和安排的书面文书。

（二）计划的分类

计划按不同的分类标准，大致可分为以下几种类型。

按性质的不同，可分为综合性计划和专题性计划。

按内容的不同，可分为工作计划、生产计划、学习计划、科研计划、教学计划等。

按时限的不同，可分为长期计划、中期计划、短期计划，如年度计划、季度计划、月度计划、周计划等。

按范围的不同，可分为集体计划、个人计划等。

按形式的不同，可分为条文式计划、图表式计划、条文兼表格式计划等。

按效力的不同，可分为指令性计划、指导性计划等。

（三）计划的特点与作用

1. 计划的特点

（1）预见性。

计划是在事前制订的，对未来工作目标或实践活动做的一种预想性的部署与安排，它具有一定的预测性。预测的准确与否，是衡量计划是否科学、是否具有实践操作性的标准。因此计划不是盲目的预测，而是以上级部门的规定和指示为指导，以现有的实际条件为基础，并以过去的成绩和经验为依据，对未来的发展态势所作出的科学预测。在写作计划之前，必须对所安排的工作和目标做一个正确的分析，充分考虑可能出现的情况，提高计划的可行性。

（2）针对性。

计划是从既有的工作任务、主客观条件和相应的能力出发，为达到某个预期的目标或更好地完成某项任务而制订的，具有明确的目的性和针对性。

（3）指导性。

计划是把党和国家的方针、政策、上级领导的指示和要求，与本部门的实际相结合的产物。因此，计划制订后，对开展工作、克服困难、解决问题、执行政策等具有指导作用。计划既是行动的方向，又是指导工作的依据。

（4）可行性。

一份成功的计划，应具有为实现预期目标而制定的具体明确、符合实际、切实可行的措施、办法和要求。目标定得过高，可能会无法实现或完成；目标定得过低，则计划又无法起到指导作用。因此，计划的步骤、措施、要求不但要写得具体、细致，更要便于检查监督、对照落实。若某一环节出现特殊情况，则应采取相应的措施处理，或作出相应的调整，以保证计划按时完成。

（5）约束性。

一旦制订切实可行的计划后，工作行动应按计划执行。因此，计划对工作行动不但具有指导性，还具有约束性。

（6）明确性。

由于计划具有约束性，则要求计划的目的、要求、任务和目标必须具体明确。

（7）可变性。

计划制订后，在实践过程中，可根据实际情况对计划进行调整或修改。当然，这种修改是基于对现有情况的深入了解、对初始计划目标的准确把握。

2. 计划的作用

（1）明确目标。

计划是把握工作目标、完成工作任务的保证。只有制订切实可行的计划，才能明确奋斗目标，避免或减少工作中的盲目性或被动性，做到心中有数，更合理地安排人力、物力和时间，增强预见性。

（2）提高效率。

明确的目标、具体的措施，使执行者在工作中能保持清醒的头脑，保证各项工作有条不紊地进行，还能使执行者统一认识，协同努力，高效率地完成各项工作。

（3）便于监督。

制订明确的计划，便于管理者及时了解情况、发现问题，避免造成不必要的损失。计划是管理者指导、检查、监督工作和个人自查的重要依据。

（四）计划的文种结构

计划的常见结构形式有三种：第一，条文式，是指将计划的正文部分分若干条款，逐一说明，一般的计划多采用此格式；第二，表格式，常用于对内容单一的具体事项的安排，如财务计划或销售计划等；第三，条文兼表格式。

三种常见的计划的结构形式，在写作内容上都由标题、正文、落款三部分构成。

1. 标题

计划的标题结构形式可分为三种。

（1）完全式标题。

计划单位名称＋时限＋内容＋文种，如“××大学 2016—2017 年第一学期教学工作计划”。

（2）省略式标题。

时限＋内容＋文种，如“2016 年工作计划”；计划单位名称＋内容＋文种，如“××公司营销工作计划”；内容＋文种，如“学习计划”。

（3）公文式标题。

发文机关名称+事由，如“××公司关于机构改革工作的部署”。

2. 正文

计划的正文由前言、主体、结语三部分组成。

（1）前言。

前言主要概述制订计划的依据、原因、目的等，交代“为什么做”的问题，一般包括四个方面的内容：制订计划的依据，分析计划完成的主、客观条件，提出计划完成的意义，指出制订计划的目的。

（2）主体。

主体是计划的核心，一般包括以下三个方面的内容。

第一，目标任务。指计划总的工作内容和应达到的目标，常有数量、效益和质量方面的指标和要求，须写得具体详细。主要回答“做什么”的问题。

第二，措施办法。指为了达到计划规定的目标和完成计划设定的任务所需的条件、方法和手段，须具有切实的可行性与可操作性。主要回答“怎么做”的问题。

第三，具体步骤。指为了达到计划规定的目标和完成计划设定的任务而作出的在时间上的分配，或每个阶段的工作程序安排，以便接下来的工作能循序渐进、按部就班、有步骤地去完成，步骤和程序的安排须具有一定的科学性。主要回答“何时做完”的问题。

(3) 结语。

结语部分可说明计划的具体执行要求，或提出希望和号召，也可交代修订或检查计划的方式方法、注意事项等相关内容。有的计划也有直接省略结语部分的情况。

3. 落款

在正文的右下方署上制订计划的单位名称、个人姓名及计划成文的具体日期。若单位名称已署在标题下面，则落款写成文日期即可。

（五）计划的写作要求

1. 要具有科学性、可行性

制订计划的大前提是要遵守党和政府的方针、政策和有关规定，既要服从大局，又要从客观实际的需要和可能出发。制订计划前还应集思广益，广泛征求意见，使计划切实可行。

2. 要有一定的灵活性

计划是一种预测和预见，精确度有限。因此，制订计划应留有余地，把可能性和必要性结合起来。在执行过程中情况发生变化时，可对计划做必要的调整和修改，以适应实际需要。

3. 目标要明确、内容要具体、表达要准确

计划制定的目标、措施、步骤要明确具体，可操作性强，使执行者方向明确、方法得当、工作有序。表达要求准确、简洁，切忌含糊不清、模棱两可，以免责任不明，计划难以落实。

4. 突出重点，主次分明

制订计划既要考虑周全，又要突出重点，不可把各项工作“等量齐观”，应做到重点突出，主次分明。

二、模板指导

表 3-1 计划的结构模板

项目		要点
标题		单位名称+时间+内容+文种
正文	前言	制订计划的依据、原因、目的等（为什么做）
	主体	计划的目标任务（做什么） 计划的措施办法（怎么做）
	结语	说明计划的执行要求或提出希望与号召，写明修订或检查计划的方法、注意事项等，也可不写结束语
落款		在正文右下角标注：单位名称（若单位名称已署在标题下面，则可不再落款）+具体时间

三、范文欣赏

【范文一】

××造纸厂××年质量管理工作计划

随着我国加入 WTO，企业的外部环境发生了很大变化，进入国际市场的机遇越来越多，面对的竞争也越来越激烈。提高产品质量，降低产品成本，成为增强企业竞争能力的重要手段。××年是本厂产品升级、品种换代的关键一年，为进一步提高产品质量，特制订本计划。

一、质量工作目标

1. 一季度增加 2.5 米大烘缸两台，扩大批量，改变纸业温度。

2. 三季度增加大烘缸辊一根，进一步提高纸页的平整度、光滑度。此项指标要达到 QB 标准。

3. 四季度改变工艺流程，实现里浆分道上浆，使挂面纸板和水泥袋纸板达到省内同行业先进水平。

二、质量工作措施

1. 强化质量管理意识，进行全员质量意识教育，培养质量管理干部。

2. 成立以技术副厂长××为首的计改领导小组，主持提高产品质量以及产品升级的设备引进、技术改造工作，负责各项措施的落实和检查工作。

3. 由上而下建立好质量保证体系和质量管理制度，把提高产品质量列入主管厂长、科长及技术人员的工作责任，年终根据产品质量水平分配奖金，执行奖惩办法（奖惩办法由劳资科负责拟订，1 月 15 日前公布）。

4. 本计划纳入××年全厂工作计划。厂部负责监督、指导实施。各部门、科室要协同配合，确保本计划的完满实施。

××造纸厂
×年×月×日

【范文评析】

这是一篇条文式工作计划。标题为计划单位名称+时限+内容+文种，属于完全式标题。正文前言交代了制订本计划的背景和目的。正文主体的“质量工作目标”按时间顺序编写；“质量工作措施”有四条，分别从管理意识、领导体制、质量保证体系和质量管理制度及检查指导等方面加以体现。

此计划思路清晰，语言准确、明晰，目标明确，措施具体，要求清楚，是一篇写得较好的计划。

【范文二】

2016年幼儿园年度工作计划

新的一年，新的开始，我们希望幼儿园以崭新的面貌来迎接新的学期。下一步工作的重心将是提升内部教师的教育教学水平，加大硬件设施建设的投入，提高幼儿园整体教育实力，幼儿园新学期具体工作计划如下：

一、指导思想

深入学习《幼儿园教育指导纲要》，深刻把握《纲要》精髓，遵循幼儿身心发展规律和学习特点，自觉创造与个体生命和谐一致的教育。牢固树立以人为本的管理观念，将最科学的思想理念渗透到幼儿教育日常管理的各个环节，做到“四个新”：与时俱进，教育观念不断更新；坚持素质教育，开展工作不断创新；深入探索实践，课程改革成果新；促进教师专业成长，师资素质面貌新。

二、工作目标

加强本园内涵建设和硬件建设，大力提高教育实力。

三、主要内容与措施

（一）园务管理：科学管理，提高效益

1. 办园思想：依法治园，严格按标准收费；依法治教，注重行风建设。幼儿园一切工作以促进幼儿发展、促进教师成长、推动幼儿园发展为工作的出发点。园所倡导工作三性（创造性、能动性、开拓性）、三效（效率、效益、效能），考虑工作成本（时间、精力、财力）与工作成果的关系。

2. 管理方式：以人为本，刚柔并重，以开放而弹性的管理、灵活而务实的作风激发教职工工作内驱力。在统揽全局的基础上，领导参与教育教学第一线实践。

3. 师资建设：通过不断完善竞争激励机制，促进教师能力、素质、知识结构的提升，更好地促进幼儿园的内涵发展。

4. 卫生和安全工作：强化安全意识，安全第一，警钟长鸣。细化安全工作岗位责任制，防患在先，每天一小查，每周一大查。定期检查维修，合理考评。

5. 家长工作：宣传与沟通并举，引导与合作并重。召开不同类型的个性化家长会，争取家长的支持配合，提高家长的满意度、提高社会的信誉度。

（二）改善园所基础设施

幼儿园基础设施建设包括：教学设备建设，根据幼儿教育大纲选用教材，可选用早教企业研发教材；卫生设备建设，完善相关设备器械，做好消毒卫生工作；游戏设备建设，购置一定量的室内游戏设备及室外大型游戏设备；饮食设备建设，餐具等应符合卫生标准、安全标准，一生一套，能够满足幼儿的生活需要。

四、园所发展与展望

（一）园所宣传招生

宣传是招生的基础。招生前先进行市场调研分析，设定招生名额、年龄，制定招生简章，然后上报上级行政主管部门批准，最后向外公布。新生入园做好入园体检，建立健康档案。

（二）推动园所幼教事业发展

幼儿教育，顾名思义，教育是第一位的。随着社会与现代幼教事业的发展，中国的幼儿教育也上了一个新台阶。现在的孩子，要学习的知识很多，家长们都害怕自己的孩子会落后。但是学前教育并不等于知识教育，要让孩子们在游戏中学习知识，要给孩子一个快乐的童年。幼儿园应当开展多元化教育，加强家园共育，定期家访，定期开展家长开放日，让家长了解孩子的幼儿园生活。

对我园的幼教事业发展来说，管理者任重而道远。我们争取在新的一年里以优质的服务提高全体师生的生活质量，赢得教师满意、家长满意。在这里，我希望我园幼教事业的明天会更好。

【范文评析】

这篇计划的标题采用时限+内容+文种的结构，属于不完全式标题。正文内容包括三个方面：前言写明了制订计划的依据和指导思想，接着主体部分简明扼要地写了计划的目标，最后具体交代计划的主要内容和措施。结语部分提出了对本园幼教事业发展的希望与号召。

此计划目标明确，措施详细具体，实施步骤清晰合理，是一篇切实可行的计划。

四、拓展训练

（一）改错训练

指出此篇计划存在的问题。

销售员07年个人计划

在2006年刚接触这个行业时，在选择客户的问题上走过不少弯路，那是因为对这个行业不太熟悉，总是选择一些食品行业，但这些企业往往对标签的价格是非常注重的。所以今年不要再选一些只看价格，对治疗没要求的客户，没有要求的客户不是好客户。

2007年的计划如下：

一、对于老客户，和固定客户，要经常保持联系，在有时间、有条件的情况下，送一些小礼物或宴请客户，好稳定与客户的关系。

二、在拥有老客户的同时还要不断地从各种媒体获得更多的客户信息。

三、要有好业绩就得加强业务学习，开阔视野，丰富知识，采取多样化形式，把学习业务与交流技能相结合。

四、今后对自己有以下要求。

1. 每周要增加×个以上的新客户，还要有×到×个潜在客户。

2. 一周一小结，一月一大结，看看有哪些工作上的失误，并及时纠正，下次不要再犯。

3. 见客户之前要多了解客户的状态和需求，再做好准备工作，才有可能不会丢失这个客户。

4. 对客户不能隐瞒和欺骗，这样不会有忠实的客户。在一些问题上，你和客户是一致的。

5. 要不断加强业务方面的学习，多看书、上网查阅相关资料，与同行们交流，向他们学习更好的方式、方法。

6. 对所有客户的工作态度都要一样，但不能低声下气，要给客户一个好印象。

7. 客户遇到问题，不能置之不理，一定要尽全力帮助他们解决问题。要先做人再做生意，让客户相信我们的工作实力，才能更好地完成任务。

8. 自信是非常重要的。要经常对自己说你是最好的，你是独一无二的。拥有健康乐观、积极向上的工作态度才能更好地完成任务。

9. 和公司其他员工要有良好的沟通，有团队意识、多交流、多探讨，才能不断增强业务技能。

10. 为了今年的销售任务，每月我要努力完成×到×万元的任务额，为公司创造更多的利润。

以上就是我这一年的工作计划，工作中总会有各种各样的困难，我会向领导请示，与同事探讨，努力克服困难，为公司作出自己更大的贡献。

2007 年 1 月 10 日

参考答案：

(1) 标题不当。计划期限不能写“07 年”，而应改为“2007年”；“销售员”易引起误解，应删去。

（2）行文思路不清、逻辑混乱。开头应写明制订计划的目的和依据，并用过渡句引起下文。本计划却将制订计划的目的放在最后（为了今年的销售任务，每月我要努力完成×到×万元的任务额，为公司创造更多的利润），过渡句“2007 年的计划如下”写得突兀，不规范。

（3）内容前后重复。可将文中第三条和第四条中的第 5、第 9 条合并在一起写；第四条中的第 3、第 4 条都是谈对客户的态度，可以合并为一条。

（4）用词不当，语言表达不准确。如文中第四条中的第 4 条“对客户不能隐瞒和欺骗，这样不会有忠实的客户”中的“这样”语意不明；第四条中的第 8 条“拥有健康乐观、积极向上的工作态度才能更好地完成任务”中，“工作态度”不能用“健康”来修饰。

（5）标点符号使用错误。如第一条“对于老客户，和固定客户”中的逗号多余，应删去；第三条“要有好业绩就得加强业务学习，开阔视野，丰富知识”中的逗号宜改为顿号。

（二）写作训练

假设你是一位 2017 级的大一新生，为更好地适应大学生活，严格要求自己，试给自己写一份详细的“2017—2018 年度学习计划”。

五、知识链接

（一）学习计划写作的“八要素”

1. 进行自我分析

在我们制订学习计划前首先要学会自我分析。

（1）分析自己的学习特点。

每个人都有自己的学习特点，在制订计划之前，应根据自己的实际情况，认真、全面地分析自己的学习特点。

（2）分析自己的学习现状。若能详细、具体地分析自己的学习现状，则能制订更加合理、有效的学习计划。

2. 确定学习目标

学习目标是学生学习努力的方向，正确的学习目标能催人奋进，从而产生为实现这一目标而奋斗的力量。确定学习目标要按照学校的教育要求，体现学生德智体全面发展的教育方针，还要考虑自己的学习特点和现状。确定的学习目标应具有适当、明确、具体的特点。

（1）适当。

适当是指学习目标不能定得过高或过低。学习目标定得过高，最后无法实现，容易丧失自信心，使计划成为一纸空文；学习目标定得过低，轻而易举就能达到，则不利于进步。因此，要根据自己的实际情况，制定经过努力能够达到的合适的目标。

（2）明确。

明确是指学习目标要便于监督和检查。

（3）具体。

具体是指学习目标要便于实现。

3. 科学安排时间

确定了学习目标后，则要科学地安排时间，具体做到全面、合理、高效。

（1）全面。

在安排时间时，既要考虑学习，也要考虑休息和娱乐，既要考虑课内学习，也要考虑课外学习，还要考虑不同学科的时间搭配。

（2）合理。

要找出每天学习的最佳时间，如有的同学早晨头脑清醒，更适合记忆和思考，有的同学则晚上学习效果更好。要在状态最佳的时间里完成较重要的学习任务。

（3）高效。

要根据事情的轻重缓急来安排时间，一般来说，把重要的或困难的学习任务放在前面来完成比较好，因为这时候精力充沛、思维活跃，学习更高效，而把比较容易的任务放稍后去做，就算精力没开始那么好，也可以完成。此外，较小的任务可以放在零星时间去完成，以充分利用时间。

在进行时间安排时，还要注意以下两点：第一，要突出重点，也就是说，要根据自己的实际情况，分析并提出学习重点，把时间适当倾向于自己的薄弱学科；第二，要有机动时间，计划不要排得太满太紧，贪心的计划是难以做到的。为了使计划不落空，要对计划的实行情况进行定期检查。可以制定一个计划检查表，把什么时间、完成什么任务、达到什么进度，列成表格，每完成一项，就在相就位置打上“√”。

4. 学习计划要全面

学习计划是指学习的具体安排。要想真正完成好学习计划，在考虑计划的时候，一定要对自己的学习生活作出全面的安排，具体计划时间应包括社会工作时间、为集体服务时间、锻炼时间、睡眠时间及娱乐活动时间等。像这样，做到劳逸结合，在学习时间内才可能精力充沛地学习。

5. 安排好常规学习时间和自由学习时间

学习时间可以分为两部分：一是常规学习时间，主要用来完成当天老师布置的学习任务，消化当天所学的知识；二是自由学习时间，是指完成了老师布置的学习任务后所剩下的额外学习时间。随着学习水平的提高，常规学习时间应逐渐减少，自由学习时间应逐渐增加。

6. 长计划和短安排

长计划是指在一个比较长的时间内，应有个大致计划。由于实际的学习生活往往无法预测，所以长计划不可能太具体，不可能把每天做的事都列出来。但是，在学习计划上要解决哪些问题，应当心中有数。短安排就是把一个在短期内无法完成的学习任务分配到每周、每天。这样，在每天的学习中，就会明白当天的学习在学习全局中的地位。有了具体的短安排，长计划中的任务可以逐步实现；有了长计划，就可以在完成具体学习任务时具有明确的学习目的。

7. 从实际出发制订学习计划

在制订计划的时候，不要脱离学习的实际情况。主要指以下几方面：自己的知识和能力，每个阶段的学习时间，学习上的欠缺和漏洞。

8. 提高时间的利用率

早晨和晚上，或者说一天学习的开始和结尾部分的时间，可以着重看记忆类的科目；当心情比较愉快，注意力比较集中，又有较长的时间段，可安排比较枯燥的学科；零星的时间，注意力不容易集中的时间，可安排做习题或学习自己最感兴趣的学科。除此以外，还要注意学习时间和户外活动要交替安排，相近的学习内容不要集中在一起学习等。如此，在同样多的时间内，由于安排了合适的内容，就会收到较好的效果。

（二）计划与策划书的区别与联系

1. 策划和计划的不同之处

策划一般在决策之前，是决策的依据和前提。因此，它强调价值、科学和竞争，即首先要创造有价值的目标和谋划科学可行的方案。这些目标和方案都应是最优的，应该在竞争中展现自己的优势并获得决策通过。

计划一般在决策之后，是决策的细化和实现决策的保证。因此，它强调具体、明确和可控，即重在围绕决策目标和优先方案对工作进行分解，对资源进行细致安排，这些分解和部署都应是明确的，以便在实现过程中进行控制和评估。

2. 策划和计划的紧密联系

策划是制订计划的重要依据。策划不仅提供了计划制订和实施所应围绕的中心即目标，还提供了目标实现的最优方案，这些都应是计划制订时所必须加以考虑的。

计划是策划实施的重要保证，计划是策划和实施之间的桥梁。因为策划是事先谋划，所以侧重于目标和较为粗略的实施方案，其通过决策后要进行细化才能组织、控制实施行为，而计划即是策划的细化。正是因为策划和计划的紧密联系，所以在现实生活中，策划文案和计划文案也并没有明确的分界线。当策划书中的具体实施方案比较详细时，策划一旦通过往往不用再制订计划书，而直接成为实施的依据。而很多计划都深深地根植了策划的思想，如对背景的分析、目标的解释、方案的评估和论证等。

策划书

一、文种知识

（一）策划书的概念

策划亦作“策画”，本义为“谋划、计谋”。策划书又称策划方案，是指对未来某个活动或者事件进行策划，并展现给读者的富有创意的书面设计方案。

（二）策划书的类型

1. 专题活动策划书

专题活动策划书侧重于计划，一般用于组织各种非营利性活动，如学校活动策划书、企业内部活动策划书等。

2. 商业策划书

商业策划书侧重于解决企业的问题，密切结合市场、产品和企业的实际状况，所有指标都要具体化甚至量化，执行方案需严谨，具有一定的营利性。商业策划书主要包括广告策划书、公共关系策划书、营销策划书、企业形象策划书、图书策划书、宣传策划书、创业策划书等。

（三）策划书的基本要素

策划书一般由八个基本要素组成，如图 3—1 所示。

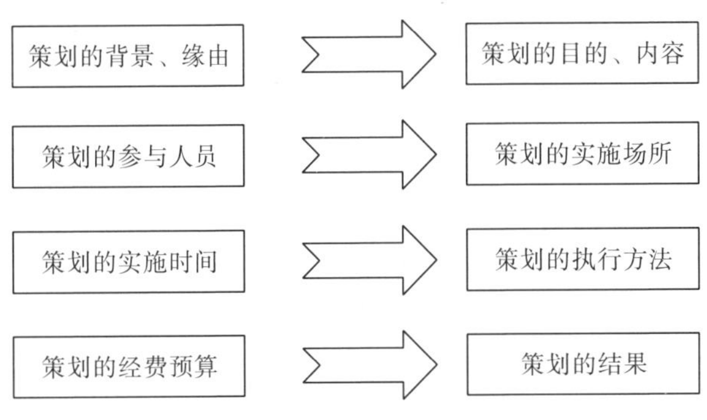

图 3—1　策划书八要素

（四）策划书的结构

1. 专题活动策划书

专题活动策划书在整体结构上，一般由标题、正文、落款和附录四部分构成。

（1）标题。

专题活动策划书的标题结构形式分为三种：

①单位名称+时间+项目名称+文种，如“×××大学 2017 年‘文化节’活动策划书”；

②项目名称+文种，如“××篮球比赛策划书”；

③正副标题，如“学以致用，躬行君子——主题班会策划书”。

（2）正文。

策划书正文部分由前言和主体两部分构成，内容须分条列项。

前言主要介绍活动的背景，具体内容如活动基本情况介绍、活动的主要执行人员、活动的组织部门、活动开展的原因及活动的目的与意义等。

主体主要包括活动主题、活动流程、活动所需资源与经费预算、活动注意事项等。

①活动主题。活动主题是对活动内容的高度概括，是策划所要达到的具体目的，是整个策划的灵魂，是统率整个活动、连接各个项目及各个步骤的纽带。活动主题是一句口号，既要概括、抽象，又不能太空洞，要求用简明扼要的语言囊括专题活动的创意点。

②活动流程。活动流程具体分为三个阶段。

一是活动准备阶段，包括活动海报的制作和宣传、前期报名及赞助经费的筹措等。

二是活动开展阶段，包括活动人员的分配、活动场所及时间的安排。须具体注明活动开展阶段的负责人员，活动的主办、承办、协办单位，活动场所及时间因客观原因导致的灵活变动情况。

三是活动后续阶段，包括活动结果的公示、活动开展情况的总结等。

③活动所需资源与经费预算。活动所需资源方面须列出所需的人力和物力资源。活动经费预算方面须清晰、详细地列出活动的各项费用。

④活动注意事项。活动注意事项可以是活动流程安排之外的补充事项，也可以是出现意外情况时的应急预案。

(3) 落款。

落款须在正文的右下角注明活动策划的单位名称或具体策划人姓名，另起一行注明策划时间。

(4) 附录。

与策划书有关的数据资料、问卷样本及其他背景材料，以附件的形式附在正文后面。

2. 商业策划书

商业策划书在整体结构上，一般也由标题、正文、落款和附录四部分构成。

(1) 标题。

商业策划的标题结构形式也可分为三种：

①单位名称+时间+项目名称+文种，如“××公司2017年美食文化项目商业策划书”；

②项目名称+文种，如“××家装平台商业策划书”；

③正副标题，如“心随我动，骑乐无穷——共享单车融资项目商业策划书”。

(2) 正文。

商业策划书根据企业产品的不同、营销目标的不同，在写作内容上可详略取舍、灵活变动。一般也由前言和主体两部分构成。

前言须说明本次策划的缘由、背景、问题、意义等。

主体主要包括策划的主题与目标，市场环境分析，企业或产品的优势、劣势分析，制定产品营销策略，制定详细具体的行动方案，包括经费预算、效果评估，制定应急方案。

①策划的主题与目标。明确产品策划方案的具体主题，预估策划方案执行所达到的经济效益目标。

②市场环境分析。对产品的宏观市场环境进行分析，实施有效的策划案。

③企业或产品的优势、劣势分析。通过对市场环境的调查，分析企业或产品的优势及劣势。从优势中寻求机会，发掘市场潜力；分析劣势，克服企业或产品存在的问题。

④制定产品营销策略。产品营销策略是策划书中最主要的部分，包括：产品的营销宗旨；产品策略，如产品定位、产品质量保证、产品品牌、产品包装、产品服务等；价格策略，如优惠价格、折扣价格等；产品的销售渠道，如网络营销、特许营销、代理经营等；广告宣传策略。

⑤制定详细具体的行动方案。根据策划期间各个时间段的特点，制定详细、周密、操作性和灵活性强的行动方案。内容包括具体的人员安排、设备准备、时间选择、地点选择等。

⑥经费预算。经费预算指整个策划案的费用投入，包括营销过程中的总费用、阶段性费用、项目费用等，原则是以最少投入获得最佳效果。

⑦效果评估。效果评估指充分考虑内外环境的变化给策划方案执行所带来的不利影响，预估可能造成的损失。正确的效果评估有助于了解策划的实施程度，客观地评价活动的实际效果。

⑧制定应急方案。策划案在执行过程中，可能出现与现实情况不相适应的地方，这时必须随时根据市场反馈，对方案进行及时有效的调整，制定切实可行的应急方案。

（3）落款。

在正文的右下角注明活动策划的单位名称或具体策划人姓名，另起一行注明策划时间。

（4）附录。

与策划案有关的数据资料、问卷样本及其他背景材料，以附件的形式附在正文后面。

（五）策划书的撰写原则

撰写策划书时，应遵循以下五个基本原则。

第一，逻辑思维。策划的目的在于解决即将面临的问题，因此在制定策划书时应做到逻辑清晰，严格按照“发现问题—分析问题—解决问题”的思路来撰写。

第二，主题单一。策划主题应具体、单一，重点突出，抓住核心问题，切忌一个策划案多个主题。

第三，简洁朴实。策划书应做到表达清晰、简洁明了，不必用过于华丽的词语进行修饰。

第四，可操作性。策划书应结合实际，便于指导活动的实施，可操作性要强，具有灵活性。

第五，创意新颖。新颖的创意是策划书的核心。策划书不拘泥于表格和文字，可图文并茂，做到点子新、内容新、表现方法新。

二、模板指导

表 3-2　专题活动策划书的结构模板

<table>
<tr><th colspan="2">项目</th><th>要点</th></tr>
<tr><td colspan="2">标题</td><td>单位名称+时间+项目名称+文种</td></tr>
<tr><td rowspan="2">正文</td><td>前言</td><td>活动背景</td></tr>
<tr><td>主体</td><td>活动主题
活动具体流程
活动所需资源与经费预算
活动注意事项</td></tr>
<tr><td colspan="2">落款</td><td>在右下角标注：策划单位名称或策划人姓名，策划具体时间</td></tr>
<tr><td colspan="2">附录</td><td>数据资料、问卷样本及其他背景材料</td></tr>
</table>

表 3-3　商业策划书的结构模板

项目		要点
标题		单位名称+时间+项目名称+文种
正文	前言	策划的缘由、背景、问题、意义
	主体	策划的主题与目标 市场环境分析 企业或产品的优势、劣势 制定产品营销策略 制定详细具体的行动方案 经费预算 效果评估 制定应急方案
落款		在右下角标注：策划单位名称或策划人姓名，策划具体时间
附录		数据资料、问卷样本及其他背景材料

三、范文欣赏

（一）专题活动策划书

【范文】

学以致用，躬行君子——主题班会策划书

一、活动主题

学以致用，躬行君子。

二、活动背景

从高中进入大学，学生从披星戴月的紧张学习状态中走了出来，学习压力与强度大不如前，加之未能及时进入大学应有的学习状态，学生有了大量的空闲时间。为了打发空闲时间，往往选择通过兼职锻炼自己，如此，既能积累一定的工作经验、提升自身能力，又能获得一定的经济回报。因而，大学生兼职在高校司空见惯。

大学生兼职本是无可厚非的，但随之而来的是学习时间压缩、无心学习，兼职耽误了大学生正常的大学学习，甚至使部分学生放弃学业，还常常引发一些不必要的安全问题，令人悔恨终生……这些为本应“知行合一，学以致用”的大学生活涂染上了灰色的一笔。那么，大学生是否应该在学习期间进行兼职？在兼职与学业的选择上，孰重孰轻？

三、活动的目的与意义

希望通过这次活动，大家能够明白“知行合一，学以致用”的道理，在合理利用时间的同时充实大学生的学习生活。

四、活动主要参与者

14级食品五（1）班全体同学，辅导员等特邀嘉宾。

五、活动时间及地点

活动时间：2017年4月20日18：30—20：10。

活动地点：××职业技术学院3号教学楼A303。

六、活动流程

1. 主持人发言：介绍这次班会的主题、意义及开展的活动并作开场白。

2. 组织全班观看大学生兼职的相关视频，之后由同学们主动上台发表自己的观点以及感受。

3. 请五位同学上台阐述自己的兼职感受，谈谈他们对大学生兼职的看法以及建议。

4. 就以下几个大学生兼职问题展开讨论：

a. 大学生兼职有何利与弊？

b. 想不想兼职，为什么兼职？

c. 大学生兼职与学习之间有无冲突？如果有，怎么调节？

5. 邀请辅导员讲话。

6. 主持人做活动总结与班会结束语。

总结语：当代大学生对兼职的态度，从总体上看是能够正确认识和把握的，当代大学生能够正确地处理学习和兼职的关系，应对兼职中出现的一些问题，诸如耽误学习、安全等。大学生对兼职应持慎重的态度，避免在兼职问题上把握和处理失当，应努力地吸取兼职中的益处，避免兼职中的问题。

七、可能遇到的问题及解决方法

预测问题：

1. 个别同学不能准时赶到班会地点。

2. 班会气氛不够好。

3. 部分同学不遵守班会纪律。

解决方案：

1. 电话联系未到同学，要求务必尽快赶到现场，否则要请全班同学吃饭。

2. 通过视频及讨论发言激起大家的热情，以个别积极分子带动大家积极参与。

3. 班干部维持好秩序，提醒违纪同学。

八、经费预算

矿泉水（2元×18）＋横幅（50元）＋打印（4元）＝90元

九、活动分工

策划人：×××

主持人：×××

物品采购：×××

打印宣传：×××

邀请嘉宾：×××

纪律保障：×××

（二）商业策划书

【范文】

某手机连锁卖场市场营销策划书

一、前言

我公司正在实行全国连锁销售，现准备在××市设立手机连锁店。公司派我到该市调研和开发当地市场。×月××日至×月××日期间，我在该市做了全面的调查，对该市人文情况有了一定的了解。

通过这×天对该市市场的调查和研究，了解了该市的手机市场，并于×月××日完成了我公司在该市连锁经营的营销方案。

此方案可以帮助公司了解该市的手机市场，也可以指导公司开发该市市场的实际营销工作。

二、市场现状分析

（一）用户分析

1. 目标市场

通过市场调查问卷随机抽查结果显示，我公司产品目标消费人群大多是追求时尚、处在时尚前沿的人群，主要是工厂职工、学生、刚毕业的大学生和行走在时尚前沿的青年，另外一些像老年人和听力差的人群也会成为我公司的客户。

工厂职工和青年购买我手机是为了追逐时尚，消费水平较低，一般在1 000元左右。老年人和听力差的手机消费人群，主要是看重手机音量大小、音质好坏、屏幕显示字体清晰度，他们虽有购买能力，却不会轻易购买，可从亲情入手，以作为礼品的方式打入市场。此外，购买手机的青年人以男性为主，老年人则无须考虑性别。

2. 消费偏好

在市场调查中发现：消费者普遍容易接受中低档产品；喜欢进口的品牌机和质量好的国产手机；消费者希望手机个性化，希望有专门量身定做的手机；消费者购买手机的主要用途是与人联络、工作需要和顺应流行趋势；手机功能中使用最多的是打电话和发短信。

3. 购买模式

在市场调查中发现：普通大众更换手机的时间是 2 年左右，

价位在1 000～2 000元；消费者通常在专卖店或大卖场购买手机；消费者最注重的是手机的功能、品牌和款式。提供客户所需要的产品是我们连锁企业的优势。

4. 信息渠道

在市场调查中发现：消费者了解一款新上市手机的主要途径是通过电视、网络、宣传单和同学、朋友之间的相互交流。宣传单的效果较差，消费者普遍喜欢通过同学、朋友之间的相互交流的决定。电视与网络宣传能够加大手机在消费者之间的知名度。消费者接触最多的媒体是CCTV-5，CCTV-8，CCTV-3和本地电视台以及报纸杂志等，他们最信任的媒体是中央电视台。

（二）竞争情况分析

目前市场上国外的品牌有诺基亚、摩托罗拉、三星、索爱、西门子、飞利浦、松下等，国内的品牌有夏新、天宇、联想、波导、明基、TCL、CECT、中兴、康佳等。

这些手机品牌中比较受欢迎的国外品牌有诺基亚、摩托罗拉、三星、索爱等，比较受欢迎的国内品牌有夏新、联想、波导等。这些比较受欢迎的国内品牌只是和国内其他品牌相比更受欢迎一点，实际上远不如那些国外品牌。诺基亚、摩托罗拉、三星、索爱等国外品牌占据了市场的主流。尤其是诺基亚，它的手机价格比较低，且耐摔，很受大众喜爱。而且，这些品牌的手机在大多数连锁店都有销售。

三、市场机会与问题分析

就此做一个我公司产品的SWOT分析。

我公司产品的优势（Strength）：特色服务。我公司的手机功能齐全，照相、MP3和MP4播放、游戏、手写和按键两种输入方式、看视频、上网等一应俱全，此外附加有娱乐、学习、理财等应用软件，手机价格低廉，并且还有一些特别的手机保养服务，如手机贴膜、手机美容等。

我公司产品的缺点（Weakness）：知名度低，客户担心售后问题的处理。

我公司产品的机会（Opportunity）：手机销售市场日趋饱和，但客户的需求多样，其中以手机购买体验、多样的手机功能为主。手机的使用改变了通信市场的产品结构，给人们的生活沟通带来了极大的便利。一方面，中国人口基数大，人们的收入水平在不断提高，另一方面，技术的成熟使得手机的价格不再是天价。目前，各大连锁企业基于市场竞争情况，营销重点都转向手机相关服务的提供，但是尚未涉足手机增值方面的服务。竞争企业的手机品牌（包括国内外手机品牌），集低价、功能多、待机时间长等特点于一身，却没有了解客户真正的需求。这样不能让客户在所需功能上有所选择，浪费了客户大量的价值，但同时这为那些有增值业务的连锁企业带来竞争的机会。

威胁（Threats）：就目前市场情况而言，大品牌的手机连锁企业（如苏宁、国美等）占有相当大的市场份额，所以我公司面对的压力还是相当大的。根据××市的市场消费水平分析，我公司产品的消费群体是有限的，所以我们必须以一定独特的服务方式来打动更多的潜在客户。

表1　手机市场竞争品牌对照（1）

类型	特点	价格（元）
×××牌 9@9f	金属导航键 规格：100.7×44×15.7（mm） 重量：77g 屏幕：1.46英寸　65K色　OLED屏幕 分辨率：128×128像素	699
××牌 Z530c	MP3播放器，支持正常、低音、语音、高音、增强五种模式，支持高级的手动调节功能	999

续表1

类型	特点	价格（元）
××××牌 W375	屏幕：128×160 像素的 65K 色 TFT 屏幕 30 万像素 CMOS 内置摄像头，支持 K-JAVA 扩展	999
×××牌 6080	摄像头：30 万像素内置摄像头	1 070
××牌 V727	外观设计：直板机身 颜色：黑色产品 尺寸：98.5×48×17.8（mm） 手机重量：98.2g 支持频段：900/1800MHz 数码相机像素：130 万（支持 PC Camera 功能）	1 050
××牌 SGH-×208	主屏材质：UFB 主屏色位数：65536 色 铃声类型：40 和弦	780
××牌 SGH-U608	超薄滑盖机身 320 万像素自动对焦摄像头 内置多媒体播放器（支持 MP3/AAC/AAC+等格式音频及 MPEG-4/3GP/H.263 等格式视频播放，并具备后台播放及多种播放模式和 3D 音效、均衡器效果设置） 支持 FM 收音机、MP3 铃声、USB 连接、蓝牙技术，并可实现立体声蓝牙耳机功能 60MB 的机身内存，支持内存扩展（Micro-SD 存储卡扩展到 2GB 的容量）	

表 2　手机市场竞争品牌对照（2）

类型	特点	价格（元）
××牌 M600i	全键盘，同时支持触摸屏手写输入 2.6 寸，26 万色的 TFT 大屏幕 MP3、AAC 等多种格式的铃声 内置视频播放器	1 760

续表2

类型	特点	价格（元）
××牌 W950i	2.6 英寸 26 万色 QVGA 规格的 TFT 触摸屏，分辨率为 320×240 像素 设有独立的 MP3 控制键 配备摄像头 超大的 4G 闪存	2 250
×××牌 5700	自功能键区以下可以进行 180 度旋转，在数字键与音乐键之间可以自由切换 2.2 英寸大小的 1670 万色 TFT 屏幕，分辨率为 240×320 的 QVGA 水准 具备 200 万像素的主流镜头，随意转换拍摄角度 64 和弦铃音，支持 RNG、WAV、WVE、AMR、WB-AMR、AU、MIDI、AAC、MP3、WMA 和 RMF 等多达 11 种格式的音乐播放	3 150
××××牌 E6	2.4 英寸 26 万色 TFT 材质 QVGA 分辨率的全平面触控式彩色屏幕 内置的 Realone 播放器能进行多种格式文件播放 Linux 操作系统	2 889
××××牌 V820	可选颜色：黑色、玫瑰色、蓝色 内屏类型：26 万色 TFT 彩色屏幕 外屏类型：26 万色 TFT 彩色屏幕 通话时间：200～250 分钟 待机时间：150～190 小时 多媒体短信：彩 e 录音：300 秒，语音记事 和弦铃声：64 和弦 个性化图片：个性图标及照片来电识别 话机通讯录：共 500 条 内置游戏：2 个三维动画 Java 游戏 图形菜单：三维动画菜单 数码相机：内置 120 万像素数码相机，支持短片摄录/播放，外屏自拍	

四、营销目标

根据市场调查的结果，我公司的连锁店在打入市场前三个月应达到的销售额多由潜在客户群体决定。市场占有率应达3.3%～5%，后期须进一步提高企业的知名度。

根据市场调查，对一个大卖场（如国美等）而言，其员工人数一般为30左右，他们每人每月的销售目标一般为100部手机。所以一个大卖场一个月大约可以卖掉3 000部手机。而市场上的手机品牌大约为20个，所以一个大卖场每个品牌手机的月平均销售量为100～200部。但每个品牌手机的型号又有多种，一种新款手机每月销售量大约为80～160部。且据市场调查，诺基亚、摩托罗拉、三星等知名品牌销售量偏高。

如江西××市的大卖场大约有30个，可预估我公司手机一个月的销售总量M=100＊30=3 000部，三个月的销售额Y=3 000＊900＊3=810万元，市场占有率Q=100/3 000=3.3%。

根据市场上手机总数和我公司产品入市以后所要进行的促销和宣传，我们的市场占有率在这三个月内将会达到3.3%～5%。随着品牌的推广和大众的认可，我相信市场占有率将会达到一个新的高度。

五、营销战略

（一）销售渠道

1. 根据对××市市场的调查研究，我们发现手机专营店和家电连锁（如国美、苏宁等）这两种销售模式在消费者中较受认可，所以我们可以以上述两种渠道为主要销售模式。

2. 渠道开发

在手机专营店设立展柜，由专人销售。我公司提供统一制服，负责专业培训，并实行提成制（销售一部提2个点）薪酬。

（二）促销策略

在导入期，可以根据消费者喜好，用以下方法来宣传。

1. 路牌广告，传单派送。

2. 电视广告。

（1）广告目标：提高连锁店的知名度。

（2）广告主题：时尚、激情、充满生命力。

（3）广告口号：来就送，买即赠，购就返。

3. 报纸。运用漫画形式介绍我公司的手机。

4. 网络。与商业网站如阿里巴巴、淘宝等达成商业联盟。

5. 大小型的活动宣传和销售。

在活动中可采用多种方法来宣传和销售。

（1）赠品。分为实物和非实物。实物如电脑包、酷炫太阳眼镜、T恤、手表、台历、剃须刀等。非实物如手机话费、上网费、增值服务等。

（2）抽奖。

（3）展示。

（三）产品策略（售后服务）

产品品牌要形成一定的知名度、美誉度。要树立消费者心目中的知名品牌形象，必须建立优质的售后服务。（附：《售后服务指南》，供渠道成员培训和内部员工使用。）

（四）价格策略

统一市场零售价格为938元。

1. 对消费者价格为938元，配合促销活动随赠礼品。

2. 对渠道成员让利8%，价格为863元。如果各渠道成员达成销售目标，返2个点以示鼓励。

（五）策划方案各项费用预算

成本费用总计87.5万元。成本预算表如下：

表 3　成本预算表

类型	项目	件数×单价	金额（元）
实物	电脑包	1 000×10	10 000
	太阳镜	2 000×5	10 000
	T 恤	1 000×15	15 000
	手表	500×20	10 000
	台历	500×20	10 000
	剃须刀	1 000×15	15 000
非实物	手机话费	—	20 000
	上网费	—	5 000
	增值服务费	—	200 000
	电视广告费用	—	300 000
	报纸	—	65 000
	网络	—	90 000
	展柜（包括销售人员工资及工作服等）	—	85 000
	路牌和建筑物的横幅费用	—	40 000

（六）方案调整

1. 若时机成熟可建立自己的专卖店，并开展相关的促销活动。

2. 根据市场动态与实际遇到的情况随机应变。

3. 根据市场反应作出相应的改变。

四、拓展训练

（一）改错训练

指出此篇策划书存在的问题。

学生会迎新生策划书

一、活动目的

又到了新生入学阶段，新生初来乍到对校园不熟悉需要帮助。为了给新生留下美好的印象，同时也为了塑造学生会的良好形象，我们组织了迎接新生的工作。为了做好迎接××级新生的工作，信息工程系团委、青年志愿者协会结合以往迎新的经验，进行了周密的安排，确保本年度迎新工作的顺利进行。

二、活动主题

迎接新生是你我义不容辞的责任，创造和谐校园是大家共同的目标。

三、活动时间

2016 年 9 月 1 日

四、活动地点

b 号楼门口、b215、h 楼（建筑大厅）、宿舍

五、活动参与者

策划单位：信息工程系团委、青年志愿者协会

赞助单位：院学生会

活动人员：信息工程系青年志愿者

六、活动对象

信息工程系××级全体新生及家长

七、活动流程

在校内我们主要是帮新生及新生家长提行李，并带他们到各个办事点办理相关手续。接待处的工作职责：

1. 在一楼帮新生看行李；

2. 认真审查新生资格；

3. 带新生到 h 楼缴费；

4. 在 b215 分宿舍；

5. 领取饭卡（在收取 300 元后给新生）；

6. 通知学生其他相关事项。

新生接待工作的纪律要求分为总要求和具体要求。

1. 总要求：文明有序、热情服务、首问负责、团结协作、完成任务。

2. 具体要求：

（1）按照分工，迅速开展工作；

（2）所有参与接待的人员，按时到岗到位，不得迟到早退，确有特殊情况者，提出申请并做好交接工作；

（3）要热情、热心、耐心；

（4）特殊问题，统一处理。

参考答案：

（1）“活动主题”不恰当，不够精练，没有很好地体现活动精神，可改为“迎新生，创和谐”；

（2）“活动流程”部分不够详细，应具体包括“活动准备”“活动展开”“活动后续”三个阶段。

（二）写作训练

（1）一年一度的元旦即将来临，请你以院宣传委员的身份，为学院策划一次元旦晚会。

（2）假设你是某大学学生会主席，为了给学校师生提供一个品尝江西其他高校美食的机会，同时也为江西各大高校食堂承包商和开设在不同高校的美食店提供一个展示特色的机会，学生会决定策划一场美食交流活动。请你根据所学知识，通过查询资料，拟写一份策划书。

五、知识链接

（一）大学校园活动策划书的写作要求及注意事项

为提高学生的交流能力和组织能力，增强学生的自信心，全面提高学生的文化素养，大学校园经常会举行各种大大小小的活动，各类社团活动也丰富多彩。学习如何写好一份校园活动策划书，对当代大学生来说至关重要。下面就如何写作大学校园活动策划书，提几点写作要求和技巧。

第一，活动策划书名称。尽可能具体地写出策划书名称，如“×年×月××大学××活动策划书”，置于页面中央，当然也可采用正副标题的形式。

第二，活动背景。这部分内容应根据策划书的特点在以下项目中选取重点进行阐述，具体项目有基本情况简介、主要执行对象、近期状况、组织部门、活动开展原因、社会影响以及相关目的动机。

第三，活动目的、意义和目标。活动的目的、意义应用简洁明了的语言将要点表述清楚。在陈述目的要点时，该活动的核心构成或策划的独到之处及由此产生的意义（经济效益、社会利益、媒体效应等）都应该明确写出。活动目标要具体化，并需要满足重要性、可行性、时效性。

第四，活动时间、地点。结合实际情况合理准确地安排好活动的时间、地点，一般都是先暂定，在活动批准后再具体确定时间、地点。

第五，活动对象。指本次活动针对的对象、活动分工安排以及邀请的嘉宾等。

第六，活动流程。作为策划的正文部分，表现方式要简洁明了，使人容易理解，但表述方面要力求详尽，写出能设想到的每一个细节，不要有遗漏。在此部分中，不局限于文字表述，可适当加入统计图表等。对策划的各工作项目，应按照时间的先后顺序排列，绘制实施时间表有助于方案核查。人员的组织配置、活动对象、相应权责及时间地点也应在这部分加以说明，执行的应变程序也应该在这部分加以考虑。

这里可以提供一些参考项目：会场布置、接待室、嘉宾座次、赞助方式、合同协议、媒体支持、校园宣传、广告制作、主持、领导讲话、司仪、会场服务、电子背景、灯光、音响、摄像、信息联络、技术支持、秩序维持、衣着、指挥中心、现场气氛调节、接送车辆、活动后清理人员、合影、餐饮招待、后续联络等。请根据实情自行调节，尽量分为活动前期、中期和后期，做好仔细安排。

第七，经费预算。活动的各项费用在根据实际情况进行具体、周密的计算后，用清晰明了的形式列出，并力求详细精确。

第八，应急预案。内外环境的变化不可避免地给方案的执行带来一些不确定性因素，因此，当环境变化时是否有应变措施也至关重要。应急措施等也应在策划中加以说明。

第九，活动注意事项。活动中需要补充强调的相关事项，如安全、场地、用具等，也要在策划中说明。

（二）进行一次大型大学校园活动的基本步骤

第一，活动若办，策划先行。策划是举办活动的脉络，一份好的策划是活动成功的前提。

第二，获得支持。获得校领导及老师的认可与支持是一件非常有必要的事情，若能获得大型媒体的支持，活动就会变得愈加顺利，而且多半会成功。

第三，组织任务小组，分配人员职责。权责相应，每个人都要明确自己的责任。注意分配任务要以人为单位，而不能说某件事“你们几个做”，这样的话这件事情基本做不好。以下几个任务分配方向可供参考：指挥中心，外联赞助组，现场工作组，宣传媒体组，现场秩序、礼仪接待组，应急人员。打印出权责清单，让每个人看得明明白白。并且，每天碰头一次，及时汇报工作进展，以便处理各种问题。

第四，赞助或其他经费来源。寻找赞助商，与他们进行谈判，最后达成双方能认可的协议，这是活动需要。有了经费，一切好办。当然还要注意：广告不能太过分，谈判一定要掌握尺度，否则商业味道过重可能会让晚会失败。

第五，组合资源。有很多的道具、物品需要尽快筹备齐全，要懂得怎样获得资源、组合资源。

第六，进行宣传。引发参与者的关注是广告、海报或其他媒体的职责。

第七，现场必须有一个指挥中心，负责及时调度。

第八，进行过程中，要有至少一种让所有工作人员沟通的方式，比如手机短信、纸条或手势。

开幕词

一、文种知识

（一）开幕词的概念

开幕词是大型会议开始的时候，由组织会议的机关主要领导人向大会全体代表发表的讲话。开幕词的内容主要是阐述会议的指导思想、宗旨、重要意义，向与会者提出要求并对会议的成功表示祝愿。

开幕词通常要阐明会议或活动的性质、宗旨、任务、要求和议程安排等，集中体现了大会或活动的指导思想，起着定调的作用，对引导会议或活动朝着既定的方向顺利进行、保证会议或活动的圆满成功，有着重要的意义。会议结束之后，与会者传达会议精神时，开幕词也是其重要的依据之一。

（二）开幕词的特点

1. 简明性

开幕词要简洁明了、短小精悍，最忌长篇累牍、言不及义，多使用祈使句，表示祝贺和希望。

2. 口语化

开幕词的语言应该通俗、明快、上口。

3. 宣告性

开幕词是会议或者活动的序曲，所以开幕词具有宣告会议或活动正式开始的特性。

4. 引导性

开幕词一般要阐述会议或活动的宗旨、目的、意义、任务等，这对整个会议或活动的成功举行起着引导作用。

5. 鼓动性

开幕词带着对会议或者活动的良好祝愿，通过介绍会议或活动激发参与者的参与意识，调动其积极性。

（三）开幕词的类型

按内容可以分为侧重性开幕词和一般性开幕词两种。

1. 侧重性开幕词

它往往对会议召开的历史背景、重大意义或会议的中心议题等做重点阐述，其他问题则一带而过。

2. 一般性开幕词

它只对会议的目的、议程、基本精神、来宾等做简要概述。

（四）开幕词的结构

开幕词一般由标题、署名、日期、称呼和正文五部分组成。

1. 标题

开幕词的标题有四种写法：

（1）由大会名称加文种组成，如“中国共产党第十二次全国代表大会开幕词”。

（2）由致词人姓名、大会名称、文种组成，如“××同志在××大会上的开幕词”。

（3）复式标题，主标题揭示会议的宗旨、中心内容，副标题与前两种标题的构成形式相同，如“我们的文学应该站在世界的前列——中国作家协会第四次会员代表大会开幕词”。

（4）只写文种“开幕词”，标题之下，用括号注明会议开幕的年、月、日。

2. 署名

署名即署上致开幕词的领导人的姓名，放在标题下一行居中位置。在写作的时候要署名，但在致辞的时候不用念出来。

3. 日期

开幕词的时间一般署在署名下一行正中位置，时间要加括号。

4. 称呼

称呼是对与会者的统称。如果是党的会议，称谓比较简单，就是“同志们”三个字，后加冒号。如果是国际会议，要按照国际惯例来排列顺序，较常见的是“各位嘉宾，女士们，先生们”，后加冒号。

5. 正文

正文可分为开头、主体、结尾三部分。

（1）开头。

开头的内容包括以下几项：宣布大会开幕；交代会议的名称和内容；介绍出席会议的有关单位和领导人员；对大会表示祝贺，对来宾表示欢迎。需要补充说明的是，开头部分即使只有一句话，也要单独列为一个自然段，将其与主体部分分开。

（2）主体。

主体是开幕词的核心部分，主要包括以下几个方面的内容。

一是指出召开会议的背景，阐明会议的重要意义。具体涉及：这次会议是在什么形势下召开的；会议将要讨论解决什么问题；这个问题的现实价值如何，有什么迫切性；会议最终将会达到什么目的；等等。

二是说明会议的主要议程。有明确议程的会议，可以将议程直接列项表达，如议程不宜列项，则要对会议将要讨论的主要问题进行阐述。

（3）结尾。

一般用祝颂语结束全文，如“最后，祝大会取得圆满成功。祝各位在北京愉快。谢谢!”

（五）开幕词的写作要求

第一，开幕词作为会议开始前的主要领导人的讲话，是大会正式开始的标志。其中既有对会议内容的阐述和良好祝愿，同时也表达了对与会者的欢迎。所以感情要真挚，态度要诚恳，措辞要礼貌，做到善辞令而不做作，讲礼貌而非应付。

第二，语言要简洁明了，篇幅要短小精悍，内容切忌重复、啰嗦，用字谨慎，讲究与场景气氛和谐融洽。

第三，主题要明确，中心要突出。

二、模板指导

（一）结构模板

表 3-4　开幕词的结构模板

项目		要点
标题		×××的开幕词
署名		致开幕词的领导人的姓名，居中
日期		×年×月×日，加括号，居中
称呼		尊敬的××
正文	开头	简介会议的有关信息
	核心	交代会议的内容
	结尾	一般用祝颂语结束全文，如“最后，祝大会取得圆满成功。”

（二）写作模板

×××——×××的开幕词

署名

（×年×月×日）

尊敬的×××（称呼）：

大家好！

正文开头。

正文主体。

正文结尾。

三、范文欣赏

【范文一】

校运会开幕词

各位裁判，各位运动员，老师们，同学们：

天高气爽，金桂飘香。在举世瞩目的“神舟五号”载人飞船胜利升空的大喜日子里，我们豪情满怀地迎来了第八届学校田径运动会。首先，我谨代表本届运动会组委会向全体运动员、裁判员、教练员和大会工作人员致以崇高的敬意和亲切的问候！体育是一个国家精神文明建设的重要方面，是民族素质、人民精神面貌的集中体现，而学校体育工作的开展则是一个国家体育工作的基础和重点。

办学几年来，我校全面贯彻党的教育方针，积极推进素质教育，切实采取有效措施，把体育摆到学校工作的重要位置。教师队伍的勃勃生机、体育设施的不断完善，推动着学校体育工作的蓬勃发展。在开发区第二届中小学田径运动会上，我校夺取了初中组团体总分第一名和广播操比赛第一名；在××市首届中小学生定向运动赛上，我校获得初中组团体第二名和体育道德风尚奖。

上个月，我校参加××市“田歌杯”体育传统项目中学生健美操比赛，又荣获了市级第一名的优异成绩。让我们以热烈的掌声，向为我校争光的体育健儿和教练员，表示衷心的感谢和祝贺！

本届校运会场地小、赛程短、任务重，参赛运动员共有1 221名，分9个单项6个组别，赛前还将举行入场式的评比和广播操比赛。

希望全体运动员发扬“团结、友谊、奋进”的良好风格，弘扬“更高、更快、更强”的体育精神，严格遵守竞赛规程，自觉服从裁判，顽强拼搏，赛出风格，赛出水平。希望裁判员以严谨、公正的态度自始至终做好裁判工作，希望大会工作人员各尽其职、通力合作，为大家提供优质的服务。同时更希望全体同学提高安全意识，做文明观众，使本届校运会开得安全、文明、有序、高效。

最后，预祝本届校运会圆满成功！谢谢大家！[①]

四、拓展训练

××××大学为庆祝第20个教师节，召开了隆重的教师节大会。请你代××××大学团委为教师节大会写一份开幕词。要求：内容充实，结构清晰。

五、知识链接

中国共产党第八次全国代表大会开幕词

毛泽东

（1956年9月15日）

同志们：

中国共产党第八次全国代表大会，现在开幕了。（全体起立，长时间的热烈鼓掌）

从我们党的第七次全国代表大会以来的十一年间，在全中国和全世界，为了共产主义和人类解放事业而英勇奋斗和辛勤工作，因而付出了自己生命的同志和朋友，是很多的，我们应当永远纪念他们。（全体起立，默哀）

在七次大会以来的十一年中，我们在一个地广人多、情况复杂的大国内，彻底地完成了资产阶级民主革命，又取得了社会主义革命的决定性的胜利。在两个革命的实践中，证明了从七次大

① 开幕词·范文大全，引用日期：2012-11-22。

会到现在，党中央委员会的路线是正确的，我们的党是一个政治上成熟的伟大的马克思列宁主义的政党。（热烈鼓掌）我们的党现在比过去任何时期都更加团结，更加巩固了。（热烈鼓掌）我们的党已经成了团结全国人民进行社会主义建设的核心力量。（热烈鼓掌）我们各方面的工作都有很大的成绩。我们的工作是做得正确的，但是也犯过一些错误。在这次大会上，需要把我们工作中的主要经验，包括成功的经验和错误的经验，加以总结，使那些有益的经验得到推广，而从那些错误的经验中取得教训。

就国内的条件来说，我们胜利的获得，是依靠了工人阶级领导的工农联盟，并且广泛地团结了一切可能团结的力量。为了进行伟大的建设工作，在我们的面前，摆着极为繁重的任务。虽然我们有一千多万党员，但是在全国人口中仍然只占极少数。在我们的各个国家机关和各项社会事业中，大量的工作要依靠党外的人员来做。如果我们不善于依靠人民群众，不善于同党外的人员合作，那就无法把工作做好。在我们继续加强全党的团结的时候，我们还必须继续加强各民族、各民主阶级、各民主党派、各人民团体的团结，继续巩固和扩大我们的人民民主统一战线，必须认真地纠正在任何工作环节上的任何一种妨害党同人民团结的不良现象。

在国际范围内，我们胜利的获得，是依靠了以苏联为首的和平民主社会主义阵营的支持，（热烈鼓掌）以及全世界爱好和平的人民的深厚同情。（热烈鼓掌）现在，国际形势的发展对于我国的建设事业是更加有利了。我国和各社会主义国家都需要和平，世界各国的人民也都需要和平。渴望战争、不要和平的，仅仅是少数帝国主义国家中的某些依靠侵略发财的垄断资本集团。由于爱好和平的国家和人民的不断努力，国际的局势已经趋向和缓。（鼓掌）为了争取世界的持久和平，我们必须进一步地发展同社会主义阵营中各个兄弟国家的友好合作，（热烈鼓掌）并且同一切爱好和平的国家加强团结。（热烈鼓掌）我们必须争取同一切愿意和我们和平相处的国家，在互相尊重领土主权和平等互利的基础上，建立正常的外交关系。亚洲、非洲和拉丁美洲各国的民族独立解放运动，以及世界上一切国家的和平运动和正义斗争，我们都必须给以积极的支持。（热烈鼓掌）我们坚决支持埃及政府收回苏伊士运河公司的完全合法的行动，坚决反对任何侵犯埃及主权和对于埃及实行武装干涉的企图。（热烈鼓掌）我们必须使帝国主义的制造紧张局势和准备战争的阴谋彻底破产。（长时间的热烈的鼓掌）

我国的革命和建设的胜利，都是马克思列宁主义的胜利。把马克思列宁主义的理论和中国革命的实践密切地联系起来，这是我们党的一贯的思想原则。许多年来，特别是从一九四二年整风运动以来，我们在加强党内的马克思列宁主义的教育方面，做了许多工作。现在，比起整风运动以前，我们党的马克思列宁主义的思想水平，已经提高了一步。但是我们还有严重的缺点。在我们的许多同志中间，仍然存在着违反马克思列宁主义的观点和作风，这就是：思想上的主观主义、工作上的官僚主义和组织上的宗派主义。这些观点和作风都是脱离群众、脱离实际的，是不利于党内和党外的团结的，是阻碍我们事业进步、阻碍我们同志进步的。必须用加强党内的思想教育的方法，大力克服我们队伍中的这些严重的缺点。（鼓掌）

十月革命以后，列宁给苏联共产党提出了这样的任务：学习，再学习。苏联的同志们，苏联的人民，按照列宁的指示做了。他们在不长的时间内，取得了极其灿烂的成就。（长时间的热烈的鼓掌）苏联共产党在不久以前召开的第二十次代表大会上，又制定了许多正确的方针，批判了党内存在的缺点。可以断定，他们的工作，在今后将有极其伟大的发展。（长时间热烈的鼓掌）

我们现在也面临着和苏联建国初期大体相同的任务。要把一个落后的农业的中国改变成为一个先进的工业化的中国，我们面前的工作是很艰苦的，我们的经验是很不够的。因此，必须善于学习。要善于向我们的先进者苏联学习，（鼓掌）要善于向各人民民主国家学习，（鼓掌）要善于向世界各兄弟党学习，（鼓掌）要善于向世界各国人民学习。（鼓掌）我们决不可有傲慢的大国主义的态度，决不应当由于革命的胜利和在建设上有了一些成绩而自高自大。国无论大小，都各有长处和短处。即使我们的工作得到了极其伟大的成绩，也没有任何值得骄傲自大的理由。虚心使人进步，骄傲使人落后，我们应当永远记住这个真理。（热烈鼓掌）

同志们，我和大家都相信：已经得到解放的中国人民的力量是无穷无尽的，我们又有伟大的盟国苏联和其他兄弟国家的援助，（鼓掌）我们又有世界上一切兄弟党的支持，（鼓掌）又有世界上一切同情者的支持，（鼓掌）我们并没有孤立的感觉，这样，我们就一定能够一步一步地把我国建设成为一个伟大的社会主义工业化的国家。（热烈鼓掌）我们这次大会，对于我国的建设事业的前进，将要起很大的推动作用。（鼓掌）

今天在座的有五十几个国家的共产党、工人党、劳动党和人民革命党的代表。（长时间热烈的鼓掌）他们都是马克思列宁主义者，他们和我们有一种共同的语言。（鼓掌）他们走了很长的路程来到我国，以崇高的友谊参加我们党的这次代表大会。这对于我们是一个很大的鼓舞和支持。（热烈鼓掌）我们对他们表示热烈的欢迎。（全体起立，长时间的热烈的鼓掌）

今天在座的还有我们国内各民主党派和无党派民主人士的代表。（热烈鼓掌）他们是和我们一道工作的亲密的朋友。（鼓掌）他们一向给了我们很多的帮助。（鼓掌）我们对他们表示热烈的欢迎。（全体起立，长时间的热烈的鼓掌）

根据一九五六年九月十六日《人民日报》刊印。

闭幕词

一、文种知识

（一）闭幕词的概念

闭幕词与开幕词相对应，是会议结束时由主要领导人向全体会议代表所做的总结性讲话。

闭幕词的主要内容是对会议做概括性的评价和总结，并向与会者提出贯彻落实大会精神的要求，向与会单位提出奋斗目标和希望。

（二）闭幕词的特点

1. 总结性

闭幕词是在会议活动的闭幕式上使用的文种，要对会议内容、会议精神和进程进行简要的总结并作出恰当评价，肯定会议的重要成果，强调会议的主要意义和深远影响。

2. 概括性

闭幕词应对会议进展情况、完成的议题、取得的成果、提出的会议精神及会议意义等进行高度的概括。因此，闭幕词的篇幅一般都短小精悍，语言也简洁明快。

3. 号召性

为激励参加会议的全体成员实现会议提出的各项任务而奋斗，增强与会人员贯彻会议精神的决心和信心。闭幕词的行文一般充满热情，语言坚定有力，富有号召性和鼓动性。

4. 口语化

闭幕词要适合口头表达，写作时语言要求通俗易懂、生动活泼。

（三）闭幕词的结构

闭幕词一般由标题、署名、日期、称呼、正文五部分组成。

1. 标题

闭幕词的标题跟开幕词的标题写法类似，常见的写法是“××××大会闭幕词”或“在××大会上的闭幕词”。偶尔也有主副标题的写法，将主要内容或主要观点概括成一句话作为标题，再用“××大会闭幕词”作为副标题。

2. 署名

署名即署上致闭幕词的领导人的姓名，置于标题下一行居中位置，时间要加括号。

3. 日期

日期即致闭幕词的时间，放在标题署名之下居中位置。

4. 称呼

与开幕词的称呼的写法一致。

5. 正文

在内容结构上，正文可以分为三部分：

（1）开头。

闭幕词的开头，一般要用简洁的语言，说明大会经过全体代表的努力，已经顺利完成使命，今天就要闭幕了。

（2）主体。

闭幕词的主体主要是对大会进行概括总结，并提出贯彻大会精神的要求和希望。其中概括总结的部分，要列举会议完成的任务和取得的成果，不能过于空泛笼统。提出要求和希望的部分，也要突出会议精神，体现会议宗旨。

（3）结尾。

闭幕词的结尾通常比较简单，最常见的说法是“现在，我宣布，××大会闭幕”。闭幕词用在会议终了之时，因此，要与开幕词前后呼应、首尾衔接，表现出大会开得很圆满、很成功。

（四）闭幕词的写作要求

第一，闭幕词是带有总结性的讲话，所以语言要高度概括，简明精练。

第二，闭幕词对整个会议的评价要合理，要符合实际情况。

二、模板指导

（一）结构模板

表 3-5　闭幕词的结构模板

<table>
<tr><td colspan="2">项目</td><td>要点</td></tr>
<tr><td colspan="2">标题</td><td>×××的闭幕词</td></tr>
<tr><td colspan="2">署名</td><td>致闭幕词的领导人的姓名，居中</td></tr>
<tr><td colspan="2">日期</td><td>×年×月×日，加括号，居中</td></tr>
<tr><td colspan="2">称呼</td><td>尊敬的×××</td></tr>
<tr><td rowspan="3">正文</td><td>开头</td><td>简介闭幕会议的相关信息</td></tr>
<tr><td>主体</td><td>对大会进行总结，并提出新的希望</td></tr>
<tr><td>结尾</td><td>“现在，我宣布，×××大会闭幕”</td></tr>
</table>

（二）写作模板

×××——×××的闭幕词

署名

（××年××月××日）

尊敬的×××（称呼）：

大家好！

正文开头。

正文主体。

正文结尾。

三、范文欣赏

【范文一】

中小学生秋季运动会闭幕词

各位裁判员、教练员、运动员，各位来宾，老师们，同学们：

××中学××年秋季田径运动会，在组委会的精心组织下，经过全体工作人员、裁判员的辛勤工作和全体运动员的奋力拼搏，圆满地完成了各项比赛任务，取得了预期的效果。比赛进程井然有序，组织得非常成功，这充分体现了大会组委会的高度重视和全校师生员工积极配合、团结协作的集体主义精神。在此，我代表学校，向为这次运动会作出了不懈努力的全校师生表示深深的谢意！向取得优异成绩的运动员和获奖的班级表示衷心的祝贺！

在县委、县政府的重视和关心下，在组委会的精心组织下，在全体裁判员、教练员、运动员和全体工作人员的共同努力下，在县职教中心的大力支持下，本届运动会开得很成功，很圆满。整个运动会准备充分，组织周密，纪律严明，秩序井然，充分体现了“团结、拼搏、创新、和谐”的主题，达到了激情与和谐的统一，赛出了风格，赛出了友谊，赛出了水平。这是一次团结的盛会，友谊的盛会，创新的盛会。

运动会期间，裁判员坚持原则，公正裁判；工作人员恪尽职守，认真负责；教练员精心策划，科学指导；运动员顽强拼搏，奋勇争先，取得了辉煌的战果。在比赛中，有5人刷新了5项县田径记录，有2人达三级运动员标准。这些成绩的取得，是我县中小学校全面贯彻党的教育方针，落实《学校体育工作条例》，认真实施“科教兴县”战略的结果，是我县积极发展群众体育健身事业、弘扬“绩溪牛”精神、加强社会主义精神文明建设的体现，是全体教练员、运动员辛勤汗水的结晶。这次运动会的圆满成功，为弘扬奥运精神作出了积极的贡献，为我县体育事业的发展谱写了新的篇章！

激情点燃梦想，奋进铸就辉煌。在今后的征途上，我们肩负的历史使命更加光荣而神圣，面临的任务也更加艰巨。让我们以这次运动会为新的起点，全面贯彻党的十七大五中全会精神，全面贯彻落实《国家中长期教育改革和发展规划纲要》，以科学发展观为指导，团结拼搏、奋力争先，以更创新高为目标，迎着朝阳创造一流业绩，昂首阔步迈向更加辉煌的明天！

最后，再次向取得优异成绩的同学和班级表示祝贺！向默默为本次运动会的召开向辛勤工作的老师表示敬意！向所有热爱运动积极参与的教师和同学们表示感谢！老师们，同学们，祝愿大家永葆年轻之心、健康快乐！

同学们，谚语说“海阔凭鱼跃，天高任鸟飞”，我们能在运动场上一展雄姿，就一定能在学习中、生活中同样自信地呐喊出“谁持彩练当空舞，且看今朝五中人！”

祝各位领导，各位来宾，全体教练员、裁判员、运动员工作顺利、身体健康、万事如意！

四、拓展训练

××大学为庆祝第20个教师节，召开了隆重的教师节大会。请你代××大学团委为教师节大会写一份闭幕词。要求：内容充实，结构清晰。

五、知识链接

毛泽东致七大闭幕词——《愚公移山》

（1945年6月25日）

同志们：

我们开了一个很好的大会。我们做了三件事：第一，决定了党的路线，这就是放手发动群众，壮大人民力量，在我党的领导下，打败日本侵略者，解放全国人民，建立一个新民主主义的中国。第二，通过了新的党章。第三，选举了党的领导机关——中央委员会。今后的任务就是领导全党实现党的路线。我们开了一个胜利的大会，一个团结的大会。代表们对三个报告[①]发表了很好的意见。许多同志作了自我批评，从团结的目标出发，经过自我批评，达到了团结。这次大会是团结的模范，是自我批评的模范，又是党内民主的模范。

大会闭幕以后，很多同志将要回到自己的工作岗位上去，将要分赴各个战场。同志们到各地去，要宣传大会的路线，并经过全党同志向人民作广泛的解释。

我们宣传大会的路线，就是要使全党和全国人民建立起一个信心，即革命一定要胜利。首先要使先锋队觉悟，下定决心，不怕牺牲，排除万难，去争取胜利。但这还不够，还必须使全国广大人民群众觉悟，甘心情愿和我们一起奋斗，去争取胜利。要使全国人民有这样的信心：中国是中国人民的，不是反动派的。中国古代有个寓言，叫做“愚公移山”。说的是古代有一位老人，住在华北，名叫北山愚公。他的家门南面有两座大山挡住他家的出路，一座叫做太行山，一座叫做王屋山。愚公下决心率领他的儿子们要用锄头挖去这两座大山。有个老头子名叫智叟的看了发笑，说是你们这样干未免太愚蠢了，你们父子数人要挖掉这样两座大山是完全不可能的。愚公回答说：我死了以后有我的儿子，儿子死了，又有孙子，子子孙孙是没有穷尽的。这两座山虽然很高，却是不会再增高了，挖一点就会少一点，为什么挖不平呢？愚公批驳了智叟的错误思想，毫不动摇，每天挖山不止。这件事感动了上帝，他就派了两个神仙下凡，把两座山背走了[②]。现在也有两座压在中国人民头上的大山，一座叫做帝国主义，一座叫做封建主义。中国共产党早就下了决心，要挖掉这两座山。我们一定要坚持下去，一定要不断地工作，我们也会感动上帝的。这个上帝不是别人，就是全中国的人民大众。全国人民大众一齐起来和我们一道挖这两座山，有什么挖不平呢？

昨天有两个美国人要回美国去，我对他们讲了，美国政府要破坏我们，这是不允许的。我们反对美国政府扶蒋反共的政策。但是我们第一要把美国人民和他们的政府相区别，第二要把美国政府中决定政策的人们和下面的普通工作人员相区别。我对这两个美国人说：告诉你们美国政府中决定政策的人们，我们解放区禁止你们到那里去，因为你们的政策是扶蒋反共，我们不放心。假如你们是为了打日本，要到解放区是可以去的，但要订一个条约。倘若你们偷偷摸摸到处乱跑，那是不许可的。赫尔利已经公开宣言不同中国共产党合作③，既然如此，为什么还要到我们解放区去乱跑呢？

美国政府的扶蒋反共政策，说明了美国反动派的猖狂。但是一切中外反动派的阻止中国人民胜利的企图，都是注定要失败的。现在的世界潮流，民主是主流，反民主的反动只是一股逆流。目前反动的逆流企图压倒民族独立和人民民主的主流，但反动的逆流终究不会变为主流。现在依然如斯大林很早就说过的一样，旧世界有三个大矛盾：第一个是帝国主义国家中的无产阶级和资产阶级的矛盾，第二个是帝国主义国家之间的矛盾，第三个是殖民地半殖民地国家和帝国主义宗主国之间的矛盾④。这三种矛盾不但依然存在，而且发展得更尖锐了，更扩大了。由于这些矛盾的存在和发展，所以虽有反苏反共反民主的逆流存在，但是这种反动逆流总有一天会被克服下去。

现在中国正在开着两个大会，一个是国民党的第六次代表大会，一个是共产党的第七次代表大会。两个大会有完全不同的目的：一个要消灭共产党和中国民主势力，把中国引向黑暗；一个要打倒日本帝国主义和它的走狗中国封建势力，建设一个新民主主义的中国，把中国引向光明。这两条路线在互相斗争着。我们坚决相信，中国人民将要在中国共产党领导之下，在中国共产党第七次大会的路线的领导之下，得到完全的胜利，而国民党的反革命路线必然要失败。

注释：

①指在中国共产党第七次全国代表大会上，毛泽东同志所作的政治报告，朱德同志所作的军事报告和刘少奇同志所作的关于修改党章的报告。

②愚公移山的故事，见《列子·汤问》："太行、王屋二山，方七百里，高万仞。本在冀州之南，河阳之北。北山愚公者，年且九十，面山而居。惩山北之塞，出入之迂也，聚室而谋曰：'吾与汝毕力平险，指通豫南，达于汉阴，可乎？'杂然相许。其妻献疑曰：'以君之力，曾不能损魁父之丘，如太行、王屋何？且焉置土石？'杂曰：'投诸渤海之尾，隐土之北。'遂率子孙荷担者三夫，叩石垦壤，箕畚运于渤海之尾。邻人京城氏之孀妻，有遗男，始龀，跳往助之。寒暑易节，始一反焉。河曲智叟，笑而止之，曰：'甚矣，汝之不惠。以残年余力，曾不能毁山之一毛，其如土石何？'北山愚公长息曰：'汝心之固，固不可彻，曾不若孀妻弱子。虽我之死，有子存焉；子又生孙，孙又生子；子又有子，子又有孙。子子孙孙，无穷匮也，而山不加增，何苦而不平？'河曲智叟亡以应。操蛇之神闻之，惧其不已也，告之于帝。帝感其诚，命夸娥氏二子负二山，一厝朔东，一厝雍南。自此，冀之南，汉之阴，无陇断焉。"

③赫尔利，美国共和党的反动政客之一。他在 1944 年底任美国驻中国大使，因支持蒋介石的反共政策而受到中国人民的坚决反对，于 1945 年 11 月被迫宣布离职。赫尔利公开宣言不同中国共产党合作，是指 1945 年 4 月 2 日他在华盛顿国务院记者招待会上的谈话，详见《毛泽东选集》中的《赫尔利和蒋介石的双

箦已经破产》一文。

④见斯大林《论列宁主义基础》第一部分《列宁主义的历史根源》。

摘自《毛泽东选集》第三卷，人民出版社 1990 年版，第 1049～1052 页。

中国文联第十次全国代表大会闭幕词

作者：中国文联主席铁凝

（2016 年 12 月 3 日）

《光明日报》（2016 年 12 月 05 日 04 版）

各位代表，各位嘉宾，同志们，朋友们：

在党中央的亲切关怀和领导下，在与会代表和全体工作人员的共同努力下，中国文学艺术界联合会第十次全国代表大会圆满完成各项议程，今天就要闭幕了！

会议期间，中央领导同志集体出席大会开幕式，习近平总书记代表党中央发表了重要讲话。讲话充分肯定了第九次文代会以来特别是党的十八大以来，文艺工作和文联工作取得的显著成绩，高度评价了文艺对社会发展进步作出的重要贡献，对广大文艺工作者提出了殷切希望。讲话通篇闪耀着马克思主义真理的光辉，洋溢着中华民族开创未来的豪迈情怀。代表们备受鼓舞、精神振奋，深感使命光荣、责任重大。大家深切地感到，习近平总书记的重要讲话，情感激越深沉，内涵深邃丰厚，视野高远宏阔，温暖振奋人心。讲话站在党和国家的事业全局，站在民族复兴的历史高度，站在党和人民的鲜明立场，深刻论述了文艺在当前历史进程中的重要地位和独特作用，进一步指明了文艺发展的正确方向。这对于团结带领广大文艺工作者更加奋发有为地投身社会主义文艺事业，鼓舞人民决胜全面建成小康社会，凝聚起实现中华民族伟大复兴中国梦的强大力量，必将产生重要和深远的积极影响。

几天来，来自全国各地的会议代表，认真听取并学习总书记的重要讲话精神，审议并通过了赵实同志代表中国文联第九届全国委员会所作的工作报告，修订了中国文联章程，选举产生了中国文联新一届领导机构。会议按照预期目标，开成了一次求真务实、开拓创新的大会，一次民主、团结、鼓劲的大会，一次承前启后、继往开来的大会。本次大会选出了文联新一届领导机构，在此，我谨代表新一届主席团，感谢各位代表、各位委员对我们的信任和支持。这是巨大的鼓励，更是郑重的嘱托。

会上，大家选举我担任中国文联第十届主席。我感到莫大的荣幸。我要感谢与会代表和全委会的信任和厚爱。我想，中国文联有一笔最宝贵的财富，那就是一大批才华出众的优秀艺术家。从前我总是心怀欢悦地近距离欣赏你们的艺术，现在我能有机会，近距离地为创造这艺术的艺术家们服务，这就是我的荣幸所在。

我同时也深感压力和不安。想到中国文联光辉而悠久的历史，我们中国文艺界正如习近平总书记在十次文代会、九次作代会开幕式重要讲话中所说，“是创造力充沛的地方，济济多士，英才辈出”。而中国文联诞生的时候，我还没有出生。这压力和不安于我便是十分自然的了。

在未来的5年里，我唯有向艺术家们学习，向生活学习，和新一届主席团一道，为艺术事业的繁荣，为艺术家群体更生动、更精美的创造，诚实而勤勉地工作，尽心竭力营造良好氛围，以不辜负各位代表和广大文艺工作者的厚望。

以孙家正同志为主席的中国文联第九届主席团，多年来为文艺事业和文联事业的发展做了大量的卓有成效的工作。家正主席政策水平高，文化涵养深，具有广博而又执着的文化情怀和担当精神，为团结服务广大文艺工作者、推动社会主义文艺的繁荣发展作出了不懈努力和突出贡献。在此，让我们对家正主席和中国文联第九届主席团全体成员表示衷心的感谢和诚挚的敬意！

各位代表，同志们！

党的十八大以来，党中央确立了“两个一百年”的奋斗目标，提出要实现中华民族伟大复兴的中国梦，开启了中华民族伟大复兴的新征程。今天，我们比历史上任何时期都更接近中华民族伟大复兴的目标，比历史上任何时期都更有信心、更有能力实现这个目标。而实现中华民族的伟大复兴，离不开文化的繁荣昌盛。因为没有先进文化的积极引领，没有人民精神世界的极大丰富，没有民族精神力量的不断增强，一个国家、一个民族不可能屹立于世界民族之林。我们要深刻认识文艺事业和文联工作在实现中华民族伟大复兴中的重要作用，进一步增强推动文艺繁荣发展的责任意识和使命担当。

我们党是一个具有高度文化自觉、文化自信的政党，历来十分重视文艺工作。十八大以来，党中央专门召开文艺工作座谈会，习近平总书记发表重要讲话，中央印发了《中共中央关于繁荣发展社会主义文艺的意见》。文艺事业和文联工作在党和国家工作全局中的地位越来越重要，作用越来越凸显。特别是习近平总书记在十次文代会、九次作代会开幕式上的重要讲话，就当前文艺界面临的新形势新任务，从四个方面给我们提出的希望，是文艺事业和文联工作的重要遵循。我们深刻地认识到，当前文艺工作、文联工作与党中央的要求相比，与社会发展的需求、人民群众的期待相比，还存在一定的差距。我们一定要认真学习、深刻领会党的十八大和十八届三中、四中、五中、六中全会精神和习近平总书记在文艺工作座谈会、十次文代会上的讲话精神，认真落实十次文代会提出的各项任务，化挑战为机遇，变压力为动力，努力推进文艺事业的繁荣发展，不断开创文艺工作和文联工作新局面。我们坚信，广大文艺工作者一定不会辜负党中央的亲切关怀和高度信任，不会辜负时代的召唤和人民的期待，一定会更加辛勤地耕耘，更加潜心地创作，更加倾情地奉献，争做讲品位、重艺德，深受人民喜爱的文艺工作者，把更多优秀文艺作品奉献给人民，奉献给时代。

各位代表，同志们！

伟大的时代创造伟大的事业，伟大的事业需要伟大的精神。千载难逢的历史机遇正召唤着我们，正期待着文学艺术的划时代进步，中国文联第十次全国代表大会的胜利召开必将在这个进程中产生重大而深远的历史影响。让我们更加紧密地团结在以习近平同志为核心的党中央周围，振奋精神，扎实工作，勇于担当，敢于创新，为实现“两个一百年”奋斗目标、实现中华民族伟大复兴中国梦作出新的更大贡献！

现在我宣布，中国文联第十次代表大会闭幕！

谢谢大家！祝大家创作丰收，健康吉祥！

产品说明书

一、文种知识

（一）产品说明书的概念

产品说明书也称为商品说明书，是产品的生产者向消费者介绍产品的性能、规格、用途、注意事项和使用、保养、维修方法等知识的实用性书面材料，是一种特定的说明性文书。

（二）产品说明书的分类

按照不同的分类标准，产品说明书大致可分为以下几种类型。

按说明事物的不同，可分为使用说明书、安装说明书等。

按产品类型的不同，可分为日常生活用品说明书、专用产品说明书。

按表达方式的不同，可分为解释性说明书、陈述性说明书、描写性说明书。

（三）产品说明书的特点与作用

1. 产品说明书的特点

（1）内容的实用性。

产品说明书是为了方便消费者了解产品、正确使用产品而编写的，因此它要围绕产品的性能、特点、功用、注意事项、使用、维修及保养方法等具有实用价值的内容来写。消费者须对照说明书了解产品，并按照说明书的内容操作使用，若说明书疏漏或隐晦了某些内容，则可能影响消费者的正确操作和使用，所以说明书在内容上具有一定的规定性和约定性。

（2）知识的科学性。

产品说明书是指导消费者科学认识和使用产品的指导文书，必须实事求是、客观表述，不能为了宣传、推销产品而任意夸大产品的功用。产品的功用和指标也应当符合国家质量标准，其数据要力求准确无误。

（3）表达的条理性。

为了让消费者更准确地了解和使用该产品，产品说明书在内容的表述上应按一定的顺序逐一介绍产品的性能，努力做到条理清晰、次序分明。

（4）语言的通俗性。

产品说明书的读者对象多为不具备产品专业知识的普通消费者，因此说明书在语言的表达上应做到通俗易懂，用浅显的语言文字将产品各方面的情况介绍清楚，忌用晦涩难懂、模棱两可的词语，也尽量少用或不用专业术语。

2. 产品说明书的作用

（1）产品说明。

产品说明书的主要目的是通过对产品知识的介绍说明，帮助消费者了解和正确使用产品。

（2）广告宣传。

产品说明书不是广告，但其对商品的准确描述和对其优缺点及注意事项的说明，客观上起到了广告宣传的作用。

（3）科学普及。

产品说明书真实、准确、科学地介绍和说明产品的性质、特征、功能及使用方法等知识，一方面帮助消费者正确选择和使用产品，另一方面也对普及科学文化知识具有一定的作用。

（四）产品说明书的结构

产品说明书因产品的不同、用途的各异，在写法上也具有多种样式，但就其结构而言，一般由标题、正文和落款三部分组成。

1. 标题

产品说明书的标题结构形式有两种：

（1）产品商标+型号+名称+文种，如“美的空调使用说明”“小熊电器操作指南”等。

（2）直接用“说明书”三个字作为标题。

2. 正文

（1）正文内容。

正文是产品说明书的核心部分，分为前言和主体两部分。

①前言一般介绍产品生产单位的历史、规模、技术水平、产品声誉等。

②主体部分主要从以下六个方面来介绍说明。

第一，产品基本信息。包括产品的名称、规格、成分、型号、产地、性能、用途、特点等。

第二，产品制作的相关内容。包括产品的设计目的、制作工艺、结构原理、规范指标、技术参数、适用范围和适用对象等。

第三，使用方法。通常以文字或文字搭配图表的形式，说明产品各部件的名称、操作方法和使用注意事项等。而对用法、用量、储藏条件、禁忌、有效期等有特殊要求的产品，应作详细说明。

第四，保养与维修提示。通常以文字或文字搭配图表的形式，说明产品保养知识、排除一般故障方法、维修方法和产品保修期。对使用操作和保养维修较为复杂的产品，如家用电器、机动车辆和电子产品，则应详细说明。

第五，安装方法。通常以文字或文字搭配图表的形式，说明产品安装的步骤、方法和操作规程等内容。

第六，成套产品明细。通常以文字或文字搭配图表的形式，说明成套产品的每个组成部分的名称和数量。只有成套产品才列出此项。

（2）正文写作形式。

正文的写作形式有条款式、短文式和复合式三种。

①条款式。即采用分条列项的说明方式对产品进行介绍，其优点是内容具体、层次分明、条理清晰。通常用于简单产品的说明。

②短文式。采用概括和叙述的方式对产品进行介绍与说明，其优点是内容完整、意思连贯。

③复合式。即综合使用条款、短文和图标等方式对产品进行介绍和说明，其优点是清楚明确，既能给人以总体印象，又能让人了解具体项目的内容。

3. 落款

正文结束后注明生产企业或销售单位的名称、注册商标、联系地址、联系方式、电子邮箱、网址等内容。

（五）产品说明书的写作要求

1．符合有关法律法规

产品说明书必须遵守《中华人民共和国广告法》《中华人民共和国反不正当竞争法》等相关法律法规。

2．内容要真实、全面

产品说明书必须本着对广大消费者高度负责的原则，客观、实事求是地介绍产品，切忌“假大空”，欺骗、误导消费者。而对某些大型产品、贵重产品、特定使用范围的产品，应作全面的介绍，使消费者正确认识产品，避免因不了解产品导致错误操作，严重者甚至危及生命，或因不能满足消费者的需要而造成消费者与经销者或厂家之间的争议。

3．用语既要科学又要通俗易懂

产品投放到市场成为商品，供大众消费。从对大众消费者负责的角度看，产品说明书在语言上应做到既科学又通俗易懂。所谓科学，即要准确严谨地介绍产品，正确使用专业术语；所谓通俗，即要尽量用平实的语言将专业术语解释清楚，有些操作性产品，为了加强表述的形象性、直观性，还需要用图文配合的方式说明操作的步骤和方法。

4．要有责任意识和大众意识

撰写产品说明书要有强烈的责任意识，尤其是技术含量高或事关人身安全、财产安危的产品说明书，要做到字斟句酌、周到细致。同时要考虑大众特点，树立为大众服务的观念，尽可能适应和满足广大消费者的需要。

二、模板指导

表 3—9 产品说明书的结构模板

<table>
<tr><td colspan="2">项目</td><td>要点</td></tr>
<tr><td colspan="2">标题</td><td>产品商标+型号+名称+文种</td></tr>
<tr><td rowspan="7">正文</td><td>前言</td><td>生产单位的历史、规模、技术水平、产品声誉等内容</td></tr>
<tr><td rowspan="6">主体</td><td>产品基本信息</td></tr>
<tr><td>产品制作相关内容</td></tr>
<tr><td>使用方法</td></tr>
<tr><td>保养与维修提示</td></tr>
<tr><td>安装方法</td></tr>
<tr><td>成套产品明细</td></tr>
<tr><td colspan="2">落款</td><td>注明产品标记信息、厂家相关信息及生产日期</td></tr>
</table>

三、范文欣赏

【范文一】

××××颗粒说明书

【药品名称】

通用名称：××××颗粒

商品名称：××××颗粒（含蔗糖）

拼音全码：××××KeLi（HanZheTang）

【主要成分】岗梅、山芝麻、五指柑、淡竹叶、木蝴蝶、布渣叶等。

【性状】本品为棕色的颗粒；味甜、苦。

【适应症/功能主治】清热解暑，去湿生津。用于四时感冒，发热喉痛，湿热积滞，口干尿黄。

【规格型号】10g*10袋

【用法用量】用开水冲服，一次1袋，一日1～2次。

【不良反应】尚不明确。

【禁忌】对本品过敏者禁用。

【注意事项】

1. 饮食宜清淡。

2. 孕妇慎用。

3. 风寒感冒者不适用，其表现为恶寒重，发热轻，无汗，鼻塞流清涕，口不渴，咳吐稀白痰。

4. 不宜在服药期间同时服用滋补性中成药。

5. 糖尿病患者及患有高血压、心脏病、肝病、肾病等慢性病严重者，孕妇或正在接受其他治疗的患者，均应在医师指导下服用。

6. 服药三天后症状未改善，或出现吐泻明显，并有其他严重症状时应去医院就诊。

7. 按照用法用量服用，小儿、年老体虚者应在医师指导下服用。

8. 对本品过敏者禁用，过敏体质者慎用。

9. 本品性状发生改变时禁止使用。

10. 儿童必须在成人监护下使用。

11. 请将本品放在儿童不能接触的地方。

12. 如正在使用其他药品，使用本品前请咨询医师或药师。

【药物相互作用】如与其他药物同时使用可能会发生药物相互作用，详情请咨询医师或药师。

【贮藏】遮光，密封。

【包装】10g*10袋/包

【有效期】36个月

【批准文号】国药准字Z××××××××

【生产企业】广东×××××制药有限公司

【范文评析】

本篇说明书最大的写作特点是内容详细具体、有条理，语言简明扼要，对产品的特点、食用方法和用量、主要的注意事项、储藏方式等内容进行了说明。通过阅读本产品说明书，消费者能全面了解和熟知该产品。

【范文二】

××电炖锅×××-×××型号说明书

品牌名称：××

产品名称：×××××-×××

品牌：××

型号：×××-×××

颜色分类：粉红色

控制方式：电脑式

材质：白瓷

功能：煲汤，煮粥，炖参茸、虫草、燕窝、鱼胶等

容量：1L（含）～2L（不含）

功率：200W（含）～299W（含）

售后服务：全国联保

是否有预约功能：有

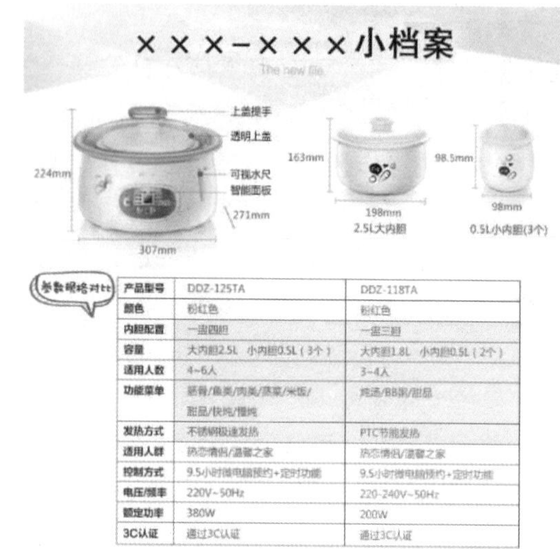

产品型号	DDZ-125TA	DDZ-118TA
颜色	粉红色	粉红色
内胆配置	一盅四胆	一盅三胆
容量	大内胆2.5L 小内胆0.5L（3个）	大内胆1.8L 小内胆0.5L（2个）
适用人数	4~6人	3~4人
功能菜单	排骨/鱼类/肉类/蔬菜/米饭/甜品/快炖/慢炖	炖汤/BB粥/甜品
发热方式	不锈钢极速发热	PTC节能发热
适用人群	热恋情侣/温馨之家	热恋情侣/温馨之家
控制方式	9.5小时微电脑预约+定时功能	9.5小时微电脑预约+定时功能
电压/频率	220V~50Hz	220-240V~50Hz
额定功率	380W	200W
3C认证	通过3C认证	通过3C认证

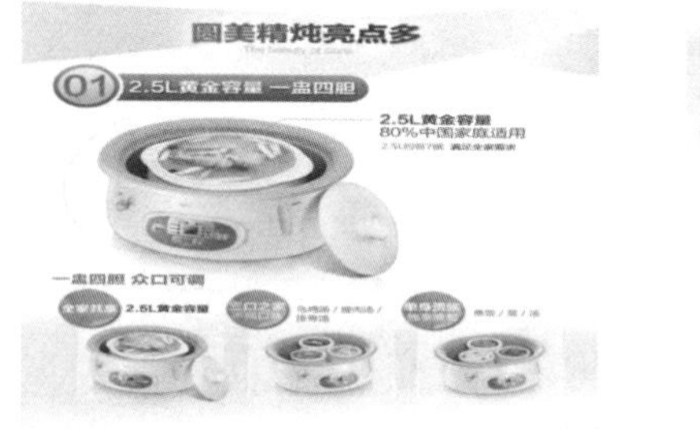

【范文评析】

此篇说明书采用文字结合图表的形式，对产品的基本信息、使用方法、容量、功能等进行了具体的介绍，符合产品说明书通俗易懂、清晰明了的特点，同时也达到了对该产品进行实物宣传的效果。

四、拓展训练

（一）分析训练

分析下面这篇产品说明书存在的不足。

××牌剃须刀说明书

充电：

将电源插头插入 AC220V 电源之中，视充电指示灯亮、充电 12～16 小时。注意：充电时间不要过长，以免影响电池寿命。

剃须：

将开关键上推至（on）开启位置，即可剃须。为求最佳之刮须效果，请将皮肤拉紧，使胡子成直立状，然后以逆胡子生长的方向缓慢移动。

清洁：

剃须刀要经常清洁。清洁前应先关上开关。旋下网刀，用毛刷将胡须眉刷净。清洁后轻轻放回刀头架，且到位。清洁时应轻拿轻放，避免损坏任何部件。

保修条例：

保修服务只限于一般正常使用下有效。一切人为损坏例如接入不适当电源，使用不适当配件，不依说明书使用，因运输及其他意外而造成损坏，非经本公司认可的维修和改造，错误使用或疏忽而造成损坏，不适当之安装等，保修服务立即失效。此保修服务并不包括运输费及维修人员上门服务费。

保修期外享受终身维修，维修仅收元器件成本费。

剃须刀中内、外刃属消耗品不在保修范围内。

保修期：正常使用六个月。

注意事项：

充电时间：12～16 小时。

换刀网刀头时一定要选用原厂配件。

参考答案：

此篇说明书存在以下两个主要问题。

（1）内容不完善。此篇说明书在内容上只有产品的使用方法、维修条例、保修期限及注意事项，而没有产品的基本信息、产品制作的相关内容及生产商相关资料。

（2）语言表述不准确。在介绍产品的使用方法和保修条例时，语言表述重复啰嗦，不符合产品说明书在语言表述上的要求。

（二）写作训练

选取家里常用的一种电器，给它设计一份产品说明书。

（三）修改训练

将你写的产品说明书与电器附带的说明书进行对比，发现各自的优缺点，并进行修改完善。

五、知识链接

（一）产品说明书与广告

产品说明书和广告都有宣传、告知和提高产品知名度的作用，都有吸引和引导消费者的功能，但两者又有很大的不同，主要体现在以下四个方面。

1. 目的不同

说明书的主要目的是介绍产品相关知识，广告的主要目的是促进商品销售、推广经营理念。

2. 内容不同

说明书的内容一般比较全面具体、深入细致，而广告的内容一般比较简明扼要；说明书注重科学性、实用性，广告突出艺术性、感染力。

3. 形式各异

说明书属于说明性文体，叙述客观冷静，实事求是，不夸张渲染；而广告是一种宣传方式，表现形式丰富多样、追求创意、讲究新颖独特，具有很强的主观色彩。

4. 推广途径不同

广告一般需要付费并通过一定的媒介直接或间接地介绍、推销产品及服务。此外还须有广告经营者，按照《广告法》的规定，订立书面合同，有严格规范的运作程序和要求；而说明书的推广方式相对自由灵活，一般由生产企业独立撰写印刷，随商品赠送，这也是商品服务不可或缺的项目之一。

（二）现实中的产品说明书

根据市场调查分析，目前产品说明书领域主要存在以下问题。

第一，部分说明书内容不全、不够具体详细、说而不明，给消费者带来困扰。

第二，一些产品尤其是高科技产品，说明书上所列的配置、功能与产品实际不符，甚至擅自扩大使用范围，虚假宣传，夸大功效，容易误导消费者，严重者会给消费者带来安全隐患。

第三，说明书用语不准确、不规范，模棱两可，语句不通顺，易产生歧义。

第四，使用专业术语和外文太多，中英文混排、混用，很多消费者看不懂。

第五，部分说明书内容陈旧，没有及时更新。

第六，在排版上不规范，有的用繁体字而不用简化字，或说明书的字号太小，老年消费者看起来吃力。有些印刷字迹模糊不清，或印制纸张质量差，极易出现缺损现象。

模块四　宣传包装

项目活动四　模拟企业宣传

名　片

一、文种知识

（一）名片的概念

名片又叫名帖，是个人在社会活动中通报姓名、介绍身份的卡片。名片是一个人身份地位的象征，是一个人尊严、价值的一种外显方式，是个人或组织形象的缩影，也是使用者要求社会认同、获得社会理解与尊重的一种方式。

现代社会，名片的使用相当普遍。名片的产生主要是为了交往，过去由于经济与交通均不发达，人们的交往面不广，对名片的需求量不大。随着经济高速增长，商业活动扩大，人口流动加快，人与人之间的交往增多，人们使用名片的频率也逐渐提高。所以，名片是新朋友互相认识、自我介绍的最快最有效的方法。

名片的意义有三个方面。

1. 宣传自我

一张小小的名片上最主要的内容是名片持有者的姓名、职业、工作单位、联络方式等，通过这些内容把名片持有者的简明个人信息标注清楚，并以此为媒介向外传播。

2. 宣传企业

名片除将个人信息资料标注清楚外，还要将企业资料标注清楚，如企业的名称、地址及企业的业务领域等。在名片中要求使用企业的标志、标准色、标准字等，使其成为企业整体形象的一部分。

3. 信息时代的联系卡

在数字化信息时代，每个人的生活、工作、学习都离不开各种类型的信息。名片以其特有的形式传递企业、个人及业务信息，在很大程度上方便了我们的生活。

（二）名片的种类

通常人们的交往方式有朋友交往和工作交往两种，工作交往又有商业性和非商业性之分，这些都是名片分类的依据。

最常见的分类有以下几种。

1. 按名片用途分类

名片可分为商业名片、公用名片、个人名片三类。

（1）商业名片是公司或企业为推广商业活动而使用的名片，大多以营利为目的。商业名片的内容有单位标志、注册商标、业务范围。公司有统一的名片印刷格式。

（2）公用名片是政府或社会团体在对外交往中所使用的名片，不以营利为目的。公用名片的内容有单位标志、对外服务范围。公用名片的设计应力求简单实用，注重个人头衔和职称的标注，主要用于对外交往与服务。

（3）个人名片是朋友间在交流感情，结识新朋友时所使用的名片。个人名片的特点是不使用标志，设计个性化，常印有个人照片、爱好、头衔和职业。

2. 按名片材质和印刷方式分类

名片可分为数码名片、胶印名片、特种名片（如金属材质等）三类。

3. 按印刷色彩分类

名片可分为单色、双色和彩色三类。

4. 按排版方式分类

名片可分为横式名片、竖式名片、折卡名片三类。

（三）名片设计的构成要素

名片设计的构成要素是指构成名片的各种素材，一般指标识、图案、文案（名片持有人姓名、单位、职务、职称、业务范围、通信地址、通信方式）等。依据这些个人信息来确定名片的设计构思、构图、字体、色彩等，将组合好的名片择优定位，确定名片设计方案。

独特的构思来源于对设计的合理定位，来源于对名片持有者及其单位的全面了解。一个好的名片构思应经得起以下几个方面的考核。

第一，是否具有视觉冲击力和可识别性。

第二，是否具有媒介主体的工作性质和身份。

第三，是否别致、独特。

第四，是否符合持有人的业务特性。

（四）名片的尺寸和格式

名片的标准尺寸一般为 9cm×5.5cm。如无特殊需要，不应将名片制作得过大。

正确的名片格式，要求名片正反面所包含的内容全面、完整、规范，便于其使用者开展工作。

（五）名片的写作注意事项

第一，名片的个性化设计和鲜明特色对公关活动的成功能发挥重要作用。

第二，名片不能随便涂改。

第三，不印两个以上的头衔。

二、模板指导

（一）结构模板

名片的正面格式：

企业标识	单位名称	
姓名	职务	职称
联系方式		

图 4−1　名片正面

名片的反面格式：

业务服务范围

图 4−2　名片反面

（二）设计导图

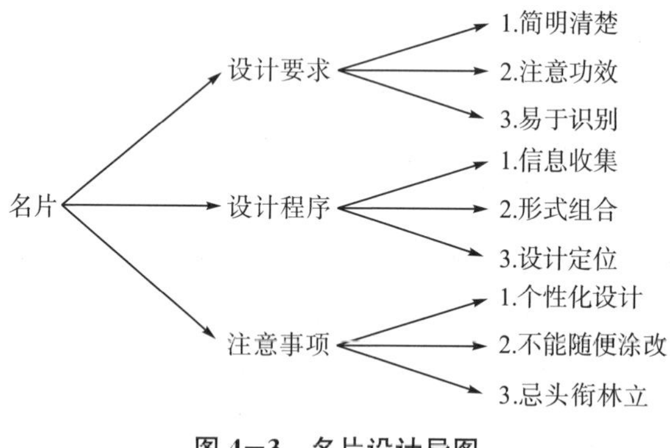

图 4−3　名片设计导图

三、范文欣赏

（一）简洁式名片

名片上仅仅反映姓名和联系方式，非常简洁，也非常醒目，如图 4-4 所示。

姓名　×××
电话　×××××××××××
邮箱　×××××@163. com

图 4-4　简洁式名片

（二）商务式名片

名片上有姓名、联系方式、工作地址、业务范围，便于其使用者进行商业交流。

图 4-5　商务式名片

（三）创意式名片

创意式名片设计新颖，易于给人留下深刻印象，印上持有者的社交二维码，也便于他人添加。

图 4-6　创意式名片

四、拓展训练

名片是一个人身份的象征，现在已成为人们社交活动的重要沟通联系工具。你想拥有属于自己的名片吗？请每个同学尽情畅想未来，利用所学知识制作未来属于你自己的特色名片吧。

五、知识链接

名片的使用

名片是一个人身份的象征，现在已成为人们社交活动的重要沟通联系工具。它直接承载着个人信息，担负着保持联系的重任。要使名片发挥的作用更充分，就必须掌握相关的礼仪。因此，名片的递送、接受、存放也要讲究社交礼仪。名片礼仪随着商务的发展，也越来越多地被人们重视。

首先，要把自己的名片准备好，整齐放在名片夹、盒或口袋中，要放在易于掏出的位置，以免用时手忙脚乱或掏错名片。

其次，出席重大社交活动，一定要带名片。

再者，关于递送名片。

1. 发送名片的时机

(1) 处在一群彼此不认识的人当中，最好让他人先发送名片。名片的发送可在刚见面或告别时进行，但如果自己即将发表意见，则应在说话前发名片给周围的人，这样可帮助他们认识你。

(2) 对于陌生人或巧遇的人，不要在讲话中过早递送名片，因为这种热情一方面会打扰别人，另一方面有推销自己之嫌。

(3) 参加会议时，应该在会前或会后交换名片，不要在会中擅自与他人交换名片。

2. 收发名片的礼仪

(1) 递送名片应起身站立，走上前去，应使用双手拇指和食指执名片两角递送，让文字正面朝向对方。眼睛应注视对方，面带微笑，并大方地说："这是我的名片，请多多关照。"

(2) 接名片时，和递出时一样，需站立着接受。双手接住名片，身体微倾 30 度，并说："谢谢！"随后有一个微笑阅读名片的过程，接下的名片不可马上放入胸前口袋，须马上记住对方的头衔及名字。如果是初次见面，最好是将名片上的重要内容读出来。如果对方的名字很特殊，你读不出某字的话，应先向对方确认读音。倘若没有名片或没带名片，不能回赠，应先表示歉意再说明原因。如果交换完名片接下来还要与对方进行面谈，不要将名片收起来，应该放在桌子上，并保证不被其他东西压住，这样会使对方感觉到你对他的重视。

(3) 在社交场合中，交换名片的顺序一般是"客先主后，身份低者先，身份高者后"。当与多人交换名片时，应依照职位高低的顺序，或是由近及远，依次进行，切勿跳跃式地进行，以免使对方产生厚此薄彼之感。如果是圆桌可按顺时针的顺序递送名片。

最后，关于索要名片。

1. 向对方提议交换名片。

2. 主动递上本人名片。

3. 委婉地索要名片。

(1) 向尊长索取名片时，可以这样说："今后如何向您老请教?"

(2) 向平辈或晚辈索要名片时，可以这样说："以后怎样与您联系?"

4. 当他人索取本人名片，而自己又不想给对方时，应用委婉的方法表达此意。可以说"对不起，我忘了带名片"或者"抱歉，我的名片用完了"。若本人没有名片，又不想明说时，也可用这种方法表达。

名片的管理

对于一个不善利用名片的人来说，收到的名片就像一堆废纸，毫无用处；而对于一个善于利用名片的人来说，收到一张名片就意味着多一个朋友，多一个工作上的合作伙伴。

1. 在参加商务活动时，要随时准备名片。名片要经过精心设计和良好收藏，能够艺术地表现自己的身份、品位和公司形象，不能有破损或脏污。

2. 在接过他人的名片看过之后，应将其精心存放在自己的名片包、名片夹或上衣口袋内。

3. 存放他人的名片要讲究方式方法，进行分类管理。在不同场合交换名片时，务必详尽记录与对方会面的人、事、时、地、物。

4. 养成经常翻看名片的习惯，在工作的间隙，翻阅一下你的名片档案，给对方打一个问候电话，发一个祝福信息等，可以让对方感觉到你的存在和对他的关心与尊重。

5. 定期清理名片。根据关联性、重要性、长期互动与使用概率等因素，确定哪类是需要长期保存的，哪类是暂时保留的，哪类是确定不需要的。当确定不要时，你也要尊重他人隐私，不应把他人名片随便给别人，应进行销毁处理。

海　报

一、文种知识

（一）海报的含义和特点

1. 海报的含义

海报是在一定范围内向公众报道或介绍有关戏剧、电影、比赛、报告会、展销、体育、学术报告等消息的一种招贴式应用文。

海报的名称最早出现于上海。那时，人们习惯把职业性的戏剧表演界叫作“海”，而把从事职业戏剧表演称为“下海”，作为剧目演出信息的具有宣传性的招徕顾客的张贴物就叫作“海报”。

2. 海报的特点

（1）广告宣传性。海报是广告的一种。有的海报加以美术的设计，以吸引更多的人加入活动。海报可以在媒体上刊登、播放，但大部分是张贴在人们易于见到的地方，其广告色彩极其浓厚。

（2）商业性。海报是为某项活动而制作的前期广告和宣传材料，其目的是让人们参与其中，演出类海报占海报类型中的大部分，具有商业目的。学术报告类的海报一般不具有商业性。

（二）海报的种类和作用

海报一般分为公益性海报、政治海报、文体海报和商业海报四大类。

1. 公益海报

通过文字和图画表现海报的主题，向人们传递一定的精神价值和文化观念，如“尊重生命，吸烟有害健康”。

2. 政治海报

主要以传播政治思想为目的，来提高人们的思想觉悟，如“中国梦的影响与意义”。

3. 文体海报

主要以传递文艺活动、体育竞赛、电影或戏曲等的信息为目的，如“2017 年重庆剧场精品剧目展演”。

4. 商业海报

主要是通过对商业活动或商品信息的宣传，以获取一定经济利益的海报，如“惠普电脑与你同在”。

根据内容的需要，海报的设计各有不同，有的是字体漂亮，有的是图案非常精致，人们通过这些亮点注意到海报的内容，无形中被海报的主题吸引。

（三）海报设计的三要素

文字：具有说明作用。

图案：海报是视觉艺术，通过图案产生强烈的视觉效果。

色彩：具有象征性。

（四）海报的内容与结构

海报无固定格式，写法比较自由，可根据不同的内容安排生动活泼的形式。常见的结构有标题、正文、落款。

1. 标题

（1）文种名称型，即在第一行中间写上“海报”二字。

（2）事由型，如“舞讯”“影讯”“球讯”等，也可更具体些，如“第九届中国国际家具展览会”“轮滑协会纳新”等。

（3）描述文字型，如“党在我心中”“群英争霸”等。

2. 正文

可用叙述的方法，将所涉及的消息内容（包括时间、地点、人物、事件等）交代清楚。正文的文字不宜太多，应简洁明了，正文后可另起一行，以“欢迎参加”“敬请莅临指导”等作结束语。

3. 落款

落款包括活动的主办单位名称和发文日期，比较重要的应加盖公章。

海报在实际使用中有时会将部分内容略写或去掉，如一些促销海报，多以图片来代替某些文字。

（五）海报的写作要求

第一，语言要有鼓动性，特别是要注意诱导语的设计。

第二，篇幅要短小精悍，同时要真实写明活动的时间、地点和内容。

第三，海报的版式为了吸引大众，可配以图案、图画等，进行适当的艺术处理。

二、模板指导

（一）结构模板

表 4-1　海报的结构模板

项目		要点
标题		“文种”“事由”或“描述文字型”
正文	主体	活动目的、意义、时间、地点和主要项目，以及参加活动的具体办法和一些重要的注意事项
	结尾	宣传鼓动性的语言，如“欢迎参加”“机不可失”等
落款		主办单位、发文日期

（二）写作模板

惠普电脑与您同在

长城十五周年庆，真情回馈广大消费者

即日起在××数码城购买惠普笔记本电脑

送299元大礼包

活动时间：10月1日—10月7日

不见不散

××数码城

××××年×月×日

三、范文欣赏

（一）公益海报

图4-7　公益海报

（二）政治海报

图 4-8　政治海报

（三）文体海报

图 4-9　文体海报

（四）商业海报

图 4-10　商业海报

四、拓展训练

（一）改错训练

为了进一步提高高职院校学生的自信心、责任感，教会学生如何获得成功，学院邀请省知名企业的成功人士罗华经理于 2017 年 3 月 7 日下午 14:00 在大会堂做主题为“成功的奥妙”的专题讲座，欢迎全院师生参加。以下为海报的全部内容，请找出问题所在。

时间：2017 年 3 月 7 日 地点：学院大会堂 欢迎参加罗华经理的讲座

参考答案：

在校园中，师生们经常看到风格各异的海报，并由此及时了解校园里开展的各类活动。关于这篇罗华经理讲座的海报，其问题主要有以下几点。

（1）不论什么公文，都应有一个明确的标题，应在正文上方的中间处写上醒目的“海报”字样。

（2）时间、地点、主题是三个重要的因素，本海报的时间没有具体到2017年3月7日的下午14:00。

（3）没有写明讲座的主题——成功的奥妙。

（4）文中“欢迎”的后面最好能注明参与的对象，如“欢迎全院师生”等。

（5）落款处既要有发文单位和时间，还要注意两者的前后顺序。在实际的工作生活中，海报最好在举办活动的三四天前进行张贴，根据活动需要，宣传时间还可以延长。这样做更有利于活动的宣传，以及使参与者能较好地协调时间参与活动。

（二）写作训练

请根据下列材料拟制一张图文并茂的海报。

为了欢庆元旦佳节，××职业技术学院学生会准备在大会堂举办“元旦青春舞会”，具体时间是元旦当日18:00—20:00，欢迎全院青年教师和学生踊跃参加。

五、知识链接

（一）海报与公告的区别

国务院2000年8月24日发布、2001年1月1日起施行的《国家行政机关公文处理办法》，对公告的使用表述为：“适用于向国内外宣布重要事项或者法定事项。”其中包含两方面的内容：一是向国内外宣布重要事项，公布依据政策、法令采取的重大行动等；二是向国内外宣布法定事项，公布依据法律规定告知国内外的有关重要规定和重大行动等。然而在实际使用中，公告往往偏离了《国家行政机关公文处理办法》中的规定，各机关、单位、团体事无巨细经常使用公告。公告的庄重性被忽视，只注意到广泛性和周知性，以致公告逐渐演变为“公而告之”。

总之，海报和公告的区别就是，公告适用于向国内外宣布重要事项或者法定事项，而海报则是极为常见的一种招贴形式，多用于电影、戏剧、比赛、文艺演出等活动。

（二）海报与广告的关系

广告是为了某种特定的需要，通过一定形式的媒体，并花费一定的费用，公开而广泛地向公众传递信息的宣传手段。广告有广义和狭义之分。广义的广告包括非经济广告和经济广告。非经济广告指不以营利为目的的广告，如政府行政部门、社会事业单位乃至个人发布的各种启事、声明等。狭义的广告仅指经济广告，又称商业广告，是指以盈利为目的的广告，通常是商品生产者、经营者和消费者之间沟通信息的重要手段，或企业占领市场、推销产品、提供劳务的重要形式。以传播媒介作为标准对广告进行分类，主要分为报纸广告、杂志广告、电视广告、电影广告、幻灯片广告、包装广告、广播广告、海报广告、招贴广告、POP 广告、交通广告、直邮广告、互联网广告等。

所以说，海报是广告的一种宣传手段。

请　柬

一、文种知识

（一）请柬的概念

请柬通常也称作请帖、柬帖。请柬的“柬”通“简”，本义为竹简，是古代使用的书写材料，后引申为信札、名帖的通称，是一种程式固定、文字简短、谦敬色彩浓郁的酬酢应用文书。请柬一般用于单位或个人在节庆、奠基、落成、开业、娱乐、宴会、婚丧、仪式、展览、舞会、演出、新闻发布等活动前送达有关人员，向其告知相关的信息，是一种表达对被邀请对象的尊敬、重视和礼遇，并希望对方能够赏光出席的简明书信。

（二）请柬的种类和特点

1. 请柬的种类

从不同的角度，请柬可以分为以下几种。

（1）从形式上，可以分为卡片式、折叠式、竖式与横式。

（2）从内容上，可以分为会议类、商务类和宴会类。

会议类：邀请有关人员出席会议的请柬。

商务类：针对各类展览会、展销会等而发的请柬。

宴会类：为结婚、满月、生日、周年庆等而发的请柬。

2. 请柬的特点

请柬的特点主要有以下几个。

（1）外观精美。

请柬的外观要精致、大方、庄重，不能用通常的书写纸或单位的公务信函纸书写，多用精美的彩色纸印刷，并加上装饰图案。

（2）程式固定。

请柬应力求格式规范，重要事项内容要确保无误。特别要注意时间、地点和人物等内容，要做到清晰、明了、准确。

（3）风格谦敬。

请柬的文字应通顺、明白、典雅、优美，使被邀请者感到尊重和愉快。

（4）语言精练。

务必做到文从字顺、短小简练。

（三）请柬的结构

请柬通常包括标题、称谓、正文、结尾和落款五个部分。

1. 标题

只需标注文种“请柬”或“请帖”，不需要在文种前加活动名称。标题书写位置有两种情况，位于正文之上或单独占一页作为封面。

2. 称谓

称谓即被邀请者的名称，位置是另起一行或一页，顶格写上被邀请者的姓名或单位名称。人名后一般要加尊称，如“先生”“小姐”“女士”；有职称学衔的可称“教授”“博士”“董事长”“经理”“主任”“院长”“处长”等；亦可将职务学衔冠于姓名前，姓名后再加尊称，如“××系主任××教授”“××处处长××女士”“××公司董事长××先生”。

3. 正文

正文应使用精练的语言写明活动的内容、时间、地点、方式等。如果是请人看戏或其他表演还应附上入场券。若有其他要求也需注明，如“请准备发言”“请准备节目”等。另外，请柬不同于一般的书信，正文中不要加问候语。

4. 结尾

请柬的结尾已形成套语，显得正式、隆重、必不可少。常常要写上礼节性的问候语或恭候语，如“此致，敬礼”“致以，敬礼”“敬请光临”“恭候光临”“恭请尊驾莅临指导”等。

5. 落款

落款处写明邀请者（单位或个人）的名称和发请柬的日期。姓名之后通常写上“谨启”“敬启”“谨上”之类的谦辞。一般要求请柬发出的日期，距活动正式举办的日期不应少于3天，以便被邀请者做好准备，以示尊重。

二、模板指导

（一）结构模板

表 4-2　请柬的结构模板

项目	要点
标题	请柬、请帖等
称谓	被邀请人姓名或单位名称
正文	活动的内容、时间、地点、方式、附注内容等
结尾	礼节性问候语或恭候语
落款	邀请者名称、日期

（二）写作模板

请　柬

××先生（女士）：

为________，敬请您出席××月××日在________。

如能赴会，与会者当不胜欣悦！恭候您的光临！

顺致

崇高敬意

×××××

××年××月××日

三、范文欣赏

（一）商务类请柬

【范文一】

请　柬

尊敬的××先生：

敝公司定于2016年5月20日至6月5日8：00—17：00在

上海瑞金大厦3号楼展览大厅举办现代家具贸易洽谈会。恭候光临。

新××公司

2016年5月5日

（二）会议类请柬

【范文二】

请　柬

××先生：

作为武昌起义的参加者，您为民族事业作出了不可磨灭的贡献。敬请您出席××月××日晚×时在省政协礼堂举行的茶话会，以缅怀先驱。如能赴会，与会者当不胜欣悦！恭候您的光临！

顺致

崇高敬意

××市人民政府

2011年××月××日

（三）宴会类请柬

【范文三】

请　柬

王××先生：

兹定于11月8日下午14时，于新居（××花园×栋×××号），略备小酌，庆贺迁居之喜，幸希莅临一叙。

顺致

敬意

刘××

2017年11月5日

四、拓展训练

（1）学校为庆祝建校 10 周年，准备邀请社会各界参加庆祝典礼。请你以学校的名义写一份请柬。

（2）你们班为欢庆新年，准备举行新年联欢会，并邀请学院领导和本班任课教师参加，请自定时间、地点，自己设计样式，写一份请柬。

五、知识链接

（一）请柬的格式

请柬按其用途，可分为婚假庆贺、应酬吊丧等类型。其结构体式虽无严格的统一标准，但其大要均已约定俗成。

首先，要选质地优良的厚纸，喜帖宜选用红色、金色或带有花纹的有光彩纸。红色纸辅以烫金字，其他纸可书之以红字，如图 4-11 所示。丧事柬帖用素色纸以素色字书写，但纸质同样要好。

图 4-11 结婚请柬

其次，柬帖以采用自上而下竖写，自右向左竖排格式的居多。具体书写格式无统一规定，但必须遵循礼貌原则。也有些柬帖采用横格书写，版面排列的难度较竖写要大。

最后，许多柬帖采用的字号大小不一，其用意一是突出重点内容，二是出于礼貌，三是便于容纳全部内容。

（二）请柬的常用术语

谨：慎重小心。

奉告：敬告。

敬约：约，邀请。敬约，诚挚、郑重地邀请。

恭请：恭，敬肃。恭请，端庄而有礼貌地邀请。

喜酌：酌，饮酒。也泛称酒席。喜酌即喜酒，为趋雅避俗。

假座：假，借，租赁。假座为租借座席的雅语。

志庆：志，记。志庆：为纪念而庆贺。

恕乏价催：意思是到时候不再专门派人去催了，敬请原谅。

阖第光临：意思是敬请客人全家光临。

吉夕：结婚的雅称。

文定：文，意为礼，即聘金。文定为订婚的雅语。

桃觞：雅称祝寿之酒席。

弥月之庆：婴儿满月宴客。

饯行：以酒食为远行之人送行。

洗尘：备酒席迎接远来的宾客。俗称接风，雅称洗尘。

光陪：意思是光临作陪。请人陪客的敬语。

踵谢：亲自登门道谢。

贺信祝词

一、文种知识

（一）贺信、祝词的概念

贺信是党政机关、企事业单位、社会团体或个人向其他集体单位或个人表示祝贺的一种专用书信。今天贺信已成为表彰、赞扬、庆贺对方在某个方面所作贡献的一种常用形式，它还兼有表示慰问和赞扬的功能。贺信是人们情感交流的一种方式，写作上要求精简，不宜长篇大论。在一定场合下发送表示祝贺的话，称为贺词；采用书面形式表示祝贺，称为贺信；采用电报形式表示祝贺，称为贺电。

祝词是行政机关、企事业单位、社会团体或个人在喜庆场合对某人或某项即将开始的工作、事业表示祝福的言辞或文章。

（二）贺信、祝词的种类和特点

1. 贺信、祝词的种类

贺信一般有以下几种类型。

（1）上级给下级的贺信。

可以是节日祝贺，可以是对工作成绩表示祝贺等。这类贺词最后都要提出希望和要求。

（2）下级给上级的贺信。

这类贺词一般是对全局性的工作成绩表示祝贺，此外还可以表明下级对完成有关任务的信心和决心。

（3）平级单位之间的贺信。一般是就对方单位所取得的工作成就表示祝贺，同时还可以表明向对方学习的谦虚态度以及保持和发展双方关系的良好愿望。

（4）国家之间的贺信。当有外交关系的国家新首脑就职或者友好国家有重大喜事时，一般要致贺词，这既是礼节上的需要，同时也是谋求双方共同发展、维护双方共同利益的方式。

（5）个人之间的贺信。用于亲朋好友在重要节日、重大喜事中互相祝贺、慰勉、鼓励，或者祝贺某人在工作、学习中取得了好成绩，以分享快乐。

祝词一般有以下几种类型。

（1）节日祝词。

如“新年祝词”“国庆讲话”“春节祝词”。

（2）寿诞祝词。

这是向老年人祝寿或向亲朋好友祝贺生日时使用的文辞。

（3）事业祝词。

一般用于重大的、有特殊意义的活动仪式，除了表达对活动的祝愿，还常常赞颂举办方的成绩和贡献。多用于祝贺会议开幕、工程奠基竣工、剪彩仪式、周年庆典等。

（4）婚庆祝词。

在结婚典礼上祝贺新人的言辞。

（5）祝酒词。

用于各种酒会、宴会和招待会，起到活跃气氛和增进感情的作用。

2. 贺信、祝词的特点

贺信的特点主要为以下几点。

（1）针对性。

贺信无论用于祝愿还是祝寿，都有明确的祝贺对象。贺信中对祝贺对象的称谓、主体部分的内容，都要有针对性。

（2）喜庆性。

贺信是在喜庆的场合对祝贺对象的一种真诚的祝贺，因此喜庆性是贺信最基本的特点。

祝词的特点主要为以下几点。

（1）事先性。

祝词和贺信都有表示祝贺之意，有时两个词也可以互用，但祝词一般用于对未成的事情或正在进行的事情的预祝。

（2）广泛性。

祝词的广泛性是指祝词的对象很广泛。以人为祝词对象，长辈、平辈、晚辈，上级、平级、下级，男女老少都可以，既可以是知名人士，也可以是平民百姓，都能通过祝词的形式增进感情，加深交往。以事为祝词对象，范围也很宽，如生日聚会、庆祝寿辰、开业典礼、同学聚会等，都可以使用祝词来渲染气氛，活跃场面，增进彼此的友谊。

（三）贺信、祝词的结构

贺信、祝词一般由标题、称呼、正文、结尾和落款五个部分组成。

1. 标题

（1）单独以文种名称作标题。

（2）由主要事项和文种组成，如“致×××出国留学的贺信”“刘老八十华诞贺词”“××在××招待会上的祝词”。

2. 称呼

顶格写明被祝贺单位或个人的名称或姓名。写给个人的，要在姓名后加上相应的礼仪名称，如“同志”“先生”“女士”，称呼之后要用冒号。

3. 正文

正文包括以下几方面内容。

（1）结合当前的形势，说明对方取得成绩的大背景，或者某个重要会议召开的历史条件。

（2）概括说明对方都在哪些方面取得了成绩，分析其成功的主、客观原因。这一部分是贺信的中心，一定要交代清楚祝贺的原因。

(3) 表示热烈的祝贺。要写出自己祝贺的心情，由衷地表达自己真诚的慰问和祝福。要写些鼓励的话，提出希望和共同理想。

4. 结尾

结尾要写上祝愿的话，如“此致敬礼”“祝争取更大的胜利”“祝您健康长寿”“祝×××圆满成功”等。

5. 落款

写明祝贺的单位或个人的名称、姓名，并署上成文的时间。

二、模板指导

(一) 结构模板

表 4-3 贺信的结构模板

项目	要点
标题	文种，事项+文种
称谓	单位或个人的名称、姓名
正文	背景条件、取得的成绩、热烈祝贺
结尾	祝愿话语
落款	单位或个人的名称、姓名、日期

(二) 写作模板

贺 信

尊敬的×××：

欣闻________大喜事。值此________之际，×××向×××致以最热烈的祝贺！衷心祝愿________！

×××

××××年××月××日

三、范文欣赏

【范文一】

贺　信

尊敬的×××公司×××董事长并全体同仁：

欣闻×××药业公司成功改制为×××公司，这是×××发展历程中具有里程碑意义的大喜事。值此×××公司揭牌之际，×××公司董事长兼总经理×××携全体员工向×××公司×××董事长及全体同仁致以最热烈的祝贺！

…………

最后，借×××公司揭牌之际，衷心希望我们同心携手，进一步增进相互间的友谊，不断加强双方的合作，用智慧和双手创造我们更加美好的未来。

衷心祝愿×××公司蒸蒸日上，兴旺发达！

衷心祝愿贵公司全体员工身体健康，生活更加美好！

×××公司

××××年××月××日

【范文二】

贺　信

××学校：

欣闻贵校喜迎50年校庆，我校谨向贵校全校师生员工致以最诚挚、最热烈的祝贺！

贵校历经了半个世纪的风雨沧桑，秉承“艰苦奋斗、虚心善学、实干创新、勇于攀登”精神，在职业教育领域积累了丰富的办学经验，为社会培养了数以万计的专业人才，收获了累累硕果。相信此次庆典将成为贵校一个新的里程碑，在今后的各项事业中必将取得更快、更大的发展，创造新的辉煌。

祝贵校庆典仪式圆满成功！

×××

××××年××月××日

【范文三】

祝　词

尊敬的各位来宾，各位亲朋好友：

春秋迭易，岁月轮回，当甲申新春迈着轻盈的脚步向我们款款走来的时候，我们欢聚在这里，为我尊敬的奶奶共祝八十大寿。

在这里，我首先代表所有亲朋好友向奶奶送上最真诚、最温馨的祝福，祝奶奶福如东海，寿比南山，健康如意，福乐绵绵，笑口常开，益寿延年！

风风雨雨八十年，奶奶阅尽人间沧桑，她一生中积累的最大财富是她那勤劳善良的朴素品格，她那宽厚待人的处世之道，她那严爱有加的朴实家风。这一切，伴随她经历了坎坷的岁月，更伴随她迎来了今天晚年生活的幸福。

嘉宾旨酒，笑指青山来献寿；百岁平安，人共梅花老岁寒。今天，这里高朋满座，让寒冷的冬天有了春天般的温暖。

君颂南山是说南山春不老，我倾北海希如北海量尤深。最后还是让我们献上最衷心的祝愿，祝福老人家生活之树常绿，生命之水长流，寿诞快乐，春晖永绽！

祝福在座的所有来宾身体健康、工作顺利、合家欢乐、万事如意！

谢谢大家！

×××

××××年×月×日

四、拓展训练

××学校将于 4 月 23 日举行 45 周年校庆，请你以学校的名义给该校写一封致贺信。

五、知识链接

（一）祝词与贺词的异与同

祝词与贺词有时合称为祝贺词，二者都是泛指对人、对事表示祝贺的言辞和文章，它们都富有强烈的感情色彩，同时针对性、场合性也很强。

因此祝词和贺词在某些场合可以互用，如祝寿也可以说贺寿，祝事业的祝词常常也兼有贺词的意思。虽然祝词与贺词有时可以互用，但二者含义并不完全相同。

祝词一般是事情尚未成功，表示祝愿、希望的意思；贺词一般是事情已成，表示庆贺、道喜的意思。如祝贺生日诞辰、结婚纪念、竣工庆典、荣升任职等，一般用贺词的形式表示庆贺、道喜。另外贺词的使用范围比较广，如贺信、贺电等，也属于贺词类。

（二）常见祝词

1. 贺新婚

天作之合、心心相印、永结同心、相亲相爱、百年好合、永浴爱河、佳偶天成、宜室宜家、白头偕老。

百年琴瑟、百年偕老、花好月圆、福禄鸳鸯、天缘巧合、美满良缘、郎才女貌、瓜瓞延绵、情投意合。

夫唱妇随、珠联璧合、凤凰于飞、美满家园、琴瑟合鸣、相敬如宾、同德同心、如鼓琴瑟、花开并蒂。

缔结良缘、缘定三生、成家之始、鸳鸯璧合、文定吉祥、姻缘相配、白首成约、终身之盟、盟结良缘、许定终身。

2. 贺嫁女

淑女于归、于归协吉、之子于归、百吉御之、凤卜归昌、祥徵凤律、燕燕于飞、适择佳婿、妙选东床、跨凤乘龙、乘龙快婿、缔结同心。

3. 祝男女寿

九如之颂、松柏常青、福如东海、寿比南山、南山献颂、日月长明、祝无量寿、鹤寿添寿、奉觞上寿、海屋添筹、松林岁月、庆衍箕畴、篷岛春风、寿城宏开、庆衍萱畴、天赐纯嘏、晋爵延龄、称觞祝嘏。

4. 祝夫妻双寿

福禄双星、日年偕老、天上双星、双星并辉、松柏同春、华堂偕老、桃开连理、鸿案齐眉、极婺联辉、鹤算同添、寿域同登、椿萱并茂、家中全福。

5. 祝男寿

东海之寿、南山之寿、河山同寿、天保九如、如日之升、天赐遐龄、寿比松龄、寿富康宁、星如南辉、耆英望重。

6. 祝女寿

王母长生、福海寿山、北堂萱茂、慈竹风和、星辉宝婺、萱庭集庆、蟠桃献颂、璇阁长春、眉寿颜堂、萱花挺秀、婺宿腾辉。

7. 贺生子

天赐石麟、啼试英声、石麟呈彩、弄璋徵喜、德门生辉、熊梦呈祥、明珠入手、弄瓦徵祥、女界增辉、喜比螽斯、辉增彩悦。

8. 贺双生子

双芝竞秀、璧合联珠、玉树联芬、棠棣联辉、班联玉笋、花萼欣荣。

9. 贺新居落成

秀苗兰芽、玉笋呈祥、瓜瓞延祥、饴座腾欢、兰阶添喜、莺迁乔木、燕入高楼、鸣凤栖梧、燕贺德邻、室接青云、堂构增辉、华厦开新、金玉满堂、新基鼎定、堂构更新、焕然一新。

10. 贺商店开幕

骏业肇兴、大展经纶、万商云集、骏业日新、骏业崇隆、大展宏图、源远流长、骏业宏开、陶朱媲美、贷财恒足、良禽择木、乔木莺声、德必有邻。

11. 贺金融界

裕国利民、欣欣向荣、辅导工商、金融枢纽、服务人群、信用卓著、安定经济、福国制民、繁荣社会、通商惠工、实业昌隆、信孚中外。

12. 贺医界

万病回春、活人济世、功同良相、仁心良术、著手成春、华佗妙术、良相身医、病人福音、仁术超群、医术精湛、术精岐黄。

13. 赠政界

政通人和、为国为民、造福人群、丰功伟绩、口碑载道、德政可风、功在桑梓、善政亲民、政绩斐然、造福地方、公正廉明、万众共钦。

14. 贺当选

自治之光、众望所归、为民喉舌、为民前锋、弘扬法治、辅政导民、民主之光、为民造福、光大廉政、造福桑梓。

新　闻

一、文种知识

（一）新闻的概念

新闻是对新近发生、有一定价值意义的事实进行客观、及时、简明宣传报道的文字材料。新闻在概念上有广义与狭义之分。广义的新闻是指新闻宣传报道的各种类型，包括消息、通讯、特写、新闻评论、调查报告等；而狭义的新闻则特指消息。这里所说的新闻是狭义上的新闻，即消息。

（二）新闻的特点

1. 真实性

真实性是新闻最基本的特点，是新闻的灵魂所在。新闻要用事实说话，涉及时间、地点、人物、动作、数据等方面的内容均要真实可信，实事求是，符合客观的本来面目，不容许有歪曲的事实、虚假的情节、夸张的成分。

2. 及时性

及时性是新闻报道最显著的特点，这是由新闻的时效性决定的。新闻，顾名思义，可以理解为“最新的见闻与信息”，为了保证新闻的“新”，那就必须在事发后的第一时间或与事发同步进行及时报道宣传。滞后的宣传报道会使新闻成为“旧闻”，弱化新闻的价值，甚至失去新闻的价值。

3. 精练性

精练性是新闻行文的一大特征，往往体现为篇幅短小，内容精悍。新闻力求以简洁明了、准确精练的语言叙述所发生的事情，以便读者（听众）在最短的时间内获得新闻事件最核心、最关键、最重要的信息。通常情况下，一篇新闻稿不会超过1 000字。

除此之外，新闻还具有另外两个明显的特点：其一，内容新，即新闻报道的内容必须是新事、新物、新事件，总而言之，是社会生活的最新动态；其二，传播媒介的现代化，新闻的传播越来越依赖于网络电视、计算机、手机等现代媒介。

（三）新闻的分类

新闻按照不同的分类标准有不同的分类方式及种类，当下的分类标准多以新闻的写作特点与内容为主。

1. 以写作特点分类

以新闻的写作特点为分类依据，新闻可以分为动态新闻、综合新闻、特写新闻、述评新闻。

（1）动态新闻。

动态新闻是生活中常见的一种类型，以精简、短小的文字，对现实生活中的某一重大新闻事件及最新动态进行准确、及时的报道。动态新闻一般只报道事情结果或最新动态，不对事情原因、过程做详细描述，因而具有重点明确、叙事客观、直截了当的行文特点。生活中常见的简讯、动态、要闻等皆属于此种类型。

值得注意的是，动态新闻在某一单位或行业中往往不以新闻冠名，而常常以通报、简报等形式出现。

（2）综合新闻。

综合新闻是以某一话题牵引，对不同地域、相近时间发生的具有相似性质的多个事件进行综合报道的一种新闻种类。此类新闻重在反映某一方面的情况与趋势，报道面广，既有综合性的概述，也有具体事例的分析。与动态新闻相比，对时效性的要求没有那么高。

（3）特写新闻。

特写新闻，又称为新闻特写，是对新闻事件中具有典型意义的某一个片段、场景或特征的细节性报道。特写新闻往往以形象的语言、白描的手法对某一细节进行客观、细腻的描绘，具有强烈的现场感、极高的感染力，给人一种身临其境之感。

（4）述评新闻。

述评新闻是对现实生活中的重大新闻事件或具有重大意义的新闻事件进行述评相结合的报道。一方面，通过严密的逻辑、言简意赅的语言进行新闻事实的叙述；另一方面，在报道新闻事实的基础上又给予评论，发表意见，或对新闻事实进行分析、解释，或揭示新闻事实的内在意义，通过评论的方式给新闻接受者带来一定的导向意义。有述有评，述评结合，这是述评新闻在写作上的最大特点。

2. 以内容性质分类

以新闻的内容性质为分类依据，新闻可以分为人物新闻、解释性新闻、经验性新闻、预测性新闻。

（1）人物新闻。

人物新闻以人物报道为核心，通过新闻人物的典型行为、突出特点或侧面的再现与放大，展现新闻人物的思想及其精神面貌。人物新闻以人领事，又以事显人，往往以特定的视角捕捉具有典型意义的生活截面或情节，表现集中的主题与思想。

（2）解释性新闻。

解释性新闻以新闻事实的“为什么”为导向，基于新闻事实的基础，对其前因后果及发展趋势进行阐释与说明。此类新闻多见于国家大政方针或重大社会问题的报道中。

（3）经验性新闻。

经验性新闻以典型经验的总结与报道为主要内容，在某一主题或工作的引领下，重在方法叙述或经验总结。此类新闻具有很强的针对性，往往见于对某一重大工作、举措的报道中。

（4）预测性新闻。

预测性新闻以对可能发生的事实的展望与预测为主要内容，在客观调查与实际采访的基础上，重在对某一事态进行科学的分析与判断。此类新闻常见于经济发展前景、市场前景预测等报道中。

（四）新闻的结构及其写法

对于新闻的构成要素，当下通行的教材意见比较一致，普遍认为一篇完整的新闻稿件通常由标题、导语、主体、背景以及结尾五个部分组成。关于新闻各个构成要素的写作特点与方法具体如下。

1. 标题

新闻的标题是新闻内容的高度浓缩，有时，新闻标题就可以成为一则新闻。新闻标题在拟定的时候既要做到揭示新闻实质，又要思考如何引起读者的注意。通常情况下，新闻标题有以下三种类型。

（1）完全式标题。

完全式标题是最完整、最全面的新闻标题形式，通常由引题、正题和副题三部分组成。正题居中，单独成行，字号最大，作为新闻标题的本题和主体，揭示新闻事件的核心内容，又称为主标题、母题；引题，居于正题之上，单独成行，字号略小，多用于交代新闻背景，营造新闻气氛，对正题起着辅助作用；副题，依赖于正题而存在，居于正题之后，也单独成行，其内容多为对正题进行解释或补充说明。这种完全式的标题内容信息丰富，宣传声势宏大，多见于社会重大事件的报道中。如：

坐在办公室里都是问题　走进基层就是办法

上海：大调研催动改革再出发

在习近平新时代中国特色社会主义思想引领下——

新时代新气象新作为

资料来源：《人民日报》（2018年02月08日01版）。

（2）双重式标题。

双重式标题由正题与引题、副题中的一个组合而成，在生活中比较常见。正题与引题组合而成的双重式标题，引题居上，单独成行，字号略小，正题居下，单独成行，字号大而醒目。如：

未来五年

北京再造五百万亩林

资料来源：《人民日报》（2018年04月10日02版）。

正题与副题组合而成的双重式标题，正题居上，单独成行，字号大且醒目，副题居下，单独成行，字号略小。如：

一季度全国财政收入运行持续向好

同比增长13.6%

资料来源：《人民日报》（2018年04月10日02版）。

（3）单个式标题。

单个式标题，顾名思义，有且仅有一个新闻标题，相当于只有正题，居于新闻最上方，单独成行，引人注意，是新闻标题中最常见的一种。如：

中国电子信息博览会在深圳开幕

资料来源：《人民日报》（2018年04月10日04版）。

又如：

为亚洲振兴鼓与呼

资料来源：《人民日报》（2018年04月10日04版）。

2. 导语

导语位于新闻的开头，或是开头的第一句话，或是开头的第一段，它以简要的文字陈述新闻事件的核心内容、重要信息、新鲜事实，包括由新闻事实引发的精辟议论，短小精悍而又生动形象。为了能更好地吸引读者，引起读者对新闻的阅读兴趣，导语在写作上通常会采取以下四种方式。

（1）内容概括式导语。

这是导语写作最常见的一种方式，即用一句话或一段话概括新闻的核心内容或新鲜事实，具有强烈的整体感。如：

> 本报北京4月9日电（记者陆娅楠、赵展慧）今年以来，实体经济在转型升级中实现了质量效益稳步提升。
>
> 资料来源：《人民日报》（2018年04月10日01版）。

（2）细节描述式导语。

以精练的语言对新闻人物、现场或事实进行整体或某一侧面的细节描写，营造一定的氛围，给人以身临其境之感，引人入胜。如：

> “天地英雄气，千秋尚凛然。”历史的天空，英雄烈士灿若群星，熠熠生辉。
>
> 资料来源：《人民日报》（2018年04月05日01版）。

（3）问题引导式导语。

开头以鲜明、尖锐的提问来写作，以提出问题的方式引发读者的思考与好奇，唤起读者的阅读兴趣。如：

> 党的十九大报告将“美丽中国”确定为新时代社会主义现代化建设的重要目标，并对加快生态文明体制改革、建设美丽中国进行了全面部署。为实现这一宏伟目标、完成这一历史使命，林业将如何发挥作用和优势？记者专访了国家林业和草原局局长张建龙。
>
> 资料来源：《人民日报》（2018年04月10日02版）。

（4）结果陈述式导语。

把新闻事件的结果、事实的结论或由新闻事件引发的思考写在开头作为导语内容，引起读者思考，让读者产生由果溯因的阅读欲望。如：

中国放大招了！北京时间4月4日15时30分许，针对美方301调查，中方决定对美国大豆、汽车、化工品等14类106项商品加征关税。这场直指美国经济七寸的反击战，打得准，打得好，打得解气！

资料来源：《人民日报》(2018年04月05日02版)。

3. 主体

新闻的主体位于导语之后，是新闻的主干部分，是在导语的基础上对新闻事实进行具体全面的阐述，通过有说服力的材料进一步说明新闻事实的中心内容。简单来说，新闻的主体是新闻主要事实、核心观点的展开与细化。此部分的内容在写作结构的安排上通常有以下三种方式。

(1) 以时间先后或事物发展经过的顺序，陈述新闻事件发展的始末。如：

4点30分，面色凝重的彭定康注视着港督旗帜在“日落余音”的号角声中降下旗杆。别了，根据传统，每一位港督离任时，都举行降旗仪式。但这一次不同：永远都不会再有港督旗帜从这里升起了。4时40分，代表英国女王统治了香港五年的彭定康登上带有皇家标记的黑色“劳斯莱斯”，最后一次离开了港督府。

资料来源：《语文》(人民教育出版社必修一《别了，不列颠尼亚》)。

(2) 以空间位置的变化组织安排材料，细化新闻的核心内容。如：

甘肃省抓住清明节祭扫这一有利时机，以“文明祭扫、生态安葬”为主题，深入开展殡葬宣传月活动，引导群众践行绿色殡葬理念，自觉移风易俗。

重庆市建立清明节文明祭扫服务保障机制，加强部门协同配合，确保年均400万人次集中祭扫的文明安全、和谐有序，连续10年实现了“平安清明”工作目标。

天津市自2005年起，发起了“倡导文明祭扫、引领都市新风”主题活动，先后走进社区、校园、工地、军营等，不断扩大参与人数及范围，取得了良好的社会效益。

资料来源：《人民日报》(2018年04月05日04版)。

(3) 以特定的逻辑方式进行不同层次的组织，充实新闻的具体内容。如：

信心来自一连串让人提气的数字。看人气，土地面积达5.6万平方公里，常住人口大约6 800万，均居世界四个大湾区的首位；看经济实力，去年大湾区经济总量达到10万亿元，拥有16家世界500强企业和3万多家国家级高新技术企业。

信心来源于别具一格的顶层设计。“‘一国两制’就是粤港澳大湾区独特的优势。粤港澳三地会更好地发挥各自的优势，形成互补，打造新的增长点。”香港特别行政区行政长官林郑月娥说。

资料来源：《人民日报》(2018年04月10日04版)。

4. 背景

背景作为新闻的构成要素，是一种特殊的存在。在很多情况下，背景并不是以单独段落、固定的位置出现在新闻中，而是显现在新闻的其他要素中，与其他新闻要素夹杂在一起。新闻背景是指与新闻事实相关的来历或环境信息，包括历史环境、社会环境、地理环境、客观条件及与新闻事实相关的周围事件等。

在通常情况下，新闻背景可以分为三种类型：其一，介绍性的背景材料，如对新闻事件产生的原因、自然环境、社会环境及历史渊源等进行说明；其二，解释性的背景材料，如对新闻事实涉及的概念、专业术语或特性等进行解释说明；其三，衬托性的背景材料，如为了让读者更好地理解新闻内容或获得新闻价值，出现一些与新闻内容无直接关系，但又与新闻事实形成鲜明的对比、起衬托作用的信息。

5. 结尾

新闻的结尾有两种方式：一是随着新闻事实的完整交代，新闻内容自然结束，零结尾；二是在新闻基本内容完结之后进行艺术性处理，有的对新闻内容进行小结，与导语形成首尾呼应，有的在新闻事实的基础上展望未来，也有的针对新闻的特定内容谈启发、作号召。

（五）新闻的写作注意事项

第一，内容报道必须客观朴实。按照事实的本来面貌进行客观还原，语言准确、朴实，数据真实可靠，不夸张、不歪曲事实，但可以适当进行气氛渲染。

第二，行文安排的倒金字塔式。在行文安排的过程中，往往是重要的信息放在前面，次要的信息放在后面，切勿在开头进行过多的无关紧要的渲染与铺垫。

第三，报道视角力求独特新颖。新闻报道是一种传播性的文体，总是面向读者。因此，新闻写作在视角的选择上要仔细琢磨，力求以独特的视角引起读者的阅读兴趣与欲望。

第四，新闻评论不宜太过偏激。在新闻报道中，往往夹杂着评论性语言。此部分内容的写作应语气平和，不应打上个人强烈的情感烙印。

二、模板指导

（一）新闻的写作模板

____

（引题：交代新闻背景，营造新闻气氛）

____

（正题：揭示新闻事实的核心内容）

____

（副题：对正题进行补充说明）

____________________（导语：用一句话或一段话精练概括新闻事实的整体面貌，或进行新闻内容的气氛渲染，或提出引人思考的问题）

____________（主体：对导语进行全面具体的论述，细化新闻内容，完整呈现新闻事实，或引用背景材料对新闻中心内容进行辅助说明）

____________（结尾：总结全文，展望未来，启发思考，进行号召，或零结尾）

三、范文欣赏

【范文一】

水乡庙会

踏白船　祈丰年

临近清明，浙江省桐乡市乌镇开启传统庙会，为市民和游客呈现踏青游春、蚕花会、清明美食、民间戏曲、踏白船等众多特色民俗活动，让人们在春暖花开之际，感受江南古镇春季特色民俗之美。

（图略）

图为庙会上正在举行“踏白船”传统水上竞技活动。“踏白船”竞赛是为了祈求蚕桑丰收。由于行船速度快，摇橹的过程中发出嗒吧嗒吧的声音，故称“踏白船”。

资料来源：《人民日报》（2018 年 04 月 02 日 01 版）。

【范文评析】

这是一则动态新闻，叙述客观，语言朴实，言简意赅，能在短时间内给读者带来异地生活的有关信息，知晓浙江乌镇庙会的情况。

【范文二】

把握历史规律　认清世界大势

——二论习近平主席博鳌亚洲论坛主旨演讲

世界潮流，浩浩荡荡，顺之则昌，逆之则亡。

“面对复杂变化的世界，人类社会向何处去？亚洲前途在哪里？”在博鳌亚洲论坛上，习近平主席提出这些“时代之问”，深刻分析世界大势和时代潮流，明确提出共创和平、安宁、繁荣、开放、美丽的亚洲和世界的中国方案，充分彰显了大国领袖的宽广胸襟、深邃目光和历史担当，赢得与会嘉宾高度认同，引起国际社会对“时代之问”的广泛思考。求解“时代之问”，最根本的就是要把握历史规律，认清世界大势，顺应时代潮流。

当今世界，什么是滚滚向前的潮流和大势？习近平主席在主旨演讲中给出了三个关键词：和平合作、开放融通、变革创新。放眼今日全球，和平与发展是世界各国人民的共同心声，冷战思维、零和博弈愈发陈旧落伍，妄自尊大或独善其身只能四处碰壁；世界已经成为你中有我、我中有你的地球村，各国经济社会发展日益相互联系、相互影响，推进互联互通、加快融合发展才能促进共同繁荣发展；变革创新是推动人类社会向前发展的根本动力，谁排斥变革，谁拒绝创新，谁就会落后于时代，谁就会被历史淘汰。面对这样的世界大势，唯有因势而谋、应势而动、顺势而为，才能创造历史、成就未来。

40 年前，中国共产党作出改革开放的关键抉择，正是对世界大势的顺应，对时代潮流的把握。40 年来，改革开放这场中国的第二次革命，深刻改变了中国，我们这个古老民族实现了从“赶上时代”到“引领时代”的伟大跨越；深刻影响了世界，中国始终成为世界和平的建设者、全球发展的贡献者、国际秩序的维护者。40 年历史充分表明，中国改革开放之所以必然成功，也一定能够成功，根本原因就在于中国进行改革开放，顺应了中国人民要发展、要创新、要美好生活的历史要求，契合了世界各国人民要发展、要合作、要和平生活的时代潮流。

在主旨演讲中，习近平主席提出一个鲜明论断：一个国家、一个民族要振兴，就必须在历史前进的逻辑中前进，在时代发展的潮流中发展。今天的世界，不稳定不确定因素依然很多，挑战前所未有，逆全球化趋向不断涌现。当此之际，是开放还是封闭，是前进还是后退，考验着人们的胸襟、眼界和智慧。越是在这样的时候，越要求我们在不畏浮云遮望眼中把握历史规律，在善于拨云见日中认清世界大势。尽管前进道路上可能会遇到这样那样的困难和挫折，尽管发展大潮中可能会出现这样那样的风险和挑战，但只要我们顺应潮流和大势，坚持开放共赢，勇于变革创新，就定能让亚洲和世界变得和平、安宁、繁荣、开放、美丽。

“青山遮不住，毕竟东流去。”今天，没有哪个国家能够独自应对人类面临的各种挑战，也没有哪个国家能够退回到自我封闭的孤岛。顺应世界大势，同心协力，携手前行，努力构建人类命运共同体，亚洲和世界的未来一定更加美好。

资料来源：《人民日报》(2018 年 04 月 12 日 01 版)。

【范文评析】

这是一则述评新闻，此则新闻报道背后隐含着另一个新闻，即国家主席习近平在博鳌亚洲论坛上发表主旨演讲，在这个新闻相关内容的基础上，作者进行客观分析，引发自身的思考，提出自己的见解。

【范文三】

勇做生命的强者

【人物】聋哑教师夫妻程洋和陶艳萍

【故事】在江西省于都县特殊教育学校里，有一对聋哑教师夫妻程洋、陶艳萍，他们用无声的温暖传递着对聋哑学生们特别的爱。多年来，从批改作业到日常交流，从律动舞蹈到插花学习……在无声的世界里，程洋和陶艳萍用自己的方式给孩子们传道授业解惑。他们培养的许多孩子在篮球、绘画、舞蹈等领域屡获佳绩。许多学生表示，程洋和陶艳萍比父母更能帮助自己、理解自己。

资料来源：《人民日报》(2018 年 04 月 12 日 05 版)。

【范文评析】

这是一则人物新闻，以程洋和陶艳萍夫妻的故事作为新闻报道的中心，通过放大这对夫妻日常工作的细节，来展现他们默默奉献的精神，突显他们执着于教育事业的面貌。

四、拓展训练

（一）写作训练

结合所学新闻写作的有关知识，以学校或学院近期发生的一件事情为报道对象，写一篇新闻稿，要求事实清楚，语言精练，表达规范得体。

（二）评析训练

结合所学内容，请对下面一则学校要闻进行简要评析。

××学院开展“红色基因传承”主题活动

为落实好××市委党建工作领导小组、××市委组织部与××学校党委关于开展2018年×月“党员活动日”主题活动的有关要求，在“五四”青年节来临之际，××学院党支部以“读《红色家书》、传红色基因、做合格党员”为主题，进行主题党日活动。

在活动之前，4月27日，××学院党支部把影印版《红色家书》上传至学院“党员之家”，要求支部党员同志进行自主学习。5月3日，支部党员同志于××点××分齐聚×××楼×室进行主题活动。活动分为两个阶段：第一阶段为红色家书推荐，支部书记×××同志向支部同志推荐了A、B等五人的家书，并发表自己的深刻体会；第二阶段是红色家书朗读，来自××学院Y教研室的党员教师代表×××同志，富有情感地朗读了邓恩铭《诀别——给母亲的信》，Z教研室党员教师代表×××同志，声情并茂地朗读了吉鸿昌《就义诗》。

在整个活动现场，支部党员同志以各自独特的方式向大家传达了红色精神，并以此为契机，在支部内部进行了一次深刻的红色精神教育，党员同志们的思想得到了启发，精神得到了振奋，红色基因得到了传承。

五、知识链接

（一）关于消息头

报纸上刊登的新闻，在其开头也就是导语之前，常常可以看到“新华社北京4月11日电（记者×××）”“本报海南博鳌4月10日电（记者×××）”或“本报讯”等类似的字样，我们把这部分内容称为消息头。消息头是消息的标志，正规的新闻报道往往都会写上消息头。

（二）消息与通讯的区别

消息与通讯同属新闻，二者带有新闻的共同点，但也有细微的差别，主要表现在以下几个方面。

其一，从报道内容而言，消息报道事情居多；而通讯报道人物居多。

其二，就写作方式而言，消息的写作结构与方式相对固定，由标题、导语、主体、背景及结尾五个要素构成；相比之下，通讯的写作方式更加灵活多样，可以根据实际需要进行独特的安排。

其三，从写作效果来看，消息力求传递给读者准确、客观、完整的事实报道，多采用平实的叙述；而通讯则带有强烈的文学色彩，表达方式灵活多样，长于运用修辞，以生动再现具体情境。

模块五　职场沟通

项目活动五　模拟工作会议

通　知

一、文种知识

（一）通知的概念

《党政机关公文处理工作条例》明确规定：通知适用于发布、传达要求下级机关执行和有关单位周知或者执行的事项，转批、转发公文。通知是一种上级对下级、组织对所属成员传达信息或布置工作的常用的应用文体。其作用一般是转批下级机关的公文，转发上级机关和不相隶属机关的公文，传达要求下级机关办理和需要有关单位周知或者执行的事项，任免人员、发布会议消息等。

（二）通知的特征

1. 功能的指导性

通知的功能主要在于布置工作、传达指示、发布规章、转批和转发文件、任免干部等，但其规格要低于命令、决议、决定、指示等文种，具有一定的指导性。

2. 应用的广泛性

通知是公文中适应范围最广、使用频率最高的文种，大到国家级的党政机关，小到基层的企事业单位，都可以发布通知。通知的受文对象也非常广泛，在基层工作岗位上的干部和职工，接触最多的上级公文就是通知。

3. 较强的时效性

通知是一种制发比较快捷、运用比较灵便的公文，它所办理的事项，都有比较明确的时间限制。受文机关要在规定的时间内办理完成，不得拖延。

4. 职能的多样性

在下行文中，通知的功能是最为多样的。够不上发“决定”“命令”等的事项可由通知承担。

（三）通知的分类及作用

表 5-1　通知的分类及作用

<table>
<tr><th colspan="2">种类</th><th>作用</th></tr>
<tr><td colspan="2">指示性通知</td><td>上级机关指示下级机关如何工作，要求下级机关办理或执行某项工作</td></tr>
<tr><td colspan="2">周知性通知</td><td>周知日常事务、召开会议、人员任免等</td></tr>
<tr><td rowspan="3">文件类通知</td><td>印发性通知</td><td>印发本单位自行制定的行政文件和党的规章制度、文件等</td></tr>
<tr><td>转批性通知</td><td>上级机关转批下级机关文件给所属有关单位，要求周知或执行</td></tr>
<tr><td>转发性通知</td><td>转发上级机关和不相隶属机关公文给所属有关单位，要求周知或执行</td></tr>
</table>

（四）通知的结构

通知一般由标题、字号、主送机关、正文、落款五部分构成。

1. 标题

通知的标题结构形式可分为四种。

（1）发文机关+事由+文种，如《商务部关于召开“WTO多哈议程法律问题国际研讨会”的通知》《中共中央办公厅、国务院办公厅关于严禁用公费出国（境）旅游的通知》《吉安市教育学院关于加强晚自习纪律检查的通知》。

（2）事由+文种，如《关于召开新闻发布会的通知》《关于印发〈××××〉的通知》。

（3）修饰词+文种，如《联合通知》《补充通知》《重要通知》。

（4）凡不作为正式文件处理的日常简便通知，可以仅用文种名称“通知”作为标题。

2. 发文字号

如京政发〔2013〕26号，国办发明电〔2009〕27号。

注：一般性通知可省略发文字号。

3. 主送机关

主送机关（受文对象）是指接受通知的机关或对象。

主送机关有三种情况：

（1）单一机关或对象，如“吉安市教育局”“全体学生”。

（2）若干主送机关，要注意主送机关排列的规范性，同级机关用顿号、不同级机关用逗号隔开，如“各省、自治区、直辖市人民政府，国务院各部委、各直属机构”。

（3）公开发布的普发性通知，无特定的受文对象，可以不写主送机关。

4. 正文

通知的正文主要由缘由、事项、要求三部分构成。

（1）缘由。写明制发通知的理由、目的、依据或情况。

用语：“根据……文件精神”“经……批准”“为了……”等。

（2）事项。通知主体要求主要受文机关承办、执行和应予知晓的事项。

用语："现将有关事项通知如下""特作如下通知"等。通知事项内容一般要分条分项写。

（3）要求。对于贯彻落实该通知事项所提出的要求，主要是提出希望、要求、建议。

用语："请遵照执行""望贯彻执行""希按时参加""凡违反上述规定的，要追究责任"等。

一般周知性的通知也可自然收尾，不写执行要求。

各类通知正文的常见写法见表5－2。

表5－2　通知正文的常见写法

<table>
<tr><th colspan="2">类型</th><th>写法示例</th></tr>
<tr><td colspan="2">指示性通知</td><td>为了……，现将有关事项通知如下：
……
请认真贯彻执行！</td></tr>
<tr><td colspan="2" rowspan="3">周知性通知</td><td>（直接写明通知事项）……
特此通知！</td></tr>
<tr><td>为了……，经研究决定召开×××会议，现将有关事项通知如下：
……</td></tr>
<tr><td>经××××会议研究决定，……
特此通知！</td></tr>
<tr><td rowspan="5">文件类通知</td><td rowspan="2">印发性通知</td><td>现将《××××》印发给你们，请遵照执行。</td></tr>
<tr><td>为了……，根据……，×××（发文机关）制定了《××××》，现予发布。</td></tr>
<tr><td rowspan="2">转批性通知</td><td>《××××》已经×××（发文机关）批准，现批转给你们，请认真贯彻执行。</td></tr>
<tr><td>×××（来文单位）《××××》，现批转给你们，请认真贯彻执行。</td></tr>
<tr><td>转发性通知</td><td>现将×××（来文单位）《××××》转给你们，请遵照执行。</td></tr>
</table>

5. 落款

落款须注明发文机关和成文日期。发文机关须加盖公章，这是公文生效的标志；成文日期用阿拉伯数字将年、月、日写全，年份应写全称，如“2009年12月7日”。

（五）通知的写作要求

1. 主题集中，一事一文

一则通知应只说明一件事，布置一项工作。

2. 重点突出，措施具体

通知的事项应突出重点，要求和措施应具体可行，以便受文单位正确理解并准确贯彻执行。

3. 结构合理，详略得当

内容简单的通知，可采用短文式，写一段或几段不等；内容繁多的通知，则应采用分条列项的条文式结构。

4. 讲求时效，快捷及时

通知的写作、传递须及时、快捷，以免耽误相关事项的周知或执行。

二、模板指导

（一）结构模板

表5-3　通知的结构模板

项目	内容
标题	发文机关+事由+文种
字号	一般通知可省略
主送机关	受文机关

续表5－3

项目		内容
正文	缘由	写明发文的理由、目的、依据、背景等
	事项	即通知主体，说明主要受文机关承办、执行和应允知晓的事项
	要求	对于贯彻落实该通知事项所提出的要求、希望、建议等
落款		注明通知的机关、单位或部门、发文时间

（二）写作模板

关于××××的通知（标题）

（发文字号）

××（主送部门称谓）：

××××××（通知缘由）×××××××××××××××

×××××××××××××（通知事项）×××××××××××××××

×××××××××（要求怎样做）

特此通知。

××单位（盖章）（发文机关）

（日期）

附件：《×××××》

三、范文欣赏

【范文一】

国务院办公厅关于继续做好房地产市场调控工作的通知

国办发〔2013〕17号

各省、自治区、直辖市人民政府，国务院各部委、各直属机构：

2011年以来，各地区、各部门认真贯彻落实中央关于加强房地产市场调控的决策和部署，取得了积极成效。当前房地产市场调控仍处在关键时期，房价上涨预期增强，不同地区房地产市场出现分化。为继续做好今年房地产市场调控工作，促进房地产市场平稳健康发展，经国务院同意，现就有关问题通知如下：

一、完善稳定房价工作责任制（略）

二、坚决抑制投机投资性购房（略）

三、增加普通商品住房及用地供应（略）

四、加快保障性安居工程规划建设（略）

五、加强市场监管和预期管理（略）

六、加快建立和完善引导房地产市场健康发展的长效机制（略）

各有关部门要加强基础性工作，加快研究提出完善住房供应体系、健全房地产市场运行和监管机制的工作思路和政策框架，推进房地产税制改革，完善住房金融体系和住房用地供应机制，推进住宅产业化，促进房地产市场持续平稳健康发展。

国务院办公厅
2013 年 2 月 26 日（章）

【范文评析】

这是一份指示性通知，针对目前房地产调控工作的有关问题，作了较为具体的指示，分条列项地布置了必须执行的六项内容，具有明确的指示性。

【范文二】

国务院办公厅关于 2010 年部分节假日安排的通知
国办发明电〔2009〕27 号

各省、自治区、直辖市人民政府，国务院各部委、各直属机构：

根据《国务院关于修改〈全国年节及纪念日放假办法〉的决定》，为便于各地区、各部门及早合理安排节假日旅游、交通运输、生产经营等有关工作，经国务院批准，现将2010年元旦、春节、清明节、劳动节、端午节、中秋节和国庆节放假调休日期的具体安排通知如下：

一、元旦：1月1日至3日放假公休，共3天。

二、春节：2月13日至19日放假调休，共7天。2月20日（星期六）、21日（星期日）上班。

三、清明节：4月3日至5日放假公休，共3天。

四、劳动节：5月1日至3日放假公休，共3天。

五、端午节：6月14日至16日放假调休，共3天。6月12日（星期六）、13日（星期日）上班。

六、中秋节：9月22日至24日放假调休，共3天。9月19日（星期日）、25日（星期六）上班。

七、国庆节：10月1日至7日放假调休，共7天。9月26日（星期日）、10月9日（星期六）上班。

节假日期间，各地区、各部门要妥善安排好值班和安全、保卫等工作，遇有重大突发事件发生，要按规定及时报告并妥善处置，确保人民群众祥和平安度过节日假期。

国务院办公厅

2009年12月7日

【范文评析】

这是一则周知性通知，用于告知国家2010年部分节假日的放假安排。文章直陈事项，时效性强。

【范文三】

关于发布《湖南省城乡规划设计计费指导意见》的通知

各会员单位、各相关单位：

为了加强湖南省城乡规划设计行业的管理，约束不合理收费和制止不公平价格竞争，促进行业健康发展，提高我省城乡规划设计市场的规范化水平，我会根据《国家计委关于放开和下放部分商品和服务价格的通知》（计价格〔2001〕1218号）文件精神，并取得省相关部门同意，参照有关省份的做法，制定了《湖南省城乡规划设计计费指导意见》。现印发给你们，并提出如下贯彻意见，请一并参照执行。

1. 城乡规划编制单位必须持有国家及省城乡规划行政主管部门颁发的《城市规划编制资质证书》和同级物价部门颁发的《收费许可证》，方可承当相关城乡规划编制任务，收取城乡规划设计费用。

2. 本《意见》所列计费的各类规划项目，其规划设计的内容和深度必须按照国家、省有关规定执行。如根据实际需要，增加或减少内容、深度，以及规划设计单位资质和项目难度系数等级等情况，设计计费按《意见》相应增减。其中：甲级资质《意见》系数为1.0，乙级资质《意见》系数为0.9，丙级资质系数为0.8。难度系数可按行政审查三级（县、地、省）为一级难度，其计费按《意见》乘以1.1的系数；按行政审查四级（县、地、省、国家）为二级难度，其计费按《意见》乘以1.2的系数计算。为确保本《意见》的实用性和合理性，任何资质单位的收费不能低于本《意见》的70%。如果低于本《意见》的70%收费，并且达不到质量要求的，按扰乱规划设计市场情形进行查处和通报。

3. 规划设计所需要的基础资料及地形图（含电子文件），应由委托方提供。如需要由规划设计单位承担基础资料调查及地形图费用，委托方应另行支付。

4. 本《意见》项目按档次套用，档次之间的费用，均按内插法进行计算。

5. 执行本《意见》最终提交规划设计文件、图纸8套。如委托方要求另外增加其他文件要求，其费用另议。

6. 规划设计费由委托方按工作进度分期支付。在规划设计委托合同签订后3日内，委托方支付规划设计费总额的30%作为订金；规划设计方案确定后5日内再支付50%的规划设计费；规划设计成果全部完成交付时，结清全部规划设计费用。

湖南省城乡规划学会

2013年3月5日

【范文评析】

这是一则印发性通知，用来发布湖南省城乡规划设计计费的规章制度，并要求相关单位参照执行，体现了印发性通知的特点。

【范文四】

转发国务院关于加强出入境中介活动管理的通知

各市、县、自治县人民政府，省府直属有关单位：

现将《国务院关于加强出入境中介活动管理的通知》（国发〔2000〕25号，以下简称《通知》）转发给你们，并结合我省实际，提出如下意见，请一并贯彻落实。

一、提高认识，加强领导。各级领导务必把这次清理整顿工作摆上议事日程，切实抓紧抓好。为保障这项工作的顺利开展，按时保质完成任务，各级清理整顿工作由公安和工商行政管理部门具体负责，劳动、教育等部门按照职责分工做好配合协助工作。各部门必须按照《通知》要求开展自查自纠工作，各级政府予以监督、指导。

二、抓住重点，全面清理。从现在起至今年年底，各地要对从事出入境中介活动的机构（含留学、劳务、就业等中介机构）进行一次全面的清理整顿。清查时要重点了解以下内容：中介机构的数量以及各中介机构的名称、营业执照注册号、经营范围、法定代表人、员工人数、收费标准、注册资本、资格认定书、违法违规等情况，其中领取工商行政管理部门颁发的营业执照的有多少家，无证照非法经营的有多少家，超范围经营的有多少家。清理整顿的重点地区是广州、深圳、珠海、汕头、江门、东莞、佛山、中山、惠州等市。通过清查，对问题严重的中介机构的法人代表和有关责任人员，要依法严肃处理，直至追究刑事责任。通过清理整顿，依法打击、取缔一批问题严重的中介机构，净化我省出入境中介市场。

三、加强管理和监督检查。在国务院有关部门未制定出具体的管理办法之前，暂不受理审核新出入境中介机构的资格认定及经营许可变更申请。对清理后的出入境中介机构，各地应加强宏观管理，定期进行检查监督和指导，规范其中介行为，使出入境中介活动健康有序发展。

四、加大宣传力度。各地在清理整顿期间，要抓住典型案件依法严肃查处，并通过新闻媒介适时予以曝光，以震慑不法分子，教育广大人民群众。

全省清理整顿出入境中介机构工作在今年底前结束，各地于12月15日前将清理整顿情况及时上报省公安厅、工商局。由省公安厅、工商局于2000年12月20日前汇总向省人民政府报告。

广东省人民政府

2000年11月15日

【范文评析】

这是一则转发性通知。通知开头引述文件名称，接着用惯用语“转发给你们……请一并贯彻落实”。

四、拓展训练

（一）改错训练

从格式和内容上，修改下则通知。

××市公共汽车公司关于进行职业道德教育的通知

各部门：

今年一月以来，公司相继开展了一系列以职业道德为主的活动，各部门采取了多种多样的形式开展活动，在公司上下掀起了“爱我岗位，全心全意为乘客服务”的热潮。通过学习，干部职工明确了职责，服务质量有所提高，受到了乘客的普遍好评，收到了良好的社会效益。但是，目前仍然存在一些问题：有的乘务员对顾客态度冷漠、不理不睬；有的不按规定线路行车，给乘客带来不便……最近发生了111号车乘务员王某殴打乘客的恶性事件，造成了极其恶劣的影响。这说明，当前进一步开展职业道德教育十分必要。

现将有关材料发给你们，要求组织职工认真学习，不断提高干部职工的职业道德水平。

2008年8月24日

参考答案：

（1）从格式上来看，此则通知缺少文件名称、发文字号、发文单位和印章。

（2）从内容上来看，作为指示性通知，要交代清楚“做什么”“为什么做”“怎么做”，但此则通知并未写清楚“怎么做”，只是用了大量篇幅交代“为什么做”，致使下级单位不知如何来贯彻执行此通知。

（二）写作训练

（1）××大学准备于4月10日晚上召开一次学生家长会，开会地点定于学校××会议室，请你以学校的名义，写一则通知。

（2）根据下列材料，拟写一则通知。要求：格式规范，行文条理清晰。

××省为了贯彻全国农村经济工作会议精神，总结、交流2002年农村经济工作的情况和经验，部署2003年农村经济工作任务，讨论修改农村经济工作管理办法和农业系统反腐倡廉的有关规定，推动全省农业的发展，省委省政府决定：于2003年2月12日在××市政府1号楼101会议室召开全省农村经济工作会议。参加人员为各地（市）、县（市）委书记、行署专员、县（市）长，各地市、州、县农业局局长，省直厅局有关单位负责人。参加人员于2月11日到××市留芳宾馆报到，会期5天。与会单位对2002年深化农村改革、科技兴农、严肃党纪、端正党风、纠正行业不正之风等方面有哪些经验，请写成书面材料带到会上交流。

五、知识链接

如何写好会议通知？

会议通知是我们在学习和工作中最常见的通知，其看似简单，但规范的会议通知至关重要。要写好一则规范的会议通知应注意以下几个方面。

第一，掌握会议通知的几大要素。会议通知的几大要素分别是时间、地点、参加人员、会议主题、会议主持人。如果是外部的会议通知，还要写明报到地点、携带的资料、路程说明。这些必须写得准确、简明扼要、清楚，切忌丢三落四、含糊不清，避免让人产生误解、耽搁时间。写好会议通知，一定要慎重、严谨，必要时请别人审核一遍。

第二，把握会议通知的主题与格式。和其他通知相比，会议通知还有特定的格式，一般分为标题、主送单位、会议主题、抄送人员、会议主持单位、日期。会议主题相当重要，它是会议的讨论重点，整个会议要围绕这个主题进行，不能偏题。如果没有会议主题，则很可能会泛泛而谈，甚至会发生无休止的争论，浪费时间，却没有解决实质问题。

第三，会议通知的发送时间。重大的会议通知至少要提前两三天发送，因为各个参加人员要准备报告材料；如果是年度总结大会，更要提前，有时甚至得提前一个月，因为准备材料的时间很长；如果是日常的定期会议，则可以灵活处理。

第四，会场的布置。负责会议通知的人，一般要提前布置会场，会场布置包括：准备投影仪、凳椅、麦克风、录音笔、笔记本电脑、食物和水，整理各部门的PPT文件、会议签到表，确定会议各参加人员的签到情况。

第五，写好会议纪要。会议的目的肯定是为了解决一些问题，会议正常进行后，负责写会议通知的人，还得写会议纪要，记录会议讨论的重点和发生的问题。会议纪要最好用笔记本电脑记录，打字速度快，而且能迅速抓住重点。会议纪要须写明发现的问题、负责人、问题分析、要求解决问题的时间。会议纪要写好后，要发送至各个参会人员，并落实后续问题的跟踪解决。

会议纪要

一、文种知识

（一）会议纪要的概念

会议纪要是指用于记载、传达会议情况和议定事项的法定公文。它是在某次会议之后，对该会的基本情况、讨论与研究的重要事项、重要精神等，加以记载、加工整理而成的文件。其行文方向比较灵活，可以是上行文、下行文和平行文，适用范围较广，各类企事业单位、机关团体都适用。

（二）会议纪要的特点和作用

1. 会议纪要的特点

（1）纪实性。

会议纪要具有真实性，它必须如实记录会议内容。撰写者可对会议内容进行概括和总结，也可以适当删减，但必须忠实反映会议精神，不可凭空捏造或篡改会议本质搞再创作。

（2）纪要性。

会议纪要是对会议中的重大事项、议题、意见等进行综合分析、概括、记载和传达，重点突出一个“要”。

（3）指导性。

会议纪要一经下发，它对与会单位及其下属机关就具有一定的约束力和指导作用，起着类似于指示、决定或决议等指导性公文的作用。

（4）特殊性。

会议纪要的特殊性主要表现为称谓的特殊性。会议纪要一般采用第三人称，它反映的是与会单位和成员的集体意志，因此常以“会议”作为表述主体，“会议认为”“会议要求”“会议指出”等是其特殊性的表现。

2. 会议纪要的作用

（1）会议纪要将会议内容进行概括、提炼和综合，向上级汇报、向下级传达或公布会议精神，具有一定的指导作用。

（2）会议纪要可以作为宣传、教育材料，具有一定的宣传意义。

（3）会议纪要还可以作为会议材料的组成内容进行存档，具有记载和凭证的作用。

（三）会议纪要的分类

1. 按性质分类

按会议性质分为日常例会纪要和专项会议纪要。

（1）日常例会纪要。

又称为日常行政工作会议纪要或办公会议纪要。这种会议是机关单位为研究工作、作出决定或解决某些实际问题而召开的常规性会议，如党委常委会、行政办公会议等。

（2）专项会议纪要。

又称为专题工作会议纪要，如工作会、座谈会、研讨会等会议纪要。

2. 按内容与作用分类

按会议内容与作用分为决议性会议纪要、工作性会议纪要和讨论性会议纪要。

（1）决议性会议纪要。

这种纪要主要以决议的事项为中心内容。

（2）工作性会议纪要。

这种纪要主要是为了贯彻重要的方针政策、安排工作部署，它既要反映会议达成的共识，又要明确工作任务及措施，交代相关的政策原则，常带有一定的指示性，因而又称为指示性会议纪要。

（3）讨论性会议纪要。

这种纪要除反映得出的结论性意见外，还要反映会议讨论、交流情况。学术会议纪要一般属于此类。

（四）会议纪要的文种结构

会议纪要由标题、正文、结尾三部分构成。

1. 标题

会议纪要的标题一般有三种形式。

（1）发文机关+事由+文种，如“中国法学会2015年第2次工作例会会议纪要”“江西省委省政府现场办公会会议纪要”。

（2）会议名称+文种，如“全国商标工作会会议纪要”。

（3）复合式标题，正标题主要揭示会议精神，副标题交代会议名称和文种，如“反腐才能倡廉——××市反腐工作座谈会纪要”。

2. 正文

会议纪要的正文由开头、主体和结尾三部分构成。

（1）开头。

开头即导言，对会议进行概括，内容主要包括会议的名称、召开的时间、地点、参会人员、主会单位、会议精神、会议议题等。段末常用简洁的语言概括会议成果。

开头的具体表达方式主要有两种：一是概述式，将内容融会贯通，用一个或两个自然段概括，专项会议纪要多采用此种开头；二是条目式，将会议的名称、时间、地点、参会人员等内容分条列项写出，日常例行会议多采用此种开头。

（2）主体。

主体是会议纪要的核心部分，应详细地写清会议讨论的具体问题、提出的具体意见及作出的决定等。常见的写法有以下三种。

概述式：把会议内容按性质分为若干部分，然后分段概述。篇幅较长时，则用序号标记或拟小标题。每段开头常以“会议认为”等惯用语，重大会议纪要多用此法。

条目式：把会议讨论的问题和决定事项分条列项进行表述，日常例行会议多用此法。

摘录式：直接摘录会上的发言要点，按内容性质归类或发言顺序编排。这种写法先写出发言人的姓名、单位、职务等信息，随后记录其发言要点，之后再用一段文字进行小结。座谈会、学术研讨会纪要常用此种方法。

（3）结尾。

有些会议纪要不单独写结尾，主体部分的最后一个问题写完即结束全文；有些会议纪要则会单独写结尾，内容主要是对会议主持人或其他领导人的讲话进行小结，或是对会议作出一些简要评价，对与会单位和个人提出要求、希望或发出号召等。

3. 落款

会议纪要的落款一般由署名和日期构成。署名只用于办公会议纪要，一般性会议纪要无须写署名，只写成文日期即可。

（五）会议纪要的写作要求

1. 看记录

起草会议纪要须全面搜集与会议相关的文件和材料，以确保会议纪要如实反映会议情况，阅读会议记录的同时，也可为会议纪要确立主题、提供有用的素材。

2. 抓要点

会议纪要不能单纯照搬会议文件和会议记录，而是要记其要点，突出重点，切忌巨细不分。

3. 有条理

会议纪要要对会议讨论的问题、议程、决定等内容分层次、分类别、分顺序地加以归纳和概括，使纪要内容明确、条理清晰。

二、模板指导

会议纪要的主要结构及写作模式如下：

主题：

时间：

地点：

参加人员：

会议议题：

纪要主题：

本次例会由________召集，________主持，________记录。

整个会议共持续________小时，会议听取________汇报，研究讨论了________，部署了________工作，现纪要如下（决定事项如下）：

1. ________________________。

2. ________________________。

3. ________________________。

4. ________________________。

________年________月________日

三、范文欣赏

（一）日常例会纪要

【范文】

中国法学会2015年第4次工作例会会议纪要

6月30日，副会长兼秘书长鲍绍坤主持召开2015年第4次工作例会，机关各部室、各直属事业单位负责人李仕春、纪大新、刘晓朋、张新宝、赵晓谦、尹宝虎、李涛、蔡功文、王增勇、肖育斌、杨小平、吕兴焕、黎伟华等同志参加。会议听取了各单位5、6月份主要工作进展情况的汇报，讨论了7月份需要抓紧落实的主要工作。纪要如下：

一、各部门5、6月份主要工作的进展情况

办公室：举行“双百”活动中央国家机关专场报告会；组织孔立菊先进事迹报告会；就进一步加强宣传信息工作开展调研，起草《关于加强宣传信息工作的意见》；起草中国法学会落实《贯彻落实〈中共中央关于加强和改进党的群团工作的意见〉责任分工方案》的意见；完成2014年度国有资产决算和统计、2015年政府采购计划和清理报废等工作。

研究部：与会员部、人事部配合共同推进“中国特色社会主义法治理论发展规划”“民法典编纂”“从符合条件的律师和专家学者中招录立法、政法工作人员”等3项重要工作；筹备第十届中国法学家论坛；制定2015年部级招标课题指南并发布申报公告，推进2014年重点委托课题的结项工作；召开4场立法咨询会；向相关部门报送《党的十八届四中全会重要举措系列咨询报告》之二《大气污染防治法修改专家建议稿》、之三《土壤污染防治法专家建议稿》。

会员部：起草以中央政法委名义转发《关于加强市县法学会工作的指导意见》的代拟稿；参与组织举办《民法总则》立法座谈会；完成2014年度省级法学会考核工作并印发通报，向各省级法学会征求关于2015年度考核量化标准的意见；与中央综治办协调将法学会工作列入综治考评事宜；召开会员工作座谈会，举办会员管理软件培训班。

机关党委（人事部）：继续扎实推进“三严三实”专题教育活动；就《廉洁从政准则》等党内法规修改召开专家座谈会；完成2015年度事业单位人员招录面试工作。

对外联络部：召开“构建中非联合纠纷解决机制研讨会”，举办“走进非洲：法律风险防控与争议解决”培训，举办“中非法律人才交流项目第二期研修班”；筹备首届中日韩法律论坛；接待巴巴多斯首席大法官来访。

机关服务中心：开展职工住宅配售、配租工作；组织机关和事业单位职工体检。

法律信息部：召开生态环境法治保障研讨会和中国法学会新媒体整合座谈会；举办第12期“中国法学创新讲坛”；推进第十届中国法学青年论坛主题征文、第三届“董必武青年法学成果奖”评选征集工作。

民主与法制社：筹备第二届中国法治媒体高峰论坛；完成杂

志和时报的正常出版。

《中国法学》杂志社：编辑出版《中国法学》2015年第3期中、英文版；完成中国法学期刊网改版扩容工作。

中国法律年鉴社：向中政委报送《中国法治建设年度报告》(2014)送审稿；继续编辑《中国法律年鉴》(2015年)；推进《法律体系全书》编纂工作。

中国法律咨询中心：开展中央综治办委托的“互联网+调解”项目；继续开展最高院诉讼服务咨询监督员工作。

法学交流中心：组团参加外专局出国(境)培训项目(法国)；接待台湾高雄律师公会参访团来访；举办2015年香港与内地青年法律交流周活动。

培训中心：举办41期法律培训班。

法学交流基金会：召开基金会第三届理事会第二次会议。

二、各部门2015年7月份的主要工作

…………

会议还传达了中直纪工委日前约谈各中直机关纪委书记的谈话要点。

鲍绍坤总结讲话指出，在“七一”建党节前夕，传达中直纪工委约谈各中直机关纪委书记谈话要点，具有特殊意义。要认真学习中央关于加强党的建设、全面从严治党的一系列要求，结合目前中国法学会正在开展的“三严三实”专题教育活动，把学会机关和各支部党的建设抓紧抓好，特别要结合思想实际、工作实际，在讲政治纪律、遵守中央八项规定、严格财务管理等方面，严守党的纪律和党的规矩，确保党的建设取得实实在在的效果。他强调，今年时间已过半，下半年工作任务很重，一定要认真谋划、抓紧安排好下半年重点工作。特别是会员部要抓紧调研地方法学会工作情况，为全国法学会会长会议和地方法学会经验交流会做好准备；研究部要完成好2014年重点委托课题结项、督促指导2014年招标课题实施和阶段性成果的报送工作；外联部要安排好对外法学交流的几个项目活动；办公室要组织好“双百”活动；人事部要及时汇总第二季度《月工作业绩写实表》；等等。特别是近期，要举全学会之力，办好第十届“中国法学家论坛”和第二届“中国法治媒体高峰论坛”，确保学会这几个年度大活动取得圆满成功。

（二）专项会议纪要

【范文】

2016年中国高等教育学会分支机构、学会系统部分团体会员秘书长工作会会议纪要

2016年3月29日—30日，2016年中国高等教育学会分支机构秘书长工作会议和2016年中国高等教育学会系统部分团体会员秘书长工作会在北京大兴国家教育行政学院举行。中国高等教育学会会长瞿振元，秘书长康凯，副秘书长叶之红、王小梅，学会分支机构及团体会员的秘书长及学会秘书处工作人员共100余人参加了会议。

2016年中国高等教育学会分支机构秘书长工作会议于3月29日举行。29日上午8：00会议进行了简短的开幕式，之后，分支机构秘书长分3组进行了工作交流，汇报了2015年的工作情况及2016年的工作计划，并对总会提出了工作意见和建议。康凯秘书长，叶之红、王小梅副秘书长分别主持了3组讨论。

29日下午召开全体会议，会议由康凯秘书长主持。

首先，叶之红副秘书长围绕2016年学会学术工作做了发言，希望各分支机构积极参与学会“十三五”教育科研课题申报和第九次优秀教育科研成果的评选工作；希望大家在做好专题调研的基础上，撰写好年度专题观察报告。

随后，康凯秘书长系统总结了学会2015年的工作情况，并对学会2016年重点工作进行了部署，同时分析归纳了分支机构

的基本情况。2015 年学会及其分支机构认真学习领会、贯彻落实党的十八大和十八届三中、四中、五中全会精神，贯彻依法治国、依法治教理念，深入实施《国家中长期教育改革和发展规划纲要（2010—2020 年）》，坚定不移地将党和国家高等教育的大政方针贯彻到学会全部工作中，坚持学术立会、规范办会、服务兴会的办会原则，围绕教育部中心工作，积极推动落实《中国高等教育学会事业发展规划（2014—2020 年）》；加强分支机构组织建设，强化分支机构规范管理，开展了分支机构财务移交工作，推进分支机构“年度工作报告”制度，会员制工作有了突破性的工作进展。

2016 年学会将继续加强教育科研工作，努力提升教育科研水平；抓好品牌项目，提升服务品质；拓展工作领域，提升学会影响；发挥社会组织作用，积极参与高等教育治理；继续加强分支机构组织建设，发挥好分支机构在本学科领域的重要作用。

康凯秘书长在充分肯定各分支机构在 2015 年取得的新成绩、新进展的同时，也鲜明指出所存在的问题。针对这些问题，康凯秘书长提出了 7 个方面的工作要求。

最后，瞿振元会长做了总结发言，瞿会长指出：根据省市学会和分支机构各自的不同特点，这次秘书长工作会议分成两个会议召开，使得交流和讨论更有针对性、更加充分。三十余年来，大部分分支机构已经走过了初创阶段，进入了新的全面发展阶段。面对高等教育发展的新形势、新任务、新要求，分支机构的工作要有新定位、新思路、新举措。坚持学术立会，推进学术繁荣，是学会最基本的职责，也是学会作为学术性社团的核心任务；坚持规范办会，加强自身建设，是学会发展的基本保证；坚持服务兴会，做好对内服务，是内部影响力之源，做好社会服务，是学会存在的价值，是外部影响力之源。瞿振元会长还对分支机构秘书长的地位、作用和工作方法提出了要求，希望大家全力做好工作。

会议期间，瞿振元会长和康凯秘书长向荣获奖励性工作经费1万元的教育信息化分会、校友工作研究会、保健医学分会、教学研究分会、薪酬管理研究分会、档案工作分会等6家分支机构颁发了荣誉证书，为通过整改的5家分支机构颁发了新证书。

2016年中国高等教育学会系统部分团体会员秘书长工作会于3月30日召开。在与会团体会员秘书长介绍了自己学会2015年工作和2016年工作计划后，康凯秘书长通报了学会的工作情况，瞿振元会长做了重要指示。

四、拓展训练

（一）改错训练

阅读下则会议纪要，发现其存在的问题并修改。

××市旅游局例会会议纪要

（第三期）

时间：2012年9月4日上午8：30

地点：局长办公室（330房间）

参加人：×××、×××、×××、×××

主持人：×××

主要内容：

一、董局代表全局工作人员对×××的到来表述欢迎，安排其在行业管理与教育培训科工作，要求尽快熟悉业务，加强学习，尽快投入工作。

二、各科室负责人汇报上周工作：

1. 行业管理与教育培训科：通知××温泉的导游人员参加景区导游资格考试；制定全市景区（点）、星级饭店安全大检查活动方案。

2. 办公室：申请领取收款收据和罚没收据，并掌握每种票据的使用方法和报账手续；督办北京旅游交通图和全市旅游规划的进度，这两项工作都有实质性进展；谋划出全局工作重点，并将结合任务按照职责分配到各科室；做好信息上报工作，本周出信息一份，报省、市旅游局；其他机关文秘和临时性工作。

3. 规划发展与市场开发科：谋划出近期工作重点，准备和周边县市加强交流和学习，吸取先进工作经验。

三、董局认为各科室本周的工作完成得不错，机关工作作风也有明显改善。

四、董局对9月份工作进行部署并提出几点要求：

1. 各科室要按照9月份工作重点和分工，深入实际，制定措施完成所承担工作，没取得效果或没有按时完成的要形成书面报告，说明原因。

2. 在工作上要注意各科室之间协调配合，与其他部门协调配合要积极主动。

3. 每位工作人员要尽量做好本职工作，并注意在工作中充分发挥创造性。做好本职工作是本分，创造性工作是灵魂，没有创造性的工作都是僵硬的。

4. 树立好的旅游形象。旅游局的每一位工作人员都要有集体荣誉感，要老老实实做人，踏踏实实做事，时时刻刻都要严格要求自己。

5. 各科室工作人员都要学习××市旅游总体规划，人人都要学，一遍看不懂看两遍，要注意研究规划的指导性和可操作性，每个人都要形成自己的观点和认识。

2012年9月8日

参考答案：

(1) 口语多次出现，语言稍欠严肃。如本文中多次使用“董局”这一口语化称呼。

（2）表述有些随意，文风不够严谨。如“董局认为各科室本周的工作都完成得不错”这句话表述随意，不够严谨。

（3）结构过于简单，体式有待完善。如开头的写法和会议记录有混淆的嫌疑。

（4）时效略有不及，格式尚需规范。如开会时间为 2012 年 9 月 4 日，但成文时间却为“2012 年 9 月 8 日”，影响到工作的效率。

（5）行文略显呆板，内容有待调整。本文只是简单地按照会议进程记录，没有体现会议纪要之“纪要”的特点。

（二）分析训练

以“大学生的消费观”主题班会的会议记录作为素材，分析讨论此次会议研究的问题、提出的意见、作出的决定、实施的办法等内容。

（三）写作训练

根据“大学生的消费观”主题班会的会议记录，写一则会议纪要。

五、知识链接

（一）什么是会议记录

1. 会议记录的概念

会议记录是如实、准确地记录会议的基本情况、主要内容的书面材料和应用性事务文书。它可以作为传达会议精神、汇报会议情况，或执行会议决议的依据，可以唤起与会者对有关问题的记忆。由于可长期保存，因而会议记录具有文献资料的作用。

2. 会议记录的特点

（1）实录性。

会议记录应坚持真实记录的原则，发言者“怎么讲就怎么记”，它是对会议情况和内容的原始记录，不允许在记录中加入记录者个人的主观看法或倾向，更不能随意删改发言者的言论。为保证记录的实录性，要力求把话听准确、记完整。

（2）规范性。

尽管会议记录自身并不成文，但作为事务文书，也具有一定的规范性。其规范性的主要表现：一是使用单位统一的记录专用笺，二是要求按统一的格式记录，三是使用规范的记录符号。会议记录要求字迹不潦草，使他人也能够辨认。尽可能使用缩略符号或规范的速记方法记录。

（3）及时性。

会议记录要迅速及时，特别是录音、录像应和记录对象的活动同步进行，笔记也要紧随其后。短暂的迟疑、停顿都有可能导致记录内容的遗漏、错乱，较长时间的间隔则易造成记录的失真，因此，记录是一项专业性较强的工作，必须要有相应的速度才能满足其时限要求。

（4）完整性。

会议记录对会议的时间、地点、出席人员、组织者及会议议程等基本情况，领导及与会人员的发言、讨论，最终形成的决议等内容，都要一一记录，以保证会议记录的完整性。

3. 会议记录的写作

会议记录一般由标题、正文和结尾三部分构成。

表 5-4　会议记录的结构模板

标题		开会单位+会议名称（或会议内容）+文种
正文	会议组织情况	
	会议进行情况	
结尾		结束语、署名

（1）标题。

会议记录的标题一般有以下两种形式：

①开会单位+会议名称+文种，如“××公司产品销售会议记录”；

②开会单位+会议内容+文种，如“××公司第九次股东大会记录”。

（2）正文。

会议记录的正文分为会议组织情况和会议进行情况两部分。

①会议组织情况包括以下内容。会议时间，要写清会议进行的年份、日期，必要时应精确到分钟；会议地点，要写清会议室名称；会议出席人姓名，人数多的会议可只列关键人物或只写人数；缺席人姓名和缺席原因；列席人及其职位；主持人，一般直书姓名，在姓名前冠写职衔；记录人姓名，应签名以示负责；议题，即会议讨论或解决的问题，当议题不止一项时，应分条列项地写。

②会议进行情况。会议进行情况是会议记录的主体，包括主持人的开场白、大会主题报告、讨论发言、决议四项内容。要按会议的进程或顺序记录会议进行情况。先写报告人和发言人的姓名，然后再记录发言内容。

会议记录方法可分为摘要式记录和详细记录两类。摘要式记录只记录发言要点、结论、决议等内容；详细记录则按会议进程详细完整地记录会上的发言、不同意见、争论和会议决议。重要会议多采用详细记录的方法。

（3）结尾。

会议记录的结尾由结束语和署名两部分构成。

①结束语，即会议进行情况已记录完毕，应另起一行写“散会”，表示会议记录已结束。

②署名，即在“散会”的右下角签上记录员姓名，然后交给

主持人过目，并由主持人签上姓名。

（二）会议纪要与会议记录的异同

相同点：两者都要反映会议的基本情况和全过程，都必须尊重事实，以会议实际情况作为起稿依据。

不同点：

第一，性质不同。会议纪要只记录会议要点，属于行政文书；会议记录是讨论发言的实录，属于事务文书。

第二，功能不同。会议纪要通常要在一定范围内传达或传阅，要求贯彻执行；会议记录一般不公开，无须传达或传阅，只作为资料存档。

第三，称谓不同。会议纪要常以“会议”作为表述主体，采用第三人称写法；会议记录则是发言者怎么说就怎么记录，发言者的说法、语气以及一些重要的情绪性动作要尽可能保持“原汁原味”。

（三）会议纪要写作的评分细则

表 5−5　会议纪要评分表（10 分制）

项目	标准	说明	分值
格式	规范完整	按照会议纪要的规范格式书写	3
内容	主旨明确	如实反映会议的基本情况和主要精神	1
	语言简明	做到摘其“要”而记之	2
	论据有力	所使用的材料和阐述的道理有充分的说服力	1
	条理清晰	分条列项，有一定的逻辑性	1
表述	以第一人称行文	常用名称“会议”作为第三人称出现，并当作主语使用	2

请　示

一、文种知识

（一）请示的概念

请示，是下级机关向上级机关或业务主管机关请示某项工作中的问题，明确某项政策界限，审核批准某事项时使用的请求性的上行性公文。

下级机关遇到各种无权处理或无力解决的问题，都可以通过向上级机关呈送请示的形式，请求上级机关予以批准或者给予指示。上级机关通过对请示的答复，能够及时肯定下级机关正确的意见和做法，纠正其不当的意见和做法，从而有效地帮助下级机关解决问题，推动工作的顺利进行。

（二）请示的特点

1. 请求性

从行文的目的看，请示写有迫切的并需要上级机关批示、批准的事项，要求上级机关给予批复。

2. 单一性

从行文的内容看，请示一般一文一事，即内容要单一，不可将多项请示内容放在同一份公文中。

3. 预见性

从行文的时间看，请示必须在事前行文，不允许“先斩后奏”。

4. 定向性

从行文的分类看，请示是一种上行文，只在向上行文时使用，是请而示之。对不是上级领导机关的业务主管机关或其他不相隶属单位，一般不使用请示文种。

（三）请示的种类

按照国务院办公厅《公文处理办法》和中共中央办公厅《公文处理条例》的规定，请示有两种类型，一种是请求指示的请示，一种是请求批准的请示，它们在内容、性质、行文目的等方面不尽相同。

请求指示的请示，主要运用于以下三种情况：一是遇到新问题、新情况，无章可循；二是对上级的政策、方针、规定、指示有疑问或把握不准；三是与其他机关单位就某个问题有分歧，需要上级裁决。

请求批准的请示，主要运用于以下三种情况：一是请求批准有关规定、方案、规划等；二是请求审批有些项目、指标等；三是请求批转有关办法、措施等。

（四）请示的结构及其写法

请示通常由标题、主送机关、正文、落款四个结构要素组成。

1. 标题

请示的标题可以由发文机关＋事由＋文种构成，也可以由事由＋文种构成，如“关于要求更改我县××小学等学校名称的请示”。写标题时要注意，不能将“请示”写成“报告”或“请示报告”，事由中也不要重复出现“申请”“请求”之类的词语。

2. 主送机关

请示的主送机关指负责受理和答复请示的机关。请示在确定主送机关时，要注意三点：一是主送机关只能有一个；二是只能主送上级机关，不能送给领导者个人；三是不能越级请示。

3. 正文

请示的正文由开头、主体、结语三部分组成。

（1）开头。

开头主要交代请示的缘由，是上级机关进行批复的主要依据。一般来说，这部分要写明遇到的新情况、新问题或自身没有能力解决的困难，要写得充分、恰当、具体。

（2）主体。

主体是表明请示事项的部分，也是请示中最核心、最重要的部分。请求指示的请示，主体要写明想在哪些具体问题、哪些具体方面得到请示。请求批准的请示，要把要求批准的事项分条列款地一一写明。如果在请求批准的同时还需要人、财、物等方面的支持和帮助，更需要把编制、数量、途径等表达清楚、准确，以便上级审核批准。

（3）结语。

请示的结语比较简单，在主体之后，另起一段，按程式化语言写明即可，如“妥否，请批示”“以上请示，请予审批”“以上请示如无不妥，请批转有关部门执行”等。

4. 落款

在正文结束之后，另起两行，居右分别写上发文单位与日期。发文单位名称一般使用规范的全称。日期统一使用阿拉伯数字，且“年”“月”“日”以文字的形式出现，而不用符号“.”代替。

（五）请示的写作注意事项

第一，请示的写作要遵循一事一请示原则，不能将多项请示放在一起。

第二，如需向两个上级单位同时请示，只能采取一个主送和一个抄送的办法。

第三，要向主管部门请示，严禁越级请示，也不要多方请示。

第四，请示的语言既要简明扼要，又要注重行文语气，选词用语要谦敬。

二、模板指导

××（发文机关全称）关于××的请示

××（受文机关全称）：

×××××××××××××××××××××××××。（交代请示缘由）×××××××××××××××××××××××××。（交代请示具体事项，写清想在哪些具体问题、方面得到指示/要求批准的事项）

×××××××××××。（常用结束惯用语）

发文机关全称（印章）

××年××月××日

三、范文欣赏

【范文】

×××公司关于贯彻按劳分配政策问题的请示

××劳动厅：

按劳分配，是社会主义分配的基本原则，也是社会主义优越性之一。近年来，我公司由于认真贯彻了按劳分配政策，极大地激发了广大职工的社会主义劳动积极性，使得生产率成倍乃至几倍增长。为全面贯彻按劳分配原则，进一步调动职工的劳动积极性，拟用××年公司全年超额利润的20%一次性为职工人均增发奖金100元，具体金额按劳动出勤率和完成定额计算。

以上请示，妥否，请批示。

××公司（印章）

××年××月××日

【范文评析】

这则请示中的“拟用”一词用得好，公司“拟用”这笔资金给职工发奖金，先行请示，这是请示的关键一环。政策问题是原则性问题，凡把握不准的，都应及时请示。

四、拓展训练

结合自己的专业与兴趣，参照请示的写作格式，自选主题写作一篇请示。要求：选题可行，内容充实，结构合理，表达得体，格式规范。

五、知识链接

请示与报告有以下区别。

第一，含义不同。请示是“请求指示、批准”，带有紧迫性；报告是“汇报工作，反映情况，提出意见或者建议”，重点在反映情况上。

第二，性质不同。报告是陈述性的文件；请示是请求性的文件。

第三，行文时间不同。报告在事前、事中和事后都可以行文；请示必须在事前行文。

第四，表述要求不同。报告陈述工作情况，涉及内容广泛，可以一文一事，也可以一文多事；请示必须一文一事。

第五，惯用语不同。报告多用“特此报告”“以上报告如有不当，请指正”；请示多用“以上请示当否，请批复”。

因此，请示和报告必须严格区分，请示不能标作“请示报告”，报告也不要夹带请示事项，否则不利于问题的及时解决。

条　据

一、文种知识

（一）条据的概念和分类

1. 条据的概念

条据是用来处理临时性事务，起告知说明或凭证作用的一种篇幅短小、格式固定、使用便捷的条文式专用文书，是单位或个人之间为说明涉及钱财、物品或某种情况而留下的作为凭证或告知的字条。

2. 条据的分类

条据可分为两大类：一类是凭证性条据，也称单据；一类是说明性条据，也称便条。

凭证性条据（单据）可以有手写格式，也可以有印刷格式，但多以手写格式为主，包含借条、收条、欠条、领条等。

说明性条据（便条）包含请假条、留言条、托事条、意见条等。

（二）条据的特点

1. 简便性

内容简单，篇幅较短，应用广泛，利写便用。

2. 凭证性

条据通常都有一定的凭证作用，有些条据还具有法定证据的效力，书写时必须认真慎重。

3. 约束性

条据，特别是涉及经济内容的条据，一经签订，即对当事人形成约束力，要求按据履行。

（三）条据的写作注意事项

1. 凭证性条据（单据）的写作注意事项

单据是单位之间、个人之间、单位与个人之间在发生了财物往来，借到、收到、领到钱或物品时，写给对方的字据，是方便对方作为收入、支出、报销、保存、查考的证据。当出现纠纷和争议时，这种条据就是最有力的证明。

（1）条据写作要一文一事，行文简洁，格式完整，用词准确，表述清楚规范，不能有歧义。

（2）不能用铅笔、红墨水或其他易褪色的墨水书写，字迹要端正、清楚，写成后不得涂改；如有涂改，必须在涂改处盖章，以示负责。

（3）条据涉及物品的，要写清物品名称、数量，对于重要物品还要写上质量或规格。

（4）条据涉及金额的数字要大、小写兼有，数额一致，并注明币种；数字之前不留空白，以防止被添加或篡改。约定支付利息的，条据上一定要写明利息要求，但利率要合法。

2. 说明性条据（便条）的写作注意事项

在日常工作和生活中，常会遇到有事而不能直接面谈的情况，往往要写一张字条以告知对方。

（1）语言要简洁明了，写明要说的事情和写条人姓名，必要时要注明联系方式。

（2）写留言条、托事条要写明收条人的称呼或单位名称。

（3）有些便条的祝颂语，可视具体情况写成“谢谢”“拜托”等礼貌性话语，也可不写。

二、模板指导

（一）便条

1．结构模板

便条的基本格式包括标题、称呼、正文、祝颂语、落款五部分。

（1）标题写便条名称，首行居中写，可省略。

（2）称呼按平时称呼写，顶格写，后加冒号。

（3）正文说明具体事项，另起一行空两格写。

（4）祝颂语另起一行，空两格写“此致”，下一行顶格写“敬礼”。

（5）署名和日期。写在正文右下方。

2．写作模板

请假条（留言条、托事条）

________（称呼）：

　　____（请假原因，请假起止时间：×月×日至×日，共×天）特此请假（若为病假，附医院证明），敬请批准。（具体写明留言事项或所托事务，交代清楚时间）

　　此致

敬礼

________（署名）

×年×月×日（日期）

（二）单据

1．结构模板

单据包括标题、正文、结束语、落款四部分。

（1）标题即通常在首行居中书写的单据名称，收（借）条也可写成“收（借）到”或“今收（借）到”，如果是代收、代领，应写成“代收条”“代领条”。

（2）正文简明地写出事由和事实。

①借条。写清向谁借，借了什么，借了多少，何时归还等。若向集体借钱借物还应写明用途。

②欠条。写清欠谁的，欠什么，欠多少，何时归还等。

③收条。写清收自何人，收的什么，收了多少；若替人代收，应写“代收条”。

④领条。写清领自何处，领的什么，领了多少；有的领条还要写出所领物品的具体用途；若所发放的物品种类较多，则可单独列表表示。

（3）结束语即正文之下，另起一行空两格，写“此据”或“特此立据”，后面不加标点符号。

（4）落款应是个人亲笔签字的真实姓名，重要单据在姓名前要写清单位或地址；单位出具的条据应署单位全称、盖章，并由经手人亲笔签名；个人姓名以身份证上的名字为准；单位、个人姓名前一般要写上“立据人”或“借款人”等字样。

立据时间要写全写清，包括年、月、日。条据若不写明日期，一旦发生纠纷，容易给诉讼时效的确定造成困难。

2. 写作模板

借条（收条、领条）

今借到（收到、领到）________________________________

________（单位、部门名称或个人姓名）________________（钱款的金额、物品的数量，借条还要写上归还的日期或利息要求）。

此据（特立此据）

________（署名）

×年×月×日（日期）

欠　条

本人因________截至___年___月___日尚欠（暂欠、今欠到）__________（单位、部门名称或个人姓名）______________（钱款的金额、物品的数量，归还的日期）。

此据（特立此据）

________（署名）

×年×月×日（日期）

三、范文欣赏

（一）借条

借条是最常用的凭证性文书。

【范文】

借　条

今借到张×（张×身份证号码：1234567890）现金123 456元，大写：壹拾贰万叁仟肆佰伍拾陆元整，年利率7.56%，2010年2月28日前本息一并归还。

此据

借款人：李×

李×身份证号码：0987654321

2009年2月27日

（身份证复印件）

（二）欠条

以下三则欠条所使用的场合是不同的。第一则欠条是欠下他人款项，但由于某种原因，一直未能归还，因没有实际借款的行为，所以只能补出欠条，作为凭证。第二则欠条是已归还原来借的部分物品，尚有六把铁锨未还，所以写下欠条。该欠条交代了所欠物品的来源。第三则欠条是原借钱物已归还一部分，尚有一部分未还，因此写下欠条，作为欠款的凭据。该欠条还交代了原借钱的数量，以及现在所欠钱款归还的具体期限。

【范文一】

欠　条

今欠到×××门市部鸡蛋款陆佰叁拾柒元肆角整，准于3月1日如数付清。

××学校食堂科（印章）

经手人：李×

2009年2月20日

【范文二】

欠　条

尚欠5月8日从××路街道办事处基建科借到的铁锨六把，特留此据。

××医院（印章）

经手人：××医院杨××

2010年8月6日

【范文三】

欠　条

原借杜××同志人民币叁佰元整，已还壹佰伍拾元整，尚欠壹佰伍拾元整，两个月内还清。

刘××

2012年3月15日

（三）收条

原借钱物或欠钱物一方将所欠、借的钱物还回时，借出方当事人可以写收条，也可以不必再写收条，只把原来的欠条或借条退回或销毁即可。如果是替别人代收，应在标题使用“代收条”字样，在文尾署名时使用“代收人”三个字。

【范文】

收　条

今收到××砖瓦厂运来两车红砖（240mm×115mm×53mm、75 号），共计柒仟元整。

此据

××市××机床厂

经手人：××

2011 年 9 月 6 日

（四）领条

【范文】

领　条

今领到××公司 2015 年度技术部年终福利苹果伍拾箱，商场一折购物卡贰拾伍张。

此据

××公司技术部

经手人：××

2015 年 12 月 20 日

（五）请假条

【范文】

请假条

××经理：

今日下午我要前往市建委质监科取有关资料，不能参加下午的部门大会，特此请假。

此致

敬礼

××（签字）

2011年7月4日上午10点

（六）留言条

【范文】

留言条

供销科×科长：

上午我来找你研究有关进货事宜，不巧你出去办事了，下午三时我再来，请在办公室等我。

此致

敬礼

××（签字）

2013年3月9日上午8点

（七）托事条

【范文】

<table><tr><td>
托事条
××同志：
　　您到上海出差办事时，请到××专卖店（上海市××区××区××号），帮我购回××品牌××系列护肤品一套，所费钱款等您返回后归还。
××托
2017 年 9 月 8 日
</td></tr></table>

四、拓展训练

请分析以下收据的不足之处并加以修改。

代收到公司公关部杨××同志归还的电脑三台，打印机三台，扫描仪三台。

宣传部：钱××
2012 年 2 月

参考答案：

（1）格式上：①无标题，应加上“代收条”；②正文需空两格起。

（2）内容上：①物品型号、名称等情况不明，应改为归还××品牌××电脑、打印机、扫描仪，并加上“完好无损”四字。

（3）落款处加上“代收人”三字，时间尽可能具体到日。

五、知识链接

（一）借条八大陷阱（案例分析）

1. 立借条时故意写错名字

案例：王某父子向朋友张某祥借款 20 万元，并立下借条，约定一年后归还欠款及利息。想不到王某父子在借条署名时玩了个花招，故意将“张某祥”写成“张某样”。张某祥当时也没有注意。到还款期后，张某祥找到二人催要借款，谁知二人却以借条名字不是张某祥为由不愿归还。无奈之下，张某祥将王氏父子告到法院。尽管法院支持了张的主张，但张也因在接借条时的不注意付出了很大的代价。

2. 是己借款，非己写条

案例：王某向张某借款 1 万元。在张某要求王某书写借条时，王某称到外面找纸和笔写借条，离开现场，不久返回，将借条交给张。张看借条数额无误，便将 1 万元交给王。后张向王索款时，王不认账。张无奈起诉至法院，经法院委托有关部门鉴定笔迹，确认借条不是王所写。后经法院查证，王承认借款属实，借条是其找别人仿照自己笔迹所写。

3. 利用歧义

案例 1：李某借周某 10 万元，向周某出具借条一份。一年后李某归还5 000元，遂要求周某把原借条撕毁，其重新为周某出具借条一份：“李某借周某现金 10 万元，现还欠款5 000元。”这里的“还”字既可以理解为“归还”，又可以解释为“尚欠”。根据民事诉讼法“谁主张，谁举证”的规定，由于周某不能举出其他证据证实李某仍欠其95 000元，因而其权利难以得到保护。

案例 2：张某向王某借现金3 000元，向王某出具借条一张，内容为“借到张某现金3 000元，2005 年 8 月 17 日”。后王某持该借条向人民法院起诉，张某当庭辩称此借条证实王某向其借款

3 000元，要求王某归还现金3 000元。后经证实，张某在书写欠条时，把本应写在现金3 000元后的借款人名字故意写在“借到”二字后面的空格处，致使欠条出现歧义，以达到不还借款的目的。

4. 以“收”代“借”

案例：李某向孙某借款7 000元，为孙某出具条据一张，内容为“收条，今收到孙某7 000元”。孙某在向法院起诉后，李某在答辩时称，为孙某所打收条是孙某欠其7 000元，由于孙给其写的借条丢失，因此为孙某另写收条。类似的还有“凭条，今收到某某××元”。

5. 财物不分

案例：郑某给钱某代销芝麻油，在出具借条时，郑某写道：“今欠钱某芝麻油毛重 800 元。”这种偷“斤”换元的做法，使价值相差 10 倍有余。

6. 自书借条

案例：丁某向周某借款 2 万元，周某自己将借条写好，丁某看借款金额无误，遂在借条上签了名字。后周某持丁某所签名欠条起诉丁某归还借款 12 万元。丁某欲辩无言。后查明，周某在 2 万前面留了适当空隙，在丁某签名后便在前加了“1”。

7. 两用借条

案例：刘某向陈某借款18 000元。出具借条一张，内容为：“借到现金18 000元，刘某。”后刘某归还该款，陈某以借据丢失为由，为刘某出具收条一份。后第三人许某持刘某借条起诉要求刘某偿还18 000元。

8. 借条不写息

案例：李某与孙某商量借款 1 万元，约定利息为年息 2%。在出具借据时李某写道：“今借到孙某现金 1 万元。”孙某考虑双方都是熟人，也没有坚持要求把利息写到借据上。后孙某以李某出具的借条起诉要求李某还本付息，人民法院审理后以《合同法》第 211 条“自然人之间的借款合同对支付利息没有约定或约定不明的，视为不支付利息”的规定，驳回了孙某关于利息的诉讼请求。

（二）法律小常识

1. 没有字据，“空口无凭”

相关链接：最高人民法院《关于人民法院审理借贷案件的若干意见》第 4 条规定，人民法院审查借贷案件时，应要求原告提供书面证据；无书面证据的，应提供必要的事实证据，对于不具备上述条件的起诉，裁定不予受理。

2. 借款利息有限额

相关链接：最高人民法院《关于人民法院审理借贷案件的若干意见》第 6 条规定，民间借贷的利率可以适当高于银行的利率，各地人民法院可根据本地区的实际情况具体掌握，但最高不得超过银行同类贷款利率的四倍（包含利率本数）。超出此限度的，超出部分的利息不予保护。

3. 写条不写息

相关链接：《中华人民共和国合同法》第 211 条第 1 款规定，自然人之间的借款合同对利息没有约定或约定不明确的，视为不支付利息。

4. 非法借贷不受保护

相关链接：《中华人民共和国民法通则》第 84 条规定，债权人有权要求债务人按照合同的约定或者依照法律的规定履行义务。但第 90 条也规定，合法的借贷关系受法律保护。由于赌博属于非法债务，因此不受法律保护。

（三）条据中金额书写规则

1. 汉字大写金额规则

大写金额数字到元或角为止的，在“元”或“角”字之后应写“整”或“正”字；大写金额数字有分的，分字后面不写“整”字。

在大写金额数字前未写有人民币的，应加填“人民币”三个字，“人民币”三个字与金额数字之间不得留有空白。

2. 财务金额要规范书写大写数字

与 0、1、2、3、4、5、6、7、8、9、10、100、1 000、10 000相对应的大写数字写法：零、壹、贰、叁、肆、伍、陆、柒、捌、玖、拾、佰、仟、万。

函

一、文种知识

（一）函的概念

函是平行单位或不相隶属单位之间互相商洽工作，询问和答复问题，请求批准和答复审批事项时所使用的一种平行文。

在大多数情况下，函属于平行文，但是有时也可用于有隶属关系的上下级单位之间。例如，上级单位向下级单位询问有关情况、催办有关事宜，答复下级单位的有关询问或批准事项时，可以使用函；下级单位答复上级单位的询问，或向上级单位询问有关事项、呈报有关报表（材料）时，也可以使用函。

（二）函的特点

1. 行文方向的灵活性

在大多数情况下，函适用于平行单位或不相隶属单位之间，属于平行文。但是，函在上下级单位之间的使用，使函具有了上行文或下行文的性质，这体现了其行文方向的灵活性。

2. 行文内容的广泛性

函的行文内容可以是商洽工作、询问或答复问题，也可以是请求批准或答复审批事项，可见其行文内容的广泛性。

3. 行文事件的单一性

虽然函的行文内容具有广泛性，但是必须遵守“一函一事”的原则，一份函只能写一件事。

4. 行文主体的沟通性

函用于商洽工作，询问或答复问题，在姿态、措辞与语气上体现行文主体之间的交流对话与沟通。

5. 行文语言的简洁性

函不需要在原则与意义上进行过多阐释，在表述清楚的基础上，力求语言简洁，短小精悍。

（三）函的种类

函的种类由分类方式决定。通常情况下，函有两种分类方式：一是按行文方向进行分类，二是按行文内容进行分类。具体情况如下：

以行文方向为划分依据，函可以分为发函与复函。相对而言，发函是指在无来函的情况下主动制发的函，复函是指回复对方来函的函。

以行文内容为划分依据，函可以分为商洽函、询问函、请批函。商洽函是指行文主体之间就某一问题、工作或情况进行商洽所使用的函；询问函是指行文主体之间进行问题询问或征求意见所使用的函；请批函是指行文主体之间用于批准事项请求所使用的函。此外，还有通知事项的函、催办事宜的函、报送材料的函等。

（四）函的结构及其写法

函通常由标题、发文字号、主送单位、正文、落款五个结构要素组成。

1. 标题

函的标题一般由发函单位、发函事由和文种三部分构成。如“××职业学院关于校企合作的函”。如果是复函，还要在标题中出现“复函”字样，如“××公司关于××职业学院校企合作的复函”。

在有些情况下，函的标题也可以省略发函机关，直接由发文事由与文种构成，如“关于请求解决××问题的函”。

2. 发文字号

如果是公函，则需在标题之后写上发文字号。发文字号由发函机关代字、发函年份、发函序号三部分组成。发函年份用六角括号括起，发函序号不编虚位，发函年份与序号均使用阿拉伯数字，如“国办函〔2018〕1号”，表示的是国务院办公厅2018年第1号函件。

3. 主送单位

函的主送单位是指受函单位，一般情况下，函的主送单位只有一个，写上受函单位规范全称即可。此外，也存在有多个受函单位的情况，此时，需把多个受函单位按一定方式同列为主送单位，如《国务院办公厅关于同意成立广州2010年亚洲残疾人运动会组委会的复函》（国办函〔2019〕80号）中，“广东省人民政府、体育总局、中国残疾人联合会”即被同列为主送单位。

4. 正文

函的正文内容是写作中的核心部分，一般由发函缘由、发函事项与结语三部分组成。

（1）发函缘由。

居于正文的开头部分，主要陈述发函的背景、根据、原因、目的与意义等内容。如果是复函，则先引用对方来函的标题与发文字号，再交代复函依据或缘由，并常以惯用语“现就有关问题函复如下”引导下文。此部分的写作力求开门见山、直截了当、言简意赅。

（2）发函事项。

这是函的主体部分，交代发函的具体事项，写清商洽、询问、请求批准、答复等具体内容。此部分的写作要求逻辑鲜明、条理清晰、表达流畅、语言朴实、语气得当。

（3）结语。

处在函的核心内容尾部，以向对方提出希望或请求作为主要内容，可以是希望对方给予支持与帮助，也可以是请求对方给予批准。最后另起一行，写上惯用结束语。如果是只告知对方有关情况，不需要对方给予回复的函，常用结束惯用语有“特此函告”“特此函达”“专此函告”“专此函达”等；如果需要对方给予回复、支持的函，常用结束惯用语有“盼复”“望函复”“请即函复”“专此函达，请予函复”“可否，请函复”“特此函商，请予函复”“特此函询，请予函复”等，或“请予协助为盼”“请予协助为荷”；如果是复函，常用结束惯用语有“特此函复”“特此回复”“此复”等。

5. 落款

在正文结束之后，另起两行，居右，分别写上发函单位名称与发函日期。发函单位名称一般使用规范的全称，也可以在上面盖上印章。发函日期一般统一使用阿拉伯数字，且“年”“月”“日”以文字的形式出现，而不用符号“、”或“.”代替。

（五）函的写作注意事项

第一，函的写作应遵循一函一事原则，不可一函多事。就同一事件、问题或情况制函，可以包含不同的小项，若包含不同事件、问题或情况，则需按“一函一事”原则一一制函。

第二，函的内容需具体明确，主次清楚，行文干脆利落。注意说清问题即可，切不可长篇大论。

第三，语言力求恳切得体，简洁朴实，体现平等交流的精神，使用谦和有礼的口吻，切不可盛气凌人。

二、模板指导

________（发函单位）关于________的函（复函）

________函〔________〕________号

________（受函单位）：

________（交代发函背景、根据、原因、目的与意义等内容）（复函惯用引导语：现就有关问题函复如下）________（交代发函具体事项，写清商洽、询问、请求批准、答复等具体内容）

________（常用结束惯用语）

发函单位名称及印章

××年××月××日

三、范文欣赏

【范文一】

××公司关于商洽委托培训员工的函

××大学：

本公司新近招收一批员工，新招员工理论知识薄弱，实践操作能力难以满足现实需要。为了提高新招员工的综合业务素质，公司拟选派×××等10名在岗员工到贵校机械与电子信息工程学院进行培训，着力提高数控理论知识，强化数控机床操作能力。员工培训费用由贵校决定，公司支付，望贵校同意，并告知培训费用支付方式及培训开班的有关信息。

特此函达，请予复函。

××公司（印章）

××年××月××日

【范文评析】

这是一则商洽函，主要商洽委托培训的有关事宜。文章先写发函缘由，告知新招员工的业务素质难以满足公司现实需要的背景；再说发函事项，商洽委托培训的主要内容；最后补充说明培训的有关事项，说明培训费用支付情况。全文语言简洁，意思明了，态度恳切，措辞得当，格式规范。

【范文二】

关于拟录用王××等15名教师的函

××市人事局：

根据××市委组织部、××人事局《关于2018年××市招聘教师的通知》有关规定，我校按规定程序，进行了统一考试、面试、体检、政审，经研究决定，拟录用王××等15人为我校正式教师。现将有关录用审批材料报上，请予批准。

××职业技术学院

2018年4月12日

附件：录用审批材料15份

【范文评析】

这是一则请批函，一事一函，其内容为向上级请求批准对15名教师的正式录用。该函先交代发函缘由，尔后直接说明请批事项，全文表达明确，直截了当，措辞得当，格式规范。

四、拓展训练

（一）写作训练

通过对函的学习，请根据下面的情境，以××职业技术学院的名义，给××机械设备有限公司拟定一份函，请求对方给予支持。

为保证教学与就业质量，××职业技术学院将安排2019届数控专业学生到××机械设备有限公司实习。实习内容是数控编程与机械操作，实习时间为2018年7月10日至8月10日，实习人数为34人，食宿希望由实习公司统一安排，实习费用按双方相关协议规定交付实习公司。

（二）拓展训练

通过对函的学习，思考邀请函的写作。根据以下信息，发挥想象，自行补充细节，代××职业技术学院招生就业处起草一份邀请函。

××职业技术学院定于2018年4月28日（周六）8：30—16：30在校内体育馆举办2018届毕业生招聘会，请以学校招就处的名义向××室内装修有限公司发出邀请。

五、知识链接

（一）函与通知的区别

函与通知都有告知的作用，但二者有着明显的区别，主要表现在以下三个方面。

其一，从行文方向上说，函属于平行文，适用于平行单位或不相隶属单位之间的工作往来；而通知是下行文，适用于上下级单位或不相隶属单位之间的工作往来。

其二，从约束力上讲，函体现的是平等坦诚精神，约束力较弱；通知则有强烈的约束力，一般需要遵照执行。

其三，就行文内容而言，函多用于商洽工作、询问和答复问题、请求批准和答复审批事项；通知则多用于发布文件、告知有关事项或传达有关要求、批转、转发公文。

（二）函与请示的区别

函与请示都有请求批准的作用，但二者仍有明显的区别，主要表现为：函是平行文，适用于平行单位或不相隶属单位之间的工作往来，行文单位之间一般不存在领导与被领导的关系；请示则是上行文，适用于下级单位向上级单位请求指示、批准，行文单位之间是领导与被领导的关系。

（三）函与批复的区别

函与批复均可就有关事项作出答复，但二者有明显的区别，主要表现为：函回复不相隶属单位在业务上的一般请求批准事项，而批复则是回复下级单位的请示、报告或其他文件的重要事项。

介绍信

一、文种知识

（一）介绍信的概念

介绍信是党政机关、社会团体、企事业单位的有关人员到相关单位了解情况、联系工作、接洽事项或进行其他活动时所使用的一种专用书信。

（二）介绍信的特点

1. 介绍与证明的双重功能

介绍信在使用过程中，可以作为与有关单位取得联系并进行业务接洽的引导凭证，即具有介绍功能；同时，介绍信往往使用含有单位名称的便笺，由于里面包含发信单位的名称，或持信人的身份与办理业务的相关事宜，因而介绍信还具有证明功能。

2. 专用特性

一般情况下，一份介绍信只能用于联系一个单位，进行特定业务的交涉，不可多次向不同单位重复使用。

（三）介绍信的种类

在通常情况下，介绍信以写作方式作为分类依据，有固定式介绍信与便函式介绍信之分。

1. 固定式介绍信

把内容特定的介绍信以一定的格式与体例固定下来，成册印刷，标明编号，有存根，如党组织关系介绍信。

2. 便函式介绍信

当固定格式无法满足需要时，可以根据实际需要以书信的格式直接书写而成，这便是便函式介绍信。便函式介绍信往往不进行编号，也没有存根，与固定式介绍信相比，内容格式更加灵活。

除此以外，介绍信也可以把内容作为分类标准，分为了解情况的介绍信、进行业务接洽的介绍信、参与活动的介绍信等种类。

（四）介绍信的结构及其写法

介绍信的篇幅虽短，但也有一组相对完整的结构要素。一般情况下，一则完整的介绍信由标题、收信对象、正文、祝语及落款五个结构要素组成。

1. 标题

在绝大多数情况下，介绍信的标题都是文种式的，即以“介绍信”作为标题，位于首行，居中。有时候，介绍信的标题也可以由主要事项与文种共同构成，如“中国共产党党组织关系介绍信”。

2. 收信对象

此部分的内容及写法与普通书信一样，即在标题下一行顶格写上收信对象，并以冒号结束。如果收信对象是一个单位或团体，则应写出单位规范的全称；如果收信对象是具体的某人，往往在姓名之后还要写上其职务。

3. 正文

正文部分是介绍信的核心，常常用一段话对需要交涉的事项作简明直接的陈述。此部分经常出现以下信息。

（1）基本情况，如被介绍人的姓名、政治面貌、职务、级别与随行人数等基本信息。

（2）具体事项，指需要交涉的具体事项或执行要求，此部分内容往往直截了当、言简意赅，很多时候就是一两句话。

（3）结束用语，即在陈述完交涉事项与要求之后，写上“请予协助并盼”诸如此类的惯用语。

4. 祝语

介绍信在正文内容结束以后往往会写上祝语“此致、敬礼”，“此致”与“敬礼”分别单独成段，且不需要任何标点符号，“此致”空两格，而“敬礼”则顶格书写。

5. 落款

在祝语下一行的右边写上出具介绍信的单位名称（含印章），再在下一行右边写上出具介绍信的时间。

在某些情况下，介绍信还会以“有效期×天”的样式注明其有效期限。有效期限可以放在落款之后，也可以放在落款之前。

（五）介绍信的写作注意事项

第一，介绍信不需要过多铺垫，可开门见山，直接陈述交涉事宜，言简意赅，切忌长篇大论。

第二，被介绍人的姓名、身份等基本信息一定要准确无误，交代事项要明确，确保无歧义。

第三，如果是手写介绍信，不得随意涂改。

二、模板指导

介绍信

________（受文单位，规范的全称）：

兹介绍________（被介绍人基本情况），________（介绍事宜，交涉事项），________（结束语）。

此致

敬礼

发文单位及印章

××年××月××日

三、范文欣赏

【范文一】

介绍信（存根）

××字第××号

兹介绍我校　萧××　等同志　×　人，前往贵处联系……，请接洽为盼。

××××年××月××日

第××号

介绍信

兹介绍　萧××　等同志　×　人，前往贵处联系，请接洽为盼。

此致

敬礼

（印章）

××××年××月××日

（有效期 Y 天）

【范文评析】

这是一则固定式介绍信，含有编号与存根，格式规范比较固定，语言表述简洁明了。

【范文二】

介绍信

××建筑公司：

兹介绍我校建环学院×××等×名学生，前往贵公司进行为期一周的见习，请予接洽并给予协助。

此致

敬礼

××职业技术学院

××××年××月××日

【范文评析】

这是一则便函式介绍信，主要内容为××职业技术学院介绍其建环学院×名学生前往××建筑公司进行见习，行文相对灵活，语言精练，干脆利落，交涉意图明确。

四、拓展训练

××职业技术学院拟派遣教务处×××科员前往××建筑公司调查建环学院学生的实习情况，请根据以上情境写一则介绍信。

五、知识链接

在大学毕业时，你可能会遇到的一则介绍信——党组织关系介绍信。

中国共产党党组织关系介绍信（存根）

<table>
<tr><td>第　　号
________：
________同志系中共（预备/正式）党员，组织关系由________转到________。
年　月　日</td><td>第一联</td></tr>
</table>

中国共产党党组织关系介绍信

<table>
<tr><td>第　　号
________：
________同志（男/女），________岁，________族，系中共（预备/正式）党员，身份证号码________，由________去________，请转接组织关系。该同志党费已交到________年________月。
（有限期　天）
（盖章）
年　月　日
党员联系电话或其他联系方式：
党员原所在基层党委通讯地址：
联系电话：　　传真：　　邮编：</td><td>第二联</td></tr>
</table>

中国共产党党组织关系介绍信回执联

<table>
<tr><td>第　　号
________：
________同志的党组织关系已转达我处，特此回复。
（盖章）
年　月　日
经办人：　　联系电话：</td><td>第三联</td></tr>
</table>

注：回执联由接收党员组织关系的基层党委在接收党员后一个月内邮寄或传真至党员原所在基层党委。

证明信

一、文种知识

（一）证明信的概念

证明信是党政机关、社会团体、企事业单位或个人为证明被证明人的身份、职务、工作经历或其他事情的真实情况而使用的一种书信文体，是应用文的一种。

（二）证明信的特点

1. 实事求是

证明信的内容必须实事求是。出具证明信的单位或个人一定要严肃、切实了解清楚被证明人的真实情况，并提供确凿证据，据实提供客观事实，反映客观情况，切勿无中生有，也不可捏造或夸大事实。

2. 凭证功用

证明信在功能上具有凭据的作用。证明信可以作为被证明人的身份、职务、工作经历或其他情况真实性的有效凭证。

（三）证明信的种类

证明信的分类方式主要有两种：一是根据出具证明信的主体进行划分，可以分为组织证明信与个人证明信；二是根据接收证明信的主体进行划分，可以分为有具体接收者的证明信与无具体接收的证明信。

1. 组织证明信

组织证明信的出具主体是一个组织、一个单位或一个集体，内容多为证明被证明人的身份、职务及在该单位的工作经历或其他情况。

2．个人证明信

个人证明信的出具主体是证明人个人。证明信由证明人个人依据事实如实写成，此种证明信在证明人签字以后往往还需证明人所在组织或单位签注意见并加盖印章。

3．有具体接收者的证明信

此类证明信有具体明确的接收者，或具体接收单位，或具体接收人。在大多数情况下，证明信都是有具体接收者的。

4．无具体接收者的证明信

此类证明信在内容写作上，并没有写明具体的接收者。如在特殊情况下，为外出（出差）人员解决乘坐交通工具、住宿等问题提供便利而出具的证明，往往就是没有固定接收对象的证明信。

（四）证明信的结构及其写法

证明信的结构要素一般由标题、接收证明主体、正文和落款四个部分组成。

1．标题

在绝大多数情况下，证明信的标题都是文种式的，即以“证明信”作为标题，位于首行，居中。有时也直接以“证明”两个字作为标题。

2．接收证明主体

此部分的内容及写法与介绍信一样，即在标题下一行顶格写上接收证明的对象，并以冒号结束。通常情况下，如果接收对象是一个单位或团体，此时要写出单位的规范的全称；如果接收对象是具体的某人，则以“单位＋职务”的形式表述，如“××市城建局局长”；如果没有具体的接收对象，此部分则省略不写。

3．正文

正文部分是证明信的核心，常常用一段话对需要证明的情况作简要的陈述。此部分经常出现以下信息。

(1) 被证明人的基本情况，如被证明人的姓名、性别、年龄、职务或其他信息。

(2) 证明事项，按照对方所提出的要求，陈述需要证明的具体内容与事项。此部分的写作力求语言精当，表述直接准确。

(3) 结束用语，即在陈述完证明内容与事项之后，往往另起一段，首行缩进两格，以“特此证明”四个字结束正文内容。

4. 落款

证明信的落款和介绍信一样，在正文下一行的右边写上开具证明信的单位名称（含印章）或个人，并再在下一行右边写上开具证明信的时间。

（五）证明信的写作注意事项

第一，开具证明信应认真严肃，实事求是，言之有据。开具证明的单位要对自己证明的内容负责，切不可编造事实、言不符实。

第二，证明信的写作要力求语言精当、表述准确，说清需要被证明的内容即可，切不可长篇大论。

第三，有些证明信除了基本内容的陈述，还需要附带相关的佐证材料，此时可以以附件的形式附上有力的证明材料。

二、模板指导

证明

________（接收人或单位称呼，如无明确接收者可省略）：

________（用一段话陈述被证明人的基本情况，并交代需要证明的事实或其他情况）

特此证明。

发文单位及印章

××年××月××日

三、范文欣赏

【范文】

证明信

××日报社：

贵公司×××同志，为我校××××届文学与新闻传播学院毕业生，毕业后留校编辑部工作两年，××××年由于工作突出、成绩显著被授予“优秀编辑工作者”称号。

特此证明。

××大学编辑部

××年××月××日

【范文评析】

这是一则以单位名义开具的关于个人工作经历的证明信，清楚陈述了×××同志毕业后两年在××大学编辑部的工作经历及所获荣誉情况，并为这一情况的真实性做了证明。行文格式规范，语言简明得体。

四、拓展训练

刘××为××职业技术学院 2017 级旅游学院学生，2018 年刘××在××旅游公司进行了为期一个月的自主实习。为了证明刘××自主实习的真实性及表现，××职业技术学院教务处需要其回到实习单位开一张实习证明。根据以上信息，请你为刘××开具相关证明一份。

五、知识链接

一种没有具体接收对象的常用证明（信）——身份证，如图 5－1 所示。

姓名　张三
性别　男　　民族　汉
出生　2018　年　×　月　×　日
住址　……省……市……县……镇
……村……小组（……号）
身份证号码　…………
照　　片

图 5—1　身份证

模块六　事务管理

项目活动六　模拟企业运营

合　同

一、文种知识

（一）合同的概念

合同，是当事人或当事双方之间设立、变更、终止民事关系的协议。广义的合同是指所有法律部门中确定权利、义务关系的协议；狭义的合同是指一切民事合同；还有最狭义的合同仅指民事合同中的债权合同。依法成立的合同，受法律保护。只有当事人所作出的意思表示合法，合同才具有法律约束力。

合同是双方意思一致而达成的一种契约。简单地说就是你情我愿，然后我们把大家都同意的事情固定下来，说明白、说清楚，那么我们达成一致的这个事项就是协议，在法律上就叫合同。

一般来说，生效的合同所具有的法律效力是相同的。除非合同没有生效或因为一些条件而失效，比如合同的一方是个 7 岁的小孩，这样的合同就没有效力。

需要公证的合同只是把合同的效力加以固定并强化，如果法律没有要求，合同的当事人也没有约定，是不需要特别公证的。

合同一般两份就够了，合同当事人各持一份，如有第三份，很可能是给见证人或第三人的，这个作用也是为了强化合同的效力，由双方当事人约定。

合同或协议一般来说只是名称、叫法不同。只要不违反法律和道德风俗，当事人可以任意约定合同或协议的名称、内容、形式，这都是有效的。

（二）合同的种类和特点

1. 合同的种类

合同按照不同的标准可以分为不同的种类。

（1）根据有效期限的不同，合同可分为短期合同、中期合同和长期合同。

（2）根据书面表达形式的不同，合同可分为表格式合同、条款式合同、表格条款结合式合同。

（3）根据内容的不同，《合同法》列有十五大类合同，分别为：买卖合同，供用电、水、气、热力合同，赠与合同，借款合同，租赁合同，融资租赁合同，承揽合同，建设工程合同，运输合同，技术合同，保管合同，仓储合同，委托合同，行纪合同，居间合同。

2. 合同的特点

合同的特点主要有以下几点。

（1）合法性。

合同的订立和履行，应是当事人受到法律保护和监督的合法行为。合同的主体是具有平等民事权利的法人、其他经济组织或自然人。订立合同时必须遵守法律和行政法规。如果订立的合同符合当事人双方的意愿，但损害了国家利益和社会公共利益，也是违法的。

（2）平等性。

合同当事人的权利和义务是双向的、对等的、等价有偿的。

当合同当事人按照合同享有权利时，也要为对方承担一定的义务，各自从对方获取经济利益的同时又必须向对方偿付相应的经济补偿。

（3）约束性。

合同一经订立，就对当事人产生约束力，当事人必须全面履行合同中规定的义务，任何一方都不能擅自变更或解除合同；当事人一方不履行合同义务或履行义务不符合约定的，应当承担继续履行、采取补救措施或者赔偿损失等违约责任。

（三）合同的结构

合同有特定的结构形式，主要包括标题、约首、正文和约尾四个部分。

1．标题

标题就是合同的名称，位于首页上方正中位置，字号稍大。合同的标题一般有以下几种写法。

（1）以合同的性质作为标题，如“借款合同”“仓储合同”“购销合同”等。

（2）以标的或经营范围加上合同名称作为标题，如“大豆买卖合同”“建筑工程承包合同”。

（3）以时间加上合同种类作为标题，如“2016年房屋租赁合同”“2018年秋季货运合同”。

（4）以签订合同单位名称加上合同种类名称作为标题，如“××公司货物出口合同”“××公司技术开发合同”。

（5）将以上几种写法综合起来作为合同的标题，如“××公司2018年度××产品订购合同”。

2．约首

约首包括合同当事人、合同编号、签约时间、签约地点等。

当事人名称即签订合同双方或多方的名称，在标题左下方，写明“立合同人”或“立合同单位”。当事人名称一般写全称，并在名称后用圆括号注明其简称，如“甲方”“乙方”“丙方”等，或依照合同内容称“借方”“需方”“承租方”“出租方”等，但不能称“我方”“你方”“他方”等。

合同编号可有可无，但如果经常订立合同，为便于查阅与管理，应统一编号。

合同编号、签约时间和签约地点位于合同标题的右下方。

3. 正文

正文是合同的核心部分，一般包括开头、主体和附则三个方面。

(1) 开头。

主要写明当事人签订合同的目的和依据，以及双方协商的过程。其中，目的是指签订合同将要达到的目的，以明确责任，便于履行。依据是指所依照的有关法律、法规以及实际情况等。

(2) 主体。

①标的。标的是合同双方或几方当事人权利和义务共同指向的对象。任何合同都必须有标的，有的标的指物，有的标的指行为，有的标的指货币。

②数量和质量。数量是标的的计量，是衡量当事人权利义务大小的尺度，它是用数字和计量单位来表示的。标的是物，数量主要表现为一定的长度、体积或者重量；标的是行为，数量主要表现为一定的工作量；标的是智力成果，数量主要表现为智力成果的多少与价值。质量指双方在合同中约定的标的质量及要达到的标准，是标的的内在素质和外观形态的综合反映，如产品的品种、规格、型号等。

③价款或报酬。价款或报酬是取得合同标的的一方向另一方支付以货币数量表示的代价。取得对方产品而支付的代价叫价款，获得对方劳务或智力成果的代价叫报酬。

④包装和验收方法。主要包括包装的材料（纸质、木质、塑

料等)、规格等和验收的标准(如按样品验收)、方法(如抽样验收、验收合格率的规定等)。

⑤履约期限、地点和方式。履约期限是指合同的履行期限和合同的有效期限。当事人双方必须严格执行约定的时间,期限时间宜实不宜虚,宜具体不宜笼统,最好确定具体日期,如不能确定实际时间,应用“以前”“以内”,而不应用“以后”,也不可用“尽可能在”或“争取在”。

履行合同的地点是指合同履行时的具体地点,包括交货、验货或承建工程的具体地点,必须具体、明确,不能产生歧义。

履行合同的方式是指当事人履行合同的具体做法,是送货还是自提,是现金结算还是银行转账结算等。其包括时间方式和行为方式两方面:时间方式指的是一次性履行完毕还是分期履行;行为方式指当事人交付标的物的方式,如标的物的交付、运输、验收、价款结算等的方式。

⑥违约责任。违约责任又称“罚则”,是规定合同当事人全部不履行或部分不履行或不适当履行合同(违约)时,所必须承担的经济责任和法律责任。

⑦解决争议的方法。是指签订合同后发生纠纷,自行协商不成时,在合同中约定的解决纠纷的形式。是到仲裁机构仲裁,还是去法院诉讼,应选择其一写于合同条款中。

(3)附则。

附则可包含以下内容:注明合同的份数和保存方式;如发生自然灾害、战争等非人为因素时,合同造成的意外无法履行的处理方法;合同中未尽事宜的补充规定;合同的附件,如表格、图纸、样品等的名称、数量等。

4. 约尾

包括署名和印章、签订日期两个部分。一般要写各方单位或姓名的全称,并分别盖章。如需上级单位或公证机关签署意见,要注明并盖章。当事人是企业法人的，应盖合同专用章，不得加盖行政专用章。另外，双方的电话、账号、开户银行、地址等，都应写清。

（四）合同的写作要求

1. 内容合法

《中华人民共和国合同法》是签订合同的根本依据。合同的订立必须遵守有关的法律、法规、政策等。合同的内容也必须合法，任何单位和个人不得利用合同进行违法活动，扰乱社会经济秩序，损害国家利益和社会共同利益，牟取非法利益。

2. 坚持自愿、公平、诚信原则

合同当事人的法律地位平等，一方不得将自己的意志强加给另一方。当事人依法享有自愿订立合同的权利，任何单位和个人不得非法干预。当事人应当遵循公平原则，确定各方的权利和义务。

3. 结构完整，条款完备

合同结构要完整，书写格式要规范，正文中的主要条款应完备，明确规定当事人的权利和义务及违约责任等内容。

4. 表述准确、简明、严密

合同用词切忌产生歧义，句意不能含混或有漏洞；表示数量的重要数字应大写；标点符号的使用应准确到位。

5. 字迹清楚，文面整洁

合同订立后，经当事人签字盖章后就生效，具有法律效力，所以不能有差错，字面一定要干净整洁，一般不能涂改；若必须要修改一些地方，必须在修改处加盖所有当事人的印章。

二、模板指导

（一）结构模板

表 6-1　合同的结构模板

<table>
<tr><td colspan="2">项目</td><td>要点</td></tr>
<tr><td colspan="2">标题</td><td>性质、标的、经营范围、单位名称、时间等</td></tr>
<tr><td colspan="2">约首</td><td>当事人、合同编号、签约时间、签约地点等</td></tr>
<tr><td rowspan="3">正文</td><td>开头</td><td>目的、依据等</td></tr>
<tr><td>主体</td><td>标的；数量、质量；价款或报酬；包装和验收方法；履约期限、地点和方式；违约责任；解决争议的方法等</td></tr>
<tr><td>附则</td><td>份数、保存方法、无法履行的处理方法；补充规定；附件</td></tr>
<tr><td colspan="2">约尾</td><td>署名和印章、签订日期等</td></tr>
</table>

（二）写作模板

________合同

供方：　　　　　　　　　　　　合同编号：

　　　　　　　　　　　　　　　签订时间：

需方：　　　　　　　　　　　　签订地点：

________________（目的、依据）。

一、产品名称、型号、厂家、数量、金额、供货时间（可列下表显示）

产品名称	生产厂家	计量单位	数量	单价	总金额	交货时间及数量
合计金额（大写）：						

二、质量要求

三、价款

四、包装和验收方法

五、履约期限、地点和方式

六、违约责任

七、解决争议的方法

八、附则

本合同经供、需双方盖章签字，需方按合同规定支付定金后立即生效。本合同一式________份，供、需双方各执______份。

甲　方	乙　方
单位名称（章）	单位名称（章）
单位地址：	单位地址：
法定代表人：	法定代表人：
委托代理人：	委托代理人：
电报挂号：	电报挂号：
开户银行：	开户银行：
账　　号：	账　　号：
邮政编码：	邮政编码：

×年×月×日

三、范文欣赏

【范文一】

房屋租赁合同

出租方（以下简称甲方）：

性别：

身份证号码：

家庭住址：

联系方式：

承租方（以下简称乙方）：

地址：

法定代表人：

联系人：

联系方式：

根据《中华人民共和国合同法》及相关法律法规的规定，甲、乙双方在平等、自愿的基础上，就甲方将房屋出租给乙方使用，乙方承租甲方房屋事宜，为明确双方权利义务，经协商一致，订立本合同。

第一条　甲方保证所出租的房屋符合国家对租赁房屋的有关规定。

第二条　房屋的坐落、面积、装修、设施情况。

1. 甲方出租给乙方的房屋位于________，门牌号为________。

2. 出租房屋面积共________平方米（建筑面积），户型________。

3. 甲方保证对出租房屋享有完整的产权或出租权，且未设定抵押，否则应赔偿因此给乙方造成的全部损失。

第三条　证件提供。

甲方应提供房产证（或具有出租权的有效证明）、身份证明（营业执照）等文件，乙方应提供身份证明文件。双方验证后可复印对方文件备存。所有复印件仅供本次租赁使用。

第四条　租赁期限、用途。

1. 该房屋租赁期共________个月。自________年________月________日起至________年________月________日止。甲方应于________日前交付房屋于乙方。

2. 乙方向甲方承诺，租赁该房屋仅作为________使用。

3. 租赁期满，甲方有权收回出租房屋，乙方应如期交还。

4. 乙方如要求续租，则必须在租赁期满一个月之前书面通知甲方，经甲方同意后，重新签订租赁合同。

第五条　租金及支付方式。

1. 租赁期内，该房屋每月净租金为________元（大写：________元整）。年净租金总额为________元（大写：________元整）。以上租金不包括税款，税金部分由乙方承担。

2. 付款方式：按每________支付一次，每次支付金额为________元（大写：________元整）。乙方于双方签署房屋租赁合同后，________年________月________日前将首期租金________元整交给甲方，后期租金支付时间为：________。

3. 乙方已将房屋押金________元（大写：________元整）于订立本合同之前交付给甲方，甲方应在合同订立时为乙方出具押金收据，甲方应在房屋租赁期满或合同解除后三日内将押金如数交还给乙方。

第六条　租赁期间相关费用及税金。

1. 甲方应承担的费用：

(1) 租赁期间，房屋和土地的产权税由甲方依法交纳。如果发生政府有关部门征收本合同中未列出项目但与该房屋有关的费用，应由甲方负担。

(2) 双方协商一致的由甲方支付的费用为 清洁费、物业费、暖气费 。(根据实际填写)

2. 乙方应交纳以下费用：

(1) 乙方应按时交纳每月的 电话费、水电费、煤气费、燃气费、有线电视费、上网费 。(根据实际填写)

(2) 甲方不得擅自增加本合同未明确由乙方交纳的费用。

第七条　房屋修缮与使用。

1. 在租赁期内，甲方应保证出租房屋的使用安全。该房屋及所属设施的维修由甲方负责（乙方使用不当除外）。所属设施在正常使用中损坏的，由甲方负责更新。甲方提出进行维修须提前7日书面通知乙方，乙方应积极协助配合。乙方向甲方提出维修请求后，甲方应及时提供维修服务。对乙方的装修装饰部分甲方不负有修缮的义务。

2. 乙方应合理使用其所承租的房屋及其附属设施。如因使用不当造成房屋及设施损坏的，乙方应立即负责修复或经济赔偿。

3. 乙方如改变房屋的内部结构、装修或设置对房屋结构有影响的设备，设计规模、范围、工艺、用料等方案均须事先征得甲方的书面同意后方可施工。租赁期满后或因乙方责任导致退租的，除双方另有约定外，依附于房屋的装修归甲方所有，甲方给乙方适当的补偿。

第八条　房屋的转让与转租。

1. 租赁期间，甲方有权依照法定程序转让该出租的房屋，转让后，本合同对新的房屋所有人和乙方继续有效。

2. 未经甲方同意，乙方不得转租、转借承租房屋。

3. 甲方出售房屋，须在一个月前书面通知乙方，在同等条件下，乙方有优先购买权。

4. 租赁期满前，乙方要继续租赁的，应当在租赁期满一个月前书面通知甲方。如甲方在租期届满后仍要对外出租的，在同等条件下，乙方享有优先承租权。

第九条　房屋交付及收回验收。

1. 甲方应保证租赁房屋本身及附属设施、设备处于能够正常使用状态。

2. 验收时双方共同参与，如对装修、器物等硬件设施、设备有异议应当场提出。当场难以检测判断的，应于________内向对方主张。

3. 乙方应于房屋租赁期满后，将承租房屋及附属设施、设备交还甲方。

4. 乙方交还甲方房屋应当保持房屋及设施、设备的完好状态，不得留存物品或影响房屋的正常使用。对未经同意留存的物品，甲方有权处置。

第十条 违约责任。

甲方违约责任：

1. 甲方有下列行为之一的，乙方有权终止合同，甲方应按照一个月租金标准向乙方支付违约金。

(1) 甲方因不能提供本合同约定的房屋或所提供房屋不符合约定条件，严重影响居住的。

(2) 甲方违反本合同约定，提前收回房屋的。

2. 甲方如逾期交房，每逾期一日，则甲方须按租金总额的________支付滞纳金。

3. 由于甲方怠于履行维修义务或情况紧急，乙方组织维修的，甲方应支付乙方费用或折抵租金，但乙方应提供有效凭证。

乙方违约责任：

1. 乙方有下列行为之一的，甲方有权终止合同，乙方应按照一个月租金标准向甲方支付违约金。

(1) 未经甲方书面同意，将房屋转租、转借给他人使用的。

(2) 未经甲方书面同意，拆改变动房屋结构或损坏房屋的。

(3) 改变本合同规定的租赁用途或利用该房屋进行违法活动的。

(4) 乙方违反本合同约定，提前解约的。

2. 乙方如逾期支付租金，每逾期一日，则乙方须按租金总额的________支付滞纳金。

3. 无论哪方提前解约或终止合同，均应提前十五天通知对方。

4. 除本条另有规定外，甲乙双方任何一项违约行为，须向对方支付年租金的5%作为违约金。

5. 本合同中违约方应向守约方支付的违约金，违约方应在违约事件发生之日起三日内或合同解除之日起三日内支付完毕。

6. 合同提前终止或解除后，对于乙方已付但未使用的租金，甲方应在三日内退还。租金按照实际使用时间计算，不足整月的按天数计算。

第十一条　免责条件。

1. 因不可抗力原因致使本合同不能继续履行或造成的损失，甲、乙双方互不承担责任。

2. 因国家政策需要拆除或改造已租赁的房屋，使甲、乙双方造成损失的，互不承担责任。

3. 因上述原因而终止合同的，租金按照实际使用时间计算，不足整月的按天数计算，多退少补。

4. 不可抗力系指“不能预见、不能避免并不能克服的客观情况”。

第十二条　争议解决。

本合同项下发生的争议，由双方当事人协商或申请调解；协商或调解解决不成的，依法向房屋所在地有管辖权的人民法院提起诉讼。

第十三条　其他。

1. 本合同未尽事宜，经甲、乙双方协商一致，可订立补充条款。补充条款为本合同组成部分，与本合同具有同等法律效力。

2. 本合同自双方签（章）后生效。

3. 本合同一式______份，由甲方持______份、乙方执______份，具有同等法律效力。

甲方：　　　　　　　　　　　　　　乙方：

签约日期：　年　月　日　　　　　签约日期：　年　月　日

【范文二】

编号：________

全日制劳动合同书

甲方（用人单位名称）________________________

用人单位住所________________________

法定代表人或负责人________________________

企业法人营业执照号码________________________

乙方（劳动者）姓名______性别________出生年月________

文化程度____________　　联系方式____________

户籍所在地________________________

实际居住地________________________

居民身份证号码________________________

其他有效证件名称________　　证件号码________

社会保险个人编号________________________

合同履行地________________________

张家港市劳动和社会保障局制发

甲、乙双方根据《中华人民共和国劳动合同法》和有关法律、法规规定，在遵循合法、公平、诚实信用原则的基础上，经平等自愿、协商一致签订本合同，并共同遵守本合同所列条款。

一、劳动合同期限

甲、乙双方约定按下列________种方式确定“劳动合同期限”：

A. 有固定期限的劳动合同自________年________月________日起至________年________月________日止，并约定试用期自________年________月________日起至________年________月________日止。

B. 无固定期限的劳动合同自________年________月________日起，并约定试用期自________年________月________日起至

________年________月________日止。

C. 以完成________工作任务为劳动合同期限，自________年________月________日起至完成本项工作任务之日即为劳动合同终止日。

二、工作内容和工作地点

（一）乙方根据甲方要求，经过协商，从事________工作。甲方可根据工作需要和对乙方业绩的考核结果，按照合理诚信原则，经与乙方协商一致或依法变动乙方的工作岗位。

（二）甲方安排乙方所从事的工作内容及要求，应当符合国家规定的劳动基准和甲方依法制定的并已公示的规章制度。乙方应当按照甲方安排的工作内容及要求履行劳动义务。

（三）甲乙双方约定劳动合同履行地为：____________

（四）____

三、工作时间和休息休假

（一）甲乙双方经协商确认标准工作时间或实行轮班制工作时间。乙方工作时间按国家的有关规定执行。

（二）甲方安排乙方的________工作岗位，经批准属于实行不定时工作制的岗位，双方依法执行不定时工作制规定。

（三）甲方安排乙方的________工作岗位，经批准属于实行综合计算工时制的岗位，双方依法执行综合计算工时制规定。

（四）甲方严格遵守法定的工作时间，控制加班加点，保证乙方的休息与身心健康。甲方因工作需要必须安排乙方加班加点的，应与工会和乙方协商同意，并依法给予乙方补休或支付加班加点工资。

（五）甲方依法为乙方安排带薪年休假，具体休假时间双方协商决定。

四、劳动报酬

（一）甲方承诺每月______日为发薪日。

（二）乙方在试用期内的工资为每月________元。

（三）经甲乙双方协商一致，对乙方的工资报酬按下列____条款执行：

A. 根据乙方的工作岗位确定其每月工资为________元。

B. 甲方对乙方实行基本工资和绩效工资相结合的内部工资分配办法，乙方的基本工资确定为每月________元，以后根据内部工资分配办法调整其工资；绩效工资根据乙方的工作业绩、劳动成果和实际贡献按照内部分配办法考核确定。

C. 甲方实行计件工资制，确定乙方的劳动定额应当是本单位同岗位百分之九十以上劳动者在法定工作时间能够完成的，乙方在法定工作时间内按质完成甲方定额，甲方按照约定的定额和计件单价，根据乙方的业绩，按时足额支付乙方的工资报酬。

D. 其他形式________

（四）甲方根据企业经营效益、当地政府公布的工资指导线、工资指导价位或本单位工资集体合同规定，每年合理提高乙方工资。

（五）乙方加班加点的工资，按不低于本条第（三）项约定的工资标准为基数计算。

五、社会保险

（一）双方依法参加社会保险，按时足额缴纳各项社会保险费，其中依法应由乙方缴纳的部分，有甲方从乙方工资报酬中代扣代缴。

（二）甲方应当依法为乙方缴纳各项社会保险费，并每年向职工公布本单位全年社会保险费缴纳情况，接受职工监督。

（三）乙方发生工伤事故或患职业病的，甲方应负责及时救治，或提供可能的帮助，并在规定时间内，向劳动保障行政部门提出工伤认定申请，为乙方依法办理劳动能力鉴定，并为享受工伤保险待遇履行必要的义务。

六、劳动保护、劳动条件和职业危害防护

（一）甲方对可能产生职业病危害的岗位，应当向乙方履行如实告知的义务，并对乙方进行劳动安全卫生教育，防止劳动过程中的伤亡事故，减少职业危害。

（二）甲方必须为乙方提供符合国家规定的劳动安全卫生条件和必要的劳动防护用品，安排乙方从事有职业危害作业的，应定期为乙方进行健康检查，并在乙方离职前进行健康检查。

（三）因乙方从事的工作岗位有职业危害可能，在甲方的监督下，乙方须采取必要的防护措施：＿＿＿＿＿＿＿＿，乙方在劳动过程中必须严格遵守安全操作规程。乙方对甲方管理人员违章指挥、强令冒险作业，有权拒绝执行。

（四）甲方按照国家关于女职工、未成年工的特殊保护规定，对乙方提供保护。

（五）乙方患病或非因工负伤的，甲方按照国家关于医疗期的规定执行。

七、双方协商一致，约定下列＿＿＿＿＿＿＿＿条款：

A. 因乙方工作涉及甲方商业秘密和与知识产权相关的保密事项，甲方可以事前与乙方依法协商约定保守商业秘密或竞业限制的事项，并签订保守商业秘密协议或竞业限制协议，作为本合同的附件。

B. 由甲方出资对乙方进行专业技术培训，并要求乙方履行服务期的，应当事前征得乙方同意，并签订协议，明确双方权利义务，协议作为本合同的附件。

C. 甲乙双方需要约定的其他事项：＿＿＿＿＿＿＿＿＿＿＿＿＿＿

＿＿＿＿＿＿＿＿＿＿＿＿＿＿＿＿＿＿＿＿＿＿＿＿＿＿＿＿＿＿＿＿＿＿＿＿＿＿

＿＿＿＿＿＿＿＿＿＿＿＿＿＿＿＿＿＿＿＿＿＿＿＿＿＿＿＿＿＿＿＿＿＿＿＿＿＿

八、劳动争议处理

（一）甲乙双方因履行本合同发生劳动争议，可以协商解决。不愿协商或者协商不成的，可以向本单位劳动争议调解委员会申请调解；调解不成的，可以向劳动争议仲裁委员会申请仲裁。甲乙双方也可以直接向劳动争议仲裁委员会申请仲裁。提出仲裁要求的一方应当自劳动争议发生之日起法定时效内向劳动争议仲裁委员会提出书面申请。对仲裁裁决不服且符合起诉条件的，可以自收到仲裁裁决书之日起十五日内向人民法院提起诉讼。

（二）甲方违反劳动保障法律、法规和规章，损害乙方合法权益的，乙方有权向劳动保障行政部门和有关部门投诉。

九、其他事项

（一）劳动合同期内，乙方户籍所在地、实际居住地、联系方式等发生变化的，应当及时告知甲方。

（二）本合同未尽事宜，按国家、省和市有关规定执行，没有规定的，通过双方平等协商解决。

（三）本合同不得涂改。

（四）本合同如需同时用中文、外文书写，内容不一致的，以中文文本为准。

（五）本合同一式两份，甲乙双方各执一份。

（六）本合同附件包括：________

法定代表人或负责人签名：　　　　　　乙方签名：

甲方盖章：

签章日期：　　　　　　签名日期：

四、拓展训练

以下合同存在什么问题？请分析修改。

建筑工程承包合同

甲方：××化工厂

乙方：××建筑公司

为建筑××化工厂西厂房，经双方协商，订立本合同。

一、化工厂委托承建方在甲方左侧建造西厂房壹座，由××建筑公司按照甲方提供的规格、图样（附件一）建造。

二、全部工程造价（包工包料）为人民币玖拾贰万柒仟元正。

三、甲方在订立合同后尽快付给乙方全部建造费的百分之六十，其余百分之四十在西厂房竣工并验收合格后抓紧结清。

…………

七、乙方建造的厂房如不符合附件一图样及国家有关规定标准，由乙方负责返修，返修费由乙方承担。如工程不能按时完成，由乙方按全部建造费的千分之一赔偿甲方的损失。甲方必须按双方协商日期交付建造费，若违约，由甲方按全部建造费的千分之一赔偿乙方。

八、本合同一式叁份，甲乙双方及公证机关各执壹份。本合同自签订之日起执行。

附件（略）

参考答案：

(1)“为建筑××化工厂西厂房”改为“为建筑甲方西厂房”；

(2)“化工厂委托承建方在甲方左侧建造西厂房壹座，由××建筑公司按照甲方提供的规格、图样（附件一）建造”改为“甲方委托乙方在甲方左侧建造西厂房壹座，由乙方按照甲方提供的规格、图样（附件一）建造”，改动三处；

(3)“甲方在订立合同后尽快付给乙方全部建造费的百分之

六十”改为“甲方在订立合同后×日内付给乙方全部建造费的百分之六十”；

(4)“其余百分之四十在西厂房竣工并验收合格后抓紧结清”改为“其余百分之四十在西厂房竣工并验收合格后×日内结清”。

五、知识链接

签订合同的注意事项

1. 核实确认对方当事人的主体资格。

(1) 合同对方为自然人。

核实并复印、保存其身份证件（勿以名片代之），确认其真实身份及行为能力。

(2) 合同对方为法人。

到当地工商部门查询其工商注册资料并实地考察其公司情况，确定其真实性；核实订约人是否经其所在公司授权委托，查验其授权委托书、介绍信、合同书；签订合同必须加盖对方单位公章、合同专用章。

(3) 合同对方为其他组织。

对方当事人为个人合伙或个人独资企业，核对营业执照登记事项与其介绍情况是否一致；由合伙人及独资企业经办人签字盖公章。确认经办人身份及股东身份，加盖法人筹备处和股东公章。

(4) 合同对方除加盖公章、私章外，要亲笔签名。

2. 合同形式。

(1) 必须以书面形式签订合同。

(2) 采用口头、信件、数据电文形式订立合同的，必须签订确认书并盖章签字。

(3) 倒签合同要标明合同背景。

3. 合同的必备条款要具体、明确。

（1）当事人名称须真实、一致。

（2）合同标的、数量、质量、价款、包装方式要具体、明确。

（3）注意验收方法、程序和时间。

（4）履行方式（交货方式、结算方式等）须具体。

（5）履行期限须确定某一时间点或时间段。

（6）尽量明确本司所在地为合同履行地。

（7）违约责任要量化为违约金或确定违约赔偿金的计算方法。

（8）解决争议办法为协商、诉讼，约定由本司所在地法院管辖或所在地仲裁委员会仲裁。

4. 订约前的合同义务。

（1）尽协助、通知义务。

（2）订约时获取的对方商业秘密，不得泄露和使用。

5. 对公司开出的授权委托书、介绍信、盖章的合同书等授权性文件要跟踪管理，出具时应标明合同对方名称及授权范围、有效期限，业务结束要及时收回。

业务人员离职时要及时收回上述文件，无法收回的要及时以书面形式通知相关单位并进行证据保全。

一旦发现业务人员在委托授权终止后仍以本司名义签订合同的，要及时确定是否追认；不予追认的要以书面形式通知对方并进行证据保全。必要时要求警方介入，追究其刑事责任。

6. 遇有重大误解、显失公平、受欺诈、胁迫、乘人之危订立的合同，要及时收集保全证据，在除斥期间（一年）内行使撤销权。

7. 合同签订后，合同原件须交公司统一保管。

8. 合同内容不得损害社会公共利益，不得恶意串通损害国家、集体、第三人的利益，不得含有造成对方人身伤害或因故意及重大过失造成对方财产损失的免责条款。

签订劳动合同的十大注意事项

第一，签订合同时，劳动者首先要弄清单位的基本情况，要判断是否是合法企业，要知道它的法人代表姓名、单位地址、电话，这些信息可以通过上网查询工商登记信息获取，同时，要将这些内容明确地写在合同中。

第二，劳动者要弄清自己的具体工作，并且要在合同中写明工作的内容和具体地点。案例之一：张某家住北京海淀区四季青桥附近，她到离家很近的一个连锁超市应聘就职。过了一段时间，公司将她调到远郊大兴的连锁店工作，因而产生了纠纷。这起劳动争议案的焦点是合同约定的工作地点，而合同上只写了张某要在北京工作，具体地点不详，最终导致张某败诉。案例之二：赵某应聘某汽车厂担任总装调试工，这是技术活，工资较高。后来，企业将他调到一个低薪的非技术岗位，他不愿干，与企业发生了劳动争议，而合同上写的是担任“操作工”，这是一个范畴很广的工种，没有明确具体的工作性质，导致张某败诉。

第三，劳动报酬要定清楚，避免口头约定。如标准工资是多少？有没有奖金？奖金是根据什么标准发放的？这些数据一定要在合同中体现，不要轻信老板的口头承诺。案例：小李到一家私企工作，合同上的工资是每月一千多元，老板却承诺他每月能拿到两千多元的工资。工作几个月后，小李拿到的工资还是每月一千多元，因而产生纠纷。最后，因老板口说无凭，小李没有得到他希望的报酬。

第四，关于试用期的问题要特别注意。法律规定试用期最长不得超过六个月，仅约定试用期的合同是无效的，试用期结束就要求劳动者走人是耍赖。在试用期间，用人单位不得无理由与劳动者解除劳动关系，除非劳动者不符合招聘条件。

第五，劳动报酬的支付方式与支付时间要明确，是现金还是通过银行支付到劳动者账户中。有的单位采取扣发员工一个月工资的方式来拴住劳动者，这种行为不具有法定效力。如果劳动合同终止后，用人单位拒绝提供被扣发的劳动报酬，劳动者可以通过劳动仲裁解决问题。

第六，劳动者的工作时间与工作条件要明确，有的劳动者为多挣钱，默认了企业严重超时的加班加点要求，这是违反劳动法的，现在越来越多的工资争议案就是因此而起的。此外，工作的环境有毒有害，如化学性的制革、制鞋等行业，尤其是工作环境可能给工人带来机械性伤害，如机械加工行业，都要在合同中将环境可能造成的伤害明确地表达出来。

第七，社会保险约定。有的企业以“不办社保可以多领工资”的说法来误导劳动者，使其主动放弃社保。律师提醒劳动者：对于社保问题要有长远的考虑，工作时间越长，这个问题就越大，因为它涉及养老的问题；一旦发生工伤意外等，最快速的解决方式是先通过劳动者购买的社会保险进行赔付，快速选择走工伤保险补助的绿色通道救死扶伤。因而，有了社保就等于有了保障。

第八，不要签空白合同。空白合同是指企业为了应付检查，拿出空白合同，先让劳动者签名、按手印，走一个过场；劳动者也不拿合同当回事，有的合同甚至没有盖章。一旦发生了劳动争议，这类合同是无效的，同时，劳动者的维权成本也十分高昂。

第九，有些合同约定了不合法的内容，如要求女职工不得结婚生育，要求因工负伤的劳动者“工伤自理”，要求劳动者签订生死契约等，这些条款在法律上无效，劳动者可以拒签。

第十，劳动合同盖章后，劳动者本人和用人单位要各保管一份。劳动合同是发生劳动争议时，劳资双方可出具的最直接、最有效的法律凭证。在办理工伤案件时，因劳动者手头没有劳动合同，在要求用人单位赔偿时遭到拒绝的案例不在少数。有的企业在合同签订后，把两份合同都收走，发生争议时，劳动者手里没有合同，单位可以不承认有此人。

此外，即使有劳动合同，仍要保存好能够证明劳动关系的证据，如工资条、入职面试字条、工作证件、体检表格、单位签字等。

调查问卷

一、文种知识

（一）调查问卷的概念

问卷是国际上通行的调查工具和作业方式，也是我国近年来推行最快、应用最广的一种调查手段。它被广泛应用于社会调查、经济调查、市场调查等各个领域，能够将定性问题转化为定量分析。

调查问卷，又称问卷、调查表（questionnaire），是调查者根据一定的调查目的和要求，按照一定的理论假设设计出来的，由一系列问题、调查项目、备选答案及说明组成，向被调查者收集资料的一种工具。

（二）调查问卷的种类

1. 根据市场调查中使用问卷方法的不同分类

（1）自填式问卷，指由调查者发给（或邮寄给）被调查者，被调查者根据实际情况自己填写的问卷。

（2）代填式问卷，指调查者按照事先设计好的问卷或问卷提纲向被调查者提问，然后根据被调查者的回答，由调查者进行填写的问卷。

2. 根据问卷发放方式的不同分类

（1）送发式问卷，指由调查者将调查问卷送发给选定的被调查者，待被调查者填答完毕之后再统一收回。

（2）邮寄式问卷，指通过邮局将事先设计好的问卷邮寄给选定的被调查者，并要求被调查者按要求填写后回寄给调查者。

（3）报刊式问卷，指随报刊的传递发送问卷，并要求报刊读者对问题如实作答并回寄给报刊编辑部。

（4）人员访问式问卷，指由调查者按照事先设计好的调查提纲或调查问卷对被调查者提问，然后再由调查者根据被调查者的口头回答如实填写问卷。

（5）电话访问式问卷，指通过电话来对被调查者进行访问的问卷类型。

（6）网上访问式问卷，指在互联网上制作，并通过互联网来进行调查的问卷类型。

3. 根据问卷问题类型的不同分类

（1）开放式问卷（无结构型问卷），指被调查对象可以根据本人的意愿自由回答，一般较少作为单独的问卷进行使用。

（2）封闭式问卷（结构型问卷），指提供有限量的答案，被调查者只需选择做答，有利于控制和确定研究变量之间的关系，易于量化和进行数据统计分析处理。

（三）调查问卷的结构及其写法

一份完整的调查问卷通常由标题、问卷说明、填表指导、调查主题内容、编码、被访者基本情况和访问员情况、结束语等内容构成。

1. 标题

问卷的标题应概括地说明调查主题，使被访者对所要回答的问题有一个大致的了解。确定问卷标题要简明扼要，但又必须点明调查对象或调查主题。如应该用“学生宿舍卫生间热水供应现状的调查”，而不要简单采用“热水问题调查问卷”这样的标题。否则会使被访者无法明确主题内容，妨碍其接下来回答问题的思路。

2. 问卷说明

在问卷的卷首一般有一个简要的说明，主要说明调查的意义、内容和选择方式等，以消除被访者的紧张和顾虑。问卷的说明要力求言简意赅，文笔亲切又不能太随便。下面举例加以说明。

（一）同学，您好！

我是××师范大学的实践队员，我们正在做关于信息三农的调研，想问您几个相关问题，了解下您的意见。您的回答将被完全保密，请放心。谢谢您的协助与支持！（多用于访问时，并不是很正式）

（二）您好：

我是×××暑期社会实践团队的采访员，我们正在进行一项关于×××的暑期实践调查，旨在了解×××的基本情况，以分析×××发展的趋势和前景。您的回答无所谓对错，只要能真正反映您的想法即可。希望您能够积极参与，我们将对您的回答完全保密。调查会耽误您10分钟左右的时间，请您谅解。谢谢您的配合和支持。（如有需要，应考虑英文版的问卷）

3. 填表指导

对于需要被访者自己填写的问卷，应在问卷中告诉被访者如何填写问卷。填表指导一般可以写在问卷说明中，也可单独列出，其优点是要求更加清楚，更能引起被访者的重视。例如，

填写说明：问卷答案没有对错之分，只需根据自己的实际情况填写即可。

问卷的所有内容需您个人独立填写，如有疑问，敬

请垂询您身边的工作人员。

您的答案对于我们改进工作非常重要，希望您能如实填写。

4. 调查主题内容

调查主题内容是按照调查设计逐步逐项列出的问题，是调查问卷的主要部分。这部分内容的好坏直接影响整个调查的价值。

5. 编码

编码是将问卷中的调查项日以及被选答案变成统一设计的代码的工作过程。如果问卷均加以编码，就会更容易进行计算机处理和统计分析。一般情况下都是使用数字代号系统进行编码，并在问卷的最右侧留出“统计编码”位置。

6. 被访者基本情况

被访者基本情况是指被访者的一些主要特征，如个人的姓名、性别、年龄、民族、生源地、所属院系等。这些是分类分析的基本控制变量。在实际调查中要根据具体情况选定询问的内容，并非多多益善。如果在统计问卷信息时不需要统计被访者的某些特征，就不需要询问。这类问题一般适宜放在问卷的末尾。如果问题不是很私密，也可以考虑放在“问卷说明”后面。

7. 访问员情况

在调查问卷的最后，要求附上访问员的姓名、调查的起止日期等，以利于对问卷质量进行监测控制。如果被访者基本情况是放在“问卷说明”的后面，访问员情况也可以考虑和被访者的基本情况放在同一个表格中。

8. 结束语

一般采用三种表达方式。

(1) 周密式。

对被访者的合作再次表示感谢，以及关于不要填漏与复核的请求。

这种表达方式既显示访问者首尾一贯的礼貌，又督促被访者填好未回答的问题和改正有错的答案，例如：

对于您所提供的协助，我们表示诚挚的感谢！为了保证资料的完整与翔实，请您再花一分钟，翻一下自己填过的问卷，看看是否有填错、填漏的地方。谢谢！

（2）开放式，即在结尾安排一个开放式的问题，以了解被访者在标准问题上无法回答的想法。

此类方式较为常用，例如：

“您对（于）制定关于学生学籍的政策有何建议？”

（3）响应式，提出关于本次调研的形式与内容的感受或意见等方面的问题，征询被访者的意见；问题形式可采用封闭式，也可采用开放式。

（4）封闭式，例如：

“您填完问卷后对我们的这次调查有什么感想？”

二、模板指导

关于××××的调查（概括地说明调查主题）

________________（就调查主题作简要说明）

________________（被访者基本情况）

________________（调查主题内容）

1. ________________________________

2. ________________________________

3. ________________________________

谢谢您的合作，祝万事顺利！

三、范文欣赏

【范文】

关于“初中数学转化思想的有效应用”的调查

亲爱的同学们，数学学习是我们初中生活的重要组成部分，我们希望通过这次调查了解初中数学学习的学习状况，从而分析当代初中生数学学习的状态和方法，使其更有效地学习数学，在较短时间内掌握各种数学问题的解题思路。现在我们采取的是问卷典型相结合的调查方法，您被我们抽选为调查对象，希望您能真实反映情况，谢谢您的配合！

本次问卷如无特别注明，均为单选，在您认为合适的答案编码前画上√。

你的性别：(　　　　)　你所在的学校年级：(　　　　)

1. 你的数学成绩理想吗？

(1) 是　　　　(2) 不是

2. 你有属于自己的学习数学的方法吗？

(1) 有　　　　(2) 没有

3. 你会静下来总结自己的学习方法吗？

(1) 经常　　　　(2) 偶尔　　　　(3) 从来不

4. 你平均每天学习数学的时间有多少？

(1) 1个小时　　　　(2) 2～3个小时　　　　(3) 3～4个小时

5. 在数学的学习方法中，你对转化方法熟悉吗？

(1) 了解　　　　(2) 熟悉　　　　(3) 不知道

6. 你认为不讲究方法地做大量的习题会取得理想的数学成绩吗？

(1) 会　　　　(2) 不会

7. 你了解数学中常用的把未知转化为已知的解题方法吗？

(1) 了解　　　　(2) 熟悉　　　　(3) 不知道

8. 你了解数学中常用的把复杂问题转化为简单问题的解题思路吗？

(1) 了解　　(2) 熟悉　　(3) 不知道

9. 你了解数学中常用的把实际问题转化为数学问题的方法吗？

(1) 了解　　(2) 熟悉　　(3) 不知道

10. 你了解数学中常用的数与形的转化吗？

(1) 了解　　(2) 熟悉　　(3) 不知道

11. 你了解数学中常用的一般与特殊的转化吗？

(1) 了解　　(2) 熟悉　　(3) 不知道

12. 你知道什么是转化思想吗？

(1) 了解　　(2) 熟悉　　(3) 不知道

13. 你对数学感兴趣吗？

(1) 感兴趣　　(2) 不感兴趣

14. 你了解使用转化思想的原则吗？

(1) 了解　　(2) 熟悉　　(3) 不知道

15. 你在写作业的过程中能不能多考虑一下转化思想呢？

(1) 完全能　　(2) 大部分能

(3) 大部分不能　　(4) 完全不能

谢谢您的合作，祝万事顺利！

【范文评析】

这份调查问卷有明确的主题。根据调查主题，从实际出发进行拟题，问题日的明确，重点突出。问卷中语气亲切，符合被访者的理解能力和认识能力，保证了调查的顺利进行。

四、拓展训练

结合自己的专业与兴趣，参照调查问卷的写作格式，自选主题设计一份调查问卷。要求：选题可行，内容充实，结构合理，表达得体，格式规范。

五、知识链接

关于调查问卷设计的注意事项。

第一，问题不宜太多、太长，通常以被访者在20分钟内能够完成为宜，最多也不要超过30分钟。

第二，简单的问题在前，复杂的问题在后。

第三，被访者感兴趣的问题在前，厌烦的问题在后。

第四，熟悉的问题在前，生疏的问题在后。

第五，行为方面的问题在前，态度、意见等问题在后。

第六，被访者基本情况放在前后均可。

第七，开放式问题一般放在后面。

调查报告

一、文种知识

（一）调查报告的概念

调查报告是指对某项工作或某个问题进行实际调查研究，并经过综合分析后形成的书面文字材料，它属于说明性文书，其特点是内容真实，针对性和时效性强，反映的问题带有普遍性、倾向性。

（二）调查报告的特点

调查报告的主要特点包括：一是调查报告不仅要介绍事物发展的全过程，还要对事件进行本质分析、评价，从中总结经验教训，探索其规律；二是调查报告必须选择具有典型意义的调查对象；三是叙述要用第三人称。

（三）调查报告的种类

调查报告通常按调查的内容和调查的方法进行分类。

1. 按调查的内容分类

（1）反映基本情况的调查报告。

这类调查报告是在深入、系统地调查研究社会基本情况后写成的，内容较全面、广泛，篇幅也较长。它反映的是社会的政治、经济、军事、文化、教育、生活等方面的基本情况。如范文——《大学生道德素质调研报告》。

（2）反映新生事物的调查报告。

这类调查报告主要反映社会主义革命和建设中涌现出来的新人、新事、新发明、新创造、新经验。这类报告要着重介绍新事物产生的背景、特点及其发生、发展的过程，说明他/它的作用和意义，热情歌颂新事物的成长。

（3）介绍典型经验的调查报告。

这种调查报告主要介绍典型经验。成功的经验可以指导实际工作，推动党和国家的方针政策的落实。写这种调查报告时，除了充分说明取得的实效，还要突出主要经验、具体做法，一定要把主要环节、关键问题交代清楚，以便推广。典型经验必须具有代表性，具有普遍意义上的认识价值。

（4）揭露问题的调查报告。

写揭露问题的调查报告时，要特别注意所反映的事实和运用的具体数字应当绝对真实，要有根有据、实事求是，不能夸大，也不能缩小。

（5）考察历史事实的调查报告。

这种调查报告主要是对重大历史事件进行重新调查，真实地反映历史的本来面目，作出符合实际的正确的结论。写考察历史事实的调查报告时，一定要以真实的史料为依据，不能道听途说，不能想当然，否则，得出的结论经不起历史的考验，甚至会犯歪曲历史的错误。

2. 按调查的方法分类

（1）综合调查报告，即围绕一个中心问题、一项新的决策等进行调查研究后写出的调查报告。

（2）专题调查报告，即采用非普遍调查的方法，围绕一个具体问题进行调查研究后写出的调查报告。

（四）调查报告的结构及其写法

调查报告通常由开头、主体、结尾三部分组成。

1. 开头

这部分可就调查的一些情况作简要的说明，比如说明调查的目的、对象、经过、时间、方式、方法和结果等。有些调查报告在开头部分像消息的导语那样，提示全篇的主要内容，使读者先形成一个总的印象，以便迅速把握全文的中心。

2. 主体

这部分主要为调查报告中关于事的叙述和议论，是充分表现主题的重要部分。在内容安排上，主要是采用纵、横和对比三种结构。

（1）纵式结构。

按照调查的顺序或是根据事件发生的顺序来写。纵式结构比较简单，适合表达线索单一、内容集中的报告内容。它的特点是内容连贯，结构条理清楚。

（2）横式结构。

把调查的内容分成几个部分加以叙述和说明。这种结构比较常见，它的特点是从几个不同的角度、侧面回答问题，论述比较全面、透彻，适合表达问题比较复杂、内容层次比较多的报告内容。写作时要注意安排好各部分之间的逻辑关系，分清并列、从属、主次等关系。

横式结构中，有一种是逐点报告的方式。主要适用于调查者围绕一个主题进行多点调查，每个点所提供的情况或经验教训都各有其特点，又不便于把它们集中归纳到一起，就把多点调查的结果分成几个相对独立的部分来写，每一部分说明一个点的情况。但要注意整篇调查报告要围绕一个主题来写。

（3）对比结构。

即把两个不同的点加以对比，让人从自始至终的对比中认识到不同的思想、不同的做法会产生不同的结果。结构安排上的对比是为了引起读者思想上的对比，使读者在对比中肯定所是，否定所非。

主体部分不论采用什么样的结构，都应该做到先后有序、主次分明、详略得当、联系紧密、层层深入，以更好地表现主题。

3. 结尾

调查报告的结尾可以是多种多样的。有的总结全文，深化主题；有的展望未来，提出希望；有的归纳主题，强调意义。但也有的没有明显的结尾部分，全文由总到分，说完了事。结尾要简短有力，意尽即止，既不可草率行事，也不可画蛇添足。

（五）调查报告的写作要求

第一，必须进行深入细致的调查研究，占有丰富的材料，运用科学的思维方法对占有的材料进行筛选。材料越丰富、越全面，对提炼主题就越有利。这样写出来的调查报告才具有针对性和普遍性的指导意义。

第二，认真分析研究，找出规律性的东西。要注意分清现象和本质，区分主流和支流，抓住主要矛盾，揭示规律性的东西。

第三，必须做到材料和观点的统一，做到分析与综合不得将材料和观点割裂，讲材料的时候要有观点，讲观点的时候要有材料，材料和观点互相联系。

二、模板指导

（调查者）+关于+调查对象+的调查报告

目 录

一、前言

（用概括性的语言，介绍此份调查报告的基本内容，字数100～300字）

二、调查内容简介

（一）调查目的

（二）调查背景

（三）调查对象

（四）调查内容

（五）调查地点

（六）调查时间

三、调查过程简介

（一）调查方法

（二）人员安排

（三）调查过程

四、调查结果说明

（一）调查问卷分析

（二）访谈记录

（三）文献分析

五、调查结论及建议

（一）结论

（二）建议

六、后记

七、附件

三、范文欣赏

【范文】

大学生道德素质调研报告

一、前言

在当今社会，正确的道德和崇高的思想尤为重要。良好的思想道德素质不仅是当代大学生立身做人的内在需要，更可以促进其脚踏实地地努力学习和提高自身素质，甚至对整个国家和社会产生不可估量的影响和意义。

大学生作为祖国的花朵，国家的栋梁，是新生代的力量，是未来社会的生力军。他们的道德素质受到社会各界的关注，直接关系到中华民族的整体素质，关系到和谐社会的建设进程，关系到社会主义现代化建设能否成功，关系到中华民族的伟大复兴能否实现。大学生道德属于特定社会群体的公民道德，因此大学生的道德取向，是社会道德的一个风向标，它的好坏可以直接反映出这个社会所存在的问题。当代大学生的道德现状是令人困惑的，它既有好的一面，也有不好的一面，在就业、经济、社会等方面的压力下，大学生的道德现状是值得思考的。因此我做了这个关于大学生道德素质调研的报告。

二、调研内容

（一）大学生的诚信素质

调研内容：用大学生对作弊的态度和对诚信的看法来了解大学生的诚信素质。

（二）大学生的公德素质

调研内容：用对扔垃圾、过人行道、课桌文化以及公益活动的调查来了解大学生的公德素质。

（三）大学生的道德素质自评

调研内容：调查大学生的自身道德素质水平。

调研对象：××文理学院××校区全体大学生。

三、调研说明

（一）调研总体

××文理学院××校区全体大学生。

（二）调研目的

了解现今大学生的道德素质情况，关注大学生的发展。

（三）调研方法

考虑到科学性以及可行性，本调研对调研总体进行随机抽样调查。采用开放式问卷调查，随机抽取50人。

四、调研结果说明

（一）大学生的诚信素质

孔子在《论语·为政》中有“人而无信，不知其可也”的教诲。诚信作为做人的基本准则，是立德修身之本，是中华民族的传统美德，是社会主义核心价值体系的重要内容，是人类社会共有的一项根本性道德原则和行为准则，也是一个社会赖以存在、进步的基础和必备条件。可以说，诚信品格的培养是个人发展的需要，也是社会发展的需要。

考试作弊是绝不允许的，但也是难以避免的。针对大学生对考试作弊看法的调查结果显示：个别人认为为了高分，可以理解；56%的人认为可以选择作弊，总比补考要好；极少数人认为作弊没什么大不了；28%的人对考试作弊很反感，并表示自己从来不作弊（如图6—1所示）。

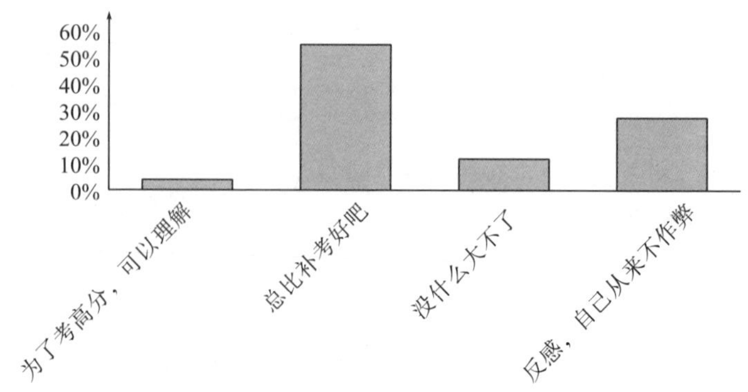

图 6—1　大学生对考试作弊行为的看法

在大学生的诚信度调查中，数据显示：52%的人认为大学生的诚信度一般，44%的人认为大学生的诚信度比较好，还有 4%的人认为大学生的诚信度非常好。从以上数据不难看出，大学生认为自身的诚信度良好，但仍需加强（如图 6—2 所示）。

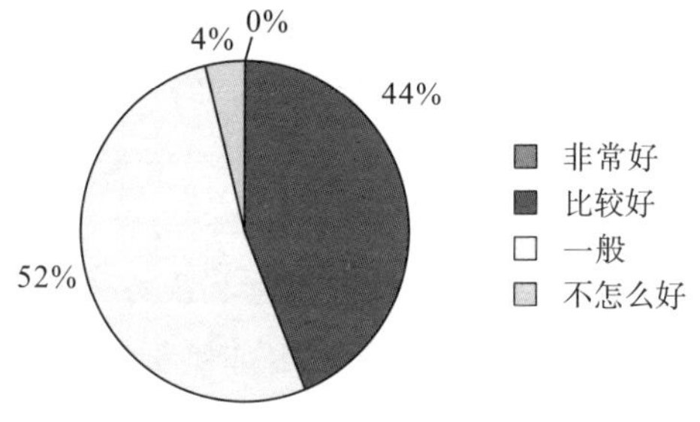

图 6—2　大学生的诚信度

（二）大学生的公德素质

21 世纪是知识经济的世纪，要求大学生不仅要有过硬的专业知识，还要有高尚的品质，做到德才兼备、全面发展。公德是每个公民应具备的最起码的道德品质，但有些大学生的表现让人大失所望：随处可见的课桌文化，在大街上横穿马路，在校园里乱扔垃圾。下面是针对这些行为所做的调查。

虽然，当代大学生从小就被教育要爱护公共财物，但现今在其课桌上随处可见的涂画，着实影响美观。这些乱涂乱画被美其名曰“课桌文化”。课桌文化就是学生在课桌上涂写的内容所反映射的文化现象，从“60”后的“毛主席语录”到“90”后的“城管”，每个阶段的课桌文化都代表了当时的时代特征。课桌被当成学生发表个人情感和不满的平台，课桌文化也成为一种普遍现象。

在对课桌文化的调查中，数据显示：16%的人不以为然，并表示干过此事；12%的人认为课桌文化很有品位；12%的人表示不是我做的，与我无关；60%的人表示讨厌这种事，在各类选择中居首。从这些数据可以看出，大学生的道德没有沦陷，多数大学生并不认可课桌文化，依然秉持着不乱涂乱画的朴素观念，大学生的整体素质还是良好的（如图6—3所示）。

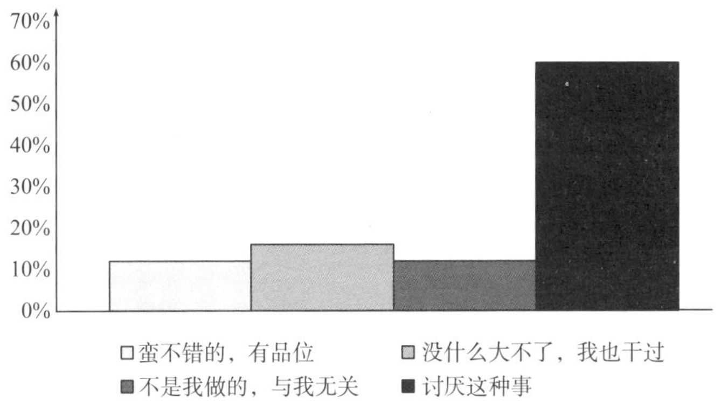

图6—3　大学生对课桌文化的看法

青年是社会的未来，公益事业是社会文明的一个尺标。培养大学生的公益活动理念，对青年美好人格的塑造，对公益精神的弘扬，对推动全社会的公益实践，对构建社会主义和谐社会具有十分积极的意义。大学里的公益活动越来越多，参加公益活动的大学生也越来越多，大学生是抱着什么样的态度来参加公益活动的呢？调查结果如图6—4所示。由图可以看出：虽然仍有25%的人认为公益活动太浪费时间，但大部分人还是认同参加公益活动的。故而大学生整体的公德素质良好，大部分大学生愿意支持公益活动并为此出力。

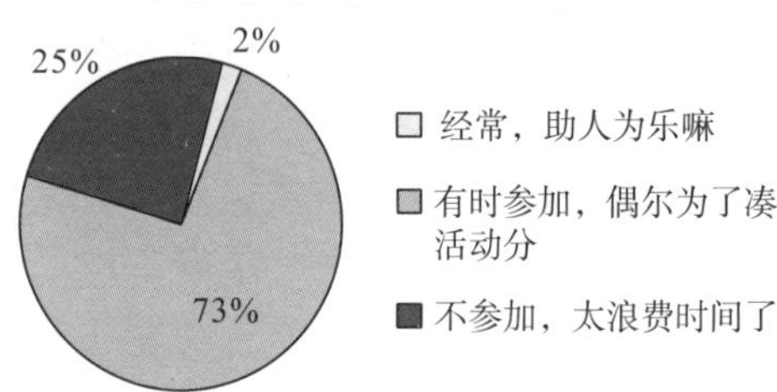

图6—4 大学生参加公益活动的情况

“保护环境，人人有责”，然而在我们身边却有不少随地乱扔垃圾的行为。这不仅破坏了环境，也是一种陋习，是遭人唾弃、受人鄙夷的。见微知著，从扔垃圾可以看出一个人的素质究竟如何。因此我们用这个问题来对大学生的素质做些了解。图6—5的数据显示：98%的人都不会随手乱扔垃圾，其中有45%的人从不乱扔垃圾。而那些社会上热议的大学生素质低下的观点和实例实为少数。

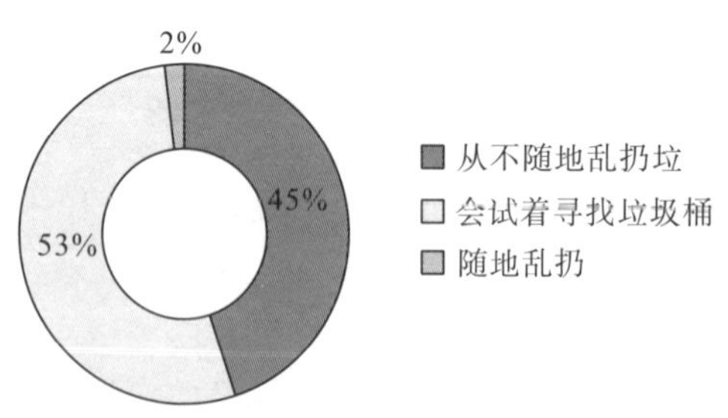

图6—5 大学生随地乱扔垃圾情况

随着经济的发展，交通越来越发达，而让人感到悲哀的是交通事故愈发频繁，让我们过马路也变得愈加小心。值得庆幸的是有红绿灯维持着交通秩序，让人和车和谐共存。但现今随处可见的横穿马路现象，导致交通混乱。究竟大学生是如何过马路的呢？调查数据显示：当有红绿灯时，68%的人会严格遵守绿灯行的交通规则；24%的人因为赶时间或者路上空旷无车会偶尔不遵守交通规则；完全不看红绿灯的和完全不了解绿灯行这个交通规则的不到10%。由此也可以看出，大学生的交通素质也是值得信任的。

从调查结果得出，大学生的公德素质表现良好，但仍需加强。身为年轻一代一定要有良好的素质、良好的公德心，才能更好地为社会服务，为祖国创造更好的未来。提高公德素质要从身边的小事做起，要从上下公交车文明礼让做起，从不乱丢垃圾、不在公共场合大声喧哗做起，从停车入位、不“一辆车占两个车位”做起。凡此种种，在这些身边小事上多一点自我约束，多一分公德意识，把墙上嘴边的口号变成自己的行动，遵守公德就会在全社会蔚然成风。

（三）大学生的道德素质自评

道德素质是学生全面发展的首要素质，大学生作为国家的新生力量更是受到社会各界的关注。有舆论说大学生的道德素质已经沦陷，有人立马就站出来反驳。但真相究竟如何？大学生自己是怎么看的呢？对于道德素质大学生究竟是什么态度呢？对此我们做了以下调查分析。

有多少大学生因为自己身为大学生而感到自豪呢？从数据可以看出，大学生的自豪度不是很高。有64%的人并没有为此感到自豪，26%的人不确定自己是否自豪，10%的人对身为大学生感到自豪（如图6－6所示）。是什么让大学生对大学失去了信心，是什么让大学生如此迷茫？这些都是值得深思的。但不可否认的是，大学生的思想素质不够良好，需进一步提高。

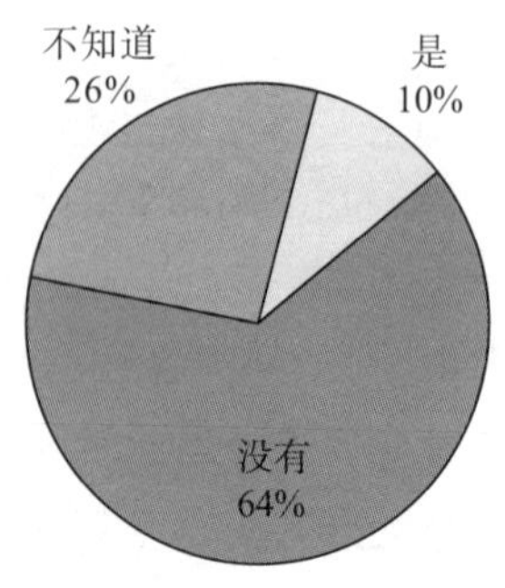

图 6－6 身为大学生你自豪吗？

对于大学生的道德现状大学生自己是怎么看的呢？图 6－7 的数据显示：有 78％的人认为大学生的道德素质一般，22％的人认为大学生的素质比较差。针对大学生对自己的思想状况认识的调查结果显示（如图 6－8 所示）：46％的人认为自己的思想道德状况良好，50％的人认为自己的思想道德状况一般，还有 4％的人选择了比较差和不清楚。以上可以看出，大学生对自身思想道德素质还是十分有信心的，但就整体而言大学生的道德意识仍需加强。

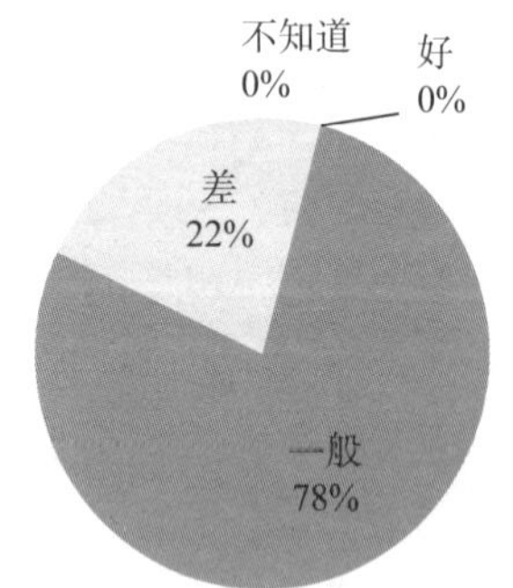

图 6－7 大学生的道德现状

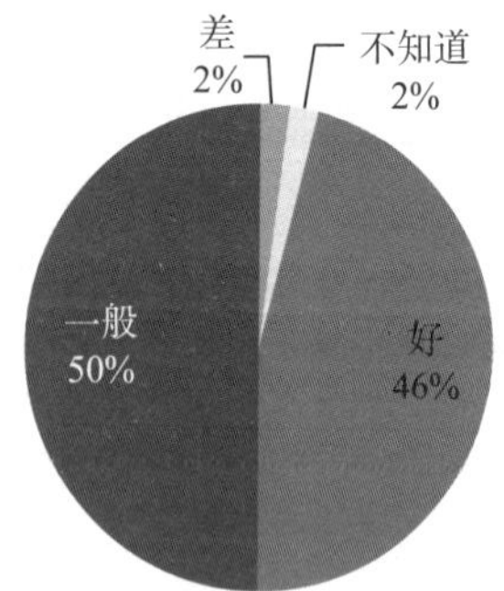

图 6－8 大学生思想道德状况自评

道德无处不在，道德像一双无形的手制约着人们，保障人们的生活井然有序。那道德对大学生的制约性强不强呢？从图 6－

9中明显可以看出认为作用很大的和认为没有任何作用的占很大比重，极少部分认为作用在逐渐减弱和不知道其作用如何。而大比重数据中，认为没有任何作用的相对较多，占50%，认为有很大作用的占46%。由此数据可以看出大学生的道德意识需加强。

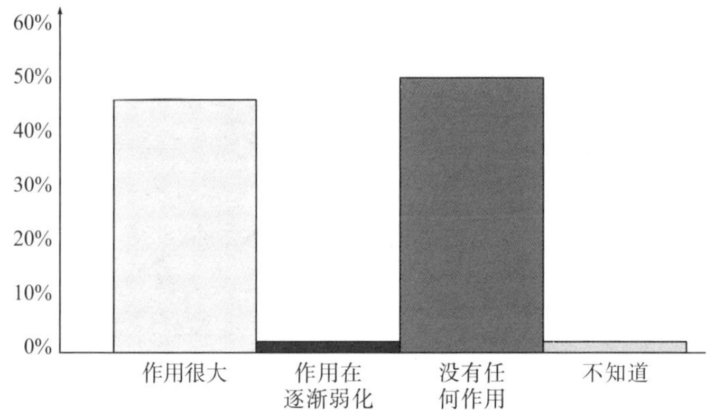

图6-9　道德对大学生的制约作用

培养大学生的道德意识，对于加强大学生遵纪守法的观念有重要意义。大学生是未来社会的主力军，大学阶段是一个人世界观、人生观、价值观形成的关键时期，大学生道德意识的培养对一个人的成才和以后的职业有着重要的影响，对整个社会的道德水平的提高有积极的促进作用。

五、总结及建议

（一）总结

当前大学生的主流思想是积极的、健康向上的。但随着社会的发展，思想变得多样化，大学生在道德意识上的矛盾和困惑也明显增多。在教育面向现代化、面向世界、面向未来的今天，我们的教育不能仅仅局限于提高青年一代的科学文化素养，更为重要的是提高他们的道德意识。

大学生一直是社会的热点话题，大学生道德素质的培养也是值得关注的一个方面。从该调查可知，大学生的整体素质良好，但仍需加强。

（二）建议

1. 对学校的建议

培养当代大学生的道德意识，学校义不容辞。

首先，要树立开放式的德育观念。新形势下的大学生必须具有开阔的视野和开放的胸怀，应该把大学生德育的目的、内容、原则同各种载体、媒介相结合，通过更多的形式和渠道广泛开展育人活动，做好教书育人、服务育人、管理育人和环境育人工作，形成多维开放的大学生道德意识培养体系。

其次，培养当代大学生的道德意识还要加强师资队伍建设。大学校园里与学生接触最多的就是老师，老师的一言一行对同学们的行为都有着重要的影响。以身作则、学为人师、行为世范，是对老师最基本的要求。老师对自己要求严格了，学生也会以老师为榜样，严格要求自己。

再则，加强对大学生的正面引导教育也尤为重要。大学生尤其是大一新生刚从中学毕业，他们对思想道德观念有时把握不准，在发现问题时，我们不应“一棍子打死”，一味地批评他们的缺点，而应对他们进行正面的引导。我们可以通过谈心的方式首先让他们认识到自己的不足，然后教给他们道理和方法，让他们及时改正。

最后，培养大学生的德育意识还要对大学生进行传统文化教育，提高文化修养。

2. 对家长的建议

家长应该以身作则，做好家庭教育。父母是孩子最早接触的老师，家长的影响是不容忽视的。家长可以加强对孩子道德素质的培养，比如买些好书。读一本好书就好比和优秀的人谈话。通过多读书，孩子以书中的理念和现实生活中自己的生活理念对照，从而提高自身的道德修养。

3. 对社会的建议

大学生生活在这个社会里，他们的行为举止和社会紧密相连。社会上人们的言行都可能影响大学生的道德素质，所以提升大学生的道德素质也需要全社会做出好的榜样。

4. 对国家的建议

现如今很多大学生并不为自己的大学生身份而自豪，对未来也失去了信心。这可能是由于大学生就业困难或就业待遇不是很理想，无法实现自我价值，国家可以出台一些优惠政策，使大学生重拾信心。

【范文评析】

本篇报告体现了调查研究的全过程，有明确的调查计划，调查对象选取科学，调查目的明确，调查内容充实，并设计了合理的调查问卷，保证了调查的顺利进行。对调查数据进行了统计分析，将分析结果通过图表的形式表现出来，图表直观形象，整体感觉明晰，从而对数据有了更准确的认识。

四、拓展训练

结合自己的专业与兴趣，参照调查报告的写作格式，自选主题写作一篇调查报告。要求：选题可行，内容充实，结构合理，表达得体，格式规范。

五、知识链接

关于调查报告与总结的区别。

调查报告和总结在写作上有许多相通之处，特别是介绍典型经验的调查报告和专题性的工作总结，无论从所反映的内容或表达的形式上来看，都非常接近。

这两种文体的相同点在于：它们都是紧密配合形势，宣传党的任务，有较高的政策性；抓住点上材料，推动面上工作，有较广的指导性；运用事实说话，揭示事物本质，有较强的针对性。

不同之处主要表现为以下几点。

第一，从取材的范围看，调查报告反映的面较广，可以推广经验，可以反映情况，也可以研究、揭露问题，而总结往往是总结本单位某个阶段贯彻执行党的路线、方针、政策的情况，或某项工作的具体经验。

第二，从反映的内容看，调查报告比较集中地说明一个问题，一项事情，或者是阐述成绩，或者是揭露矛盾，一般不是既全面写成绩，又详细写问题；而总结一般要考虑全过程，既要有基本情况的回顾，又要写取得的成绩、经验，存在的问题和教训，还要写今后的努力方向。这些方面都要有所交代，当然也要注意重点突出，主次分明，详略得当。

第三，从反映的时效来看，一般来说，调查报告配合形势的宣传要比总结迅速、及时，因为总结要到一定阶段才能撰写。

第四，从使用的人称看，调查报告通常是调查组或记者来采写其他单位的，常常用第三人称；而总结通常是单位或个人就自我概况撰写而成，常常用第一人称。

工作总结

一、文种知识

（一）总结的概念

总结是社会团体、企业单位和个人在自身的某一时期、某一项目或某些工作告一段落或者全部完成后进行回顾检查、分析评价，从而肯定成绩，总结经验，找出差距，得出教训和一些规律性认识的一种结论性文书。总结又称为回顾、小结、汇报等。

计划与总结的区别：第一，计划是在工作之前制订的，而总结则是在工作到一定阶段或计划完成后进行的；第二，计划的内容是为完成一定任务所设想的具体步骤、方法和措施，重在叙述说明，而总结则是对一定阶段的工作或计划执行情况作出的总分析、总评价，重在抽出有规律性的东西，作出理论概括；第三，计划所要回答的问题是做什么、怎样做、做到什么程度，而总结要回答的问题则是做了什么、做得怎样、有何工作规律。

（二）总结的种类和特点

1. 总结的种类

总结的种类很多，按不同的划分标准可以分为以下几类。

（1）按性质划分，可分为全面总结和专题总结。

（2）按内容划分，可分为工作总结、生产总结、学习总结、会议总结、活动总结等。

（3）按范围划分，可分为个人总结、班组总结、单位（部门）总结、地区性总结、全国性总结等。

（4）按时间划分，可分为月度总结、年度总结、跨年度总结等。

人类的实践活动总是会涉及社会生活的方方面面，这些方面的内容都可以用不同的形式进行总结。所以，对于总结的分类只能说是一般性的分类，因为人的社会活动不是单一孤立的，一份总结往往涉及若干方面。如“××学院××年度工作总结”，这份总结既可以说是年度总结，也可以说是阶段性总结，还可以说成是全面总结，又可以说是单位或部门总结。因此，总结的分类是相对的，不必过于教条。

2. 总结的特点

总结的特点主要有以下几点。

（1）回顾性。

总结是对已经过去的一个时期的工作、学习或活动开展情况进行回顾的应用文书。它肯定成绩，将成功的经验加以提炼，归纳出带有普遍性的规律；对不足之处进行理性的分析，以便今后吸取教训，采取新的措施加以改进。

（2）真实性。

写总结应坚持实事求是的原则：对取得的成绩、成功的经验不要夸大其词，人为拔高；对存在的问题也不能隐瞒或轻描淡写，一笔带过。只有客观真实地进行总结，才能达到总结的真正目的，发挥出总结应有的作用。总结所列举的事例和数据都必须完全可靠，准确无误，任何夸大、缩小、随意杜撰、歪曲事实的做法都会使总结失去应有的价值。

（3）平实性。

总结以概括性叙述为主要表达方式，并辅之以适当的议论。它不必把事情的经过写得完整而详细，更不必进行细节描写，只要用平实的语言去概述“做了哪些”“做得怎样”就可以了。它也不必为了雄辩而引经据典、反复论证，而只需用实实在在的事例和数据统计去证明观点。它不追求华丽的辞藻，而要求语言平实、准确。

（三）总结的结构

总结在日常工作和学习中的应用极其广泛，为了便于工作学习中对总结的使用和处理，总结有其相对固定的格式。总结的结构一般包括标题、正文、落款三部分。

1. 标题

（1）公文式标题。

公文式标题常见的有三种形式：单位名称、内容、文种三要素俱全的标题，如“××学院关于××年度工作的总结”；内容、文种两要素构成的标题，如“××年度工作总结”；直接由文种构成的标题，如“总结”。

（2）主题式标题。

这是以总结的主题内容或基本观点为标题的一种形式。它可以集中概括地揭示总结的内容或观点，方便读者抓住中心。一些专题性的总结往往采用这种标题形式，如“大胆探索，努力创新，培养合格大学生”。

（3）复式标题。

这种标题与新闻的标题有些类似，即由正副标题构成。正标题揭示总结的主要内容或观点，副标题采用公文式标题，补充说明单位名称、时间、内容、文种，如“大胆探索，努力创新，培养合格大学生——××学院教学工作总结”。

2. 正文

正文的主要内容包括基本情况、成绩与经验、问题与教训、今后努力的方向等几个部分。结构形式主要有常规式、两段式、阶段式、总分式和体会式。结构不同，内容也有所不同。

（1）常规式。

按照“情况—成绩—经验—问题—意见”五个部分行文，内容如下：

①基本情况。可以写成前言，也可单独作为一个部分，简明扼要地说明总结所涉及的时间、背景、任务、效果等，目的在于给人总体印象，领起下文。

②成绩与经验。正文的主要部分，占篇幅较多，写作需具体详细。在介绍了成绩之后，可结合实际谈工作的主要做法、取得的经验，找到规律。写这部分时，要结合具体事例、统计数据、对比材料等具有说服力的材料。形式上，可用小标题或序号逐条列出，清楚醒目。要注意各段之间的逻辑联系，不要罗列堆砌材料。

③问题与教训。写作总结的目的之一，可从主、客观两方面进行分析，成为下一阶段工作的借鉴。如果没有缺点，切不可为表示谦虚而生拼硬凑。如果是经验性的总结，这一部分可少写或

不写。如果是对某一问题的深入调查就应重点总结，切实找出问题及原因。

④今后努力的方向。可针对存在的问题提出下一步改进工作的打算、设想、安排等，指明今后工作的努力方向。这部分采取概括化的写法，不宜写得太细。

（2）两段式。

“两段式”结构，即情况加体会。先集中摆情况，后集中谈体会。

（3）阶段式。

“阶段式”结构，就是根据工作发展过程中的几个阶段，按时间先后分成几个部分来写。

（4）总分式。

“总分式”结构，首先概述总的情况，然后分成若干项主要工作一一进行总结。

（5）体会式。

“体会式”结构，即以体会（而不是以工作本身）为中心来安排结构。

以上四式的排序原则：情况—经验、做法—体会。

正文主体的格式还有另一种分类：

①条文式。就是把总结的内容提炼成若干要点，按内在的联系排列，分条目列项，逐次安排。

②标题式。把总结的内容按逻辑关系分成若干部分，并在每一部分加上小标题，用来标明每部分的要点。

③三块式（五段式）。就是把总结的内容根据人们的认识习惯来安排，先是概括主要内容，表明基本观点，接着陈述事实，叙说过程，分析研究取得的成绩，综合比较得出经验，最后指出存在的问题或提出要求，整体上就是三块式。实际上也就是通常所说的“程式化”写法，即按“情况—成绩—经验—问题—意

见”五段顺序来写，所以又称作“五段式”。

④贯通式。考虑时间和空间的逻辑顺序，紧扣主题，顺着主线，文字前后贯通，一气呵成。往往不分条目，不分章节，也不用小标题，适用于内容比较单一的总结。

3. 落款

落款位于正文右下角，标题上没有标明单位的，应该在正文结束后写上单位，个人总结应写上个人姓名，然后再写日期。

（四）总结的写作要求

1. 材料充分

“巧妇难为无米之炊”，写任何文章都要有材料。但是，写总结这一类实用文章时，绝不允许采用虚构和凭空想象的材料，因此，更需要占有广泛的、丰富的、鲜活的、典型的材料。只有占有大量的材料，才能防止片面地观察问题，才能筛选出典型的、符合客观实际的事例，才能概括出规律性的认识，才能避免“假、大、空”，使总结的内容充实具体、生动活泼。所以，广泛地搜集材料、大量地占有材料是写好总结的坚实基础。

2. 重点突出

实际工作是复杂多变的，要在有限的篇幅里，反映和总结千变万化的客观事物，就要求总结时有很强的概括性，抓住那些能反映客观事物规律的要点来写，这样才能避免产生事无巨细的问题。因此，写总结时，要从实际出发，根据本次或某项实践活动的目的、做法，确定中心，抓住重点，还要通过比较，找出和掌握本次或某项实践的特点，赋予本篇总结个性化的特征。这样的总结才不会人云亦云、千篇一律，才会给人新鲜感。

3. 语言得体

一是要符合总结的表达方式。总结的表达方式以论述为主，说明为辅。对于总结的背景、做法、成绩、问题等，都要进行说明，而且要朴素实在地说明，一般不用文艺性的说明。但对于归纳出的一些经验、体会、教训等内容，要进行议论，要就事议理，论理不脱离实际，不放言高论，不发空论。总结也要有生动性，因此，在写作之时，个别地方或一些事例也可以稍加具体地叙述或描写，可以适当引用来自群众的生动形象的口语、谚语、顺口溜等，但要避免使用纯文学性的修辞方法及描写、抒情的表达方式，仍以简明、朴实为原则。

二是语言要准确、简明、朴实。总结表达的内容要准确，即所用事实、事例、数据、评价、结论等均应准确；遣词造句也要准确，不能过多地使用含糊其词、模棱两可的词语，如“大概”“差不多”“也许”“可能”“大体上”“一般情况下”“基本上”“据说”等。总结的说明和议论都要简明，不能铺张扬厉，浮文繁芜。总结的风格要朴实，力戒华丽的词藻、不符实际的渲染、艰涩难懂的词句等。

二、模板指导

（一）结构模板

表 6－2　总结的结构模板

项目		要点
标题		公文式标题：完全式或非完全式，单位、时间、内容、文种 新闻式标题：单标题或双标题
正文	开头	简短的文字概述基本情况
	主体	内容结构和格式各有不同，主要包括成绩与经验、问题与教训、今后努力的方向等
	结尾	总结全文，展望未来
落款		作者或单位和成文时间

（二）写作模板

______（单位名称、时间、主要内容）总结

____________________（简明扼要地写明工作依据、指导思想、工作内容概况等方面）

现将有关情况总结如下：

一、×××××

____

__________（取得的成绩与经验）

二、×××××

____

__________（存在的问题与教训）

三、×××××

____

__________（今后努力方向）

______（单位名称或个人姓名）

××××年×月×日

三、范文欣赏

（一）学期个人总结

【范文】

学期个人总结

时光匆匆，不知不觉大二第一个学期已经结束。回想自己的大二上学期生活，颇有感慨。总体来说自己比刚刚入学的时候强了很多。大学的学习生活让我明白的，不仅仅是课本上的知识，更多的是做人的道理。我想有必要总结一下整个学年里自己的各方面状况，大概归纳为以下几点。

一、学习上

比起大一，我在认知程度和学习态度上有了很大的进步。大一的时候由于刚步入大学校园，整个时光由自我支配，我感到无所适从，总感觉时光转瞬即逝，自己是在虚度光阴。经过大一整个学年的适应，这个学期我基本上都能充分利用时间。课余时间，我经常去学校的图书馆，学习一点自己感兴趣的课程，以求拓宽自己的知识面，丰富自己思考问题的角度。除了去图书馆学习，我还组织同学们去户外活动，增进同学之间的友谊。在学习上，我认为有一样东西十分重要，那就是学习态度！俗话说得好，态度决定一切。我以前总感觉自己不比别人差，问题能自己解决就自己解决，很少向别人请教。而此刻，我已经养成一种谦虚、勤问的学习态度。因为我明白学习上的东西不能够弄虚作假，不懂就是不懂，绝不能不懂装懂！孔夫子说过，“三人行，必有我师”，我想道理就在那里。

二、生活上

我感触最深的是：社会不只是你自己的舞台，一个人很难独舞，因此建立良好的人际关系，对我以后的发展会有很大的帮助。

我基本上都能够和同学们友好相处，互帮互爱，自己的事情自己做，拥有独立、自理、自立的良好品德。宿舍是一个大集体，八个人生活在同一个空间里面，但是各自的生活习惯都不相同，这就需要大家互相理解和迁就，只有这样才能和睦相处，为我们的学习和休息创造一个良好的环境。大学就相当于一个小型的社会，是我们步入社会的缓冲带，我们能够从中学到好多的东西。大学里时间比高中充足多了，我能够利用剩余时间在外面打工，尤其是五一、十一这样的节假日。我通过打工也知道了许多工作上的细节和与老板、同事相处的方式。最重要的是通过打工，我认识到了在与陌生人相处时，平等是第一位的，在与人交往的过程中要将身份、地位的差异去除，这样既有利于交往，也是对别人的尊重。

三、业余生活上

我觉得我最大的收获就是增强了体质。我们每天下午都有很多体育活动，比如跑步、打篮球、踢足球、打羽毛球等。我常约几个朋友一起去跑跑步，虽然运动量不是很大，但也是锻炼身体的一种好方法，更是一种娱乐方式。我觉得我的身体素质已经增强了很多，不再像以前那样经常觉得很累。

四、思想问题上

我在思想上要求进步，积极向党组织靠拢，在大二上学期参加了学校组织的党的知识学习，顺利通过了学校组织的考察。此后，我还认真学习江泽民总书记“三个代表”重要思想和“七一”讲话精神，用心参加学院及班上组织的思想政治学习活动，不断提高自身的政治素质。

时光如梭，一个快乐而短暂的寒假眨眼间就过去了，我们迎来了一个新的学期，为了使我们能够在新的学期有更好的收获，更大的进步，我们就应为自己制订一个学习计划，以下便是我为大二下学期所做的安排。

第一，上好英语课和 VB 课，为大二的英语四、六级考试及 VB 二级考试打下坚实基础。

第二，由于自己在大二上半学期，专业基础打得并不是很扎实，因此要在学习新的专业基础课程的同时，回过头来巩固大一所学知识，争取做到新的不落，旧的提高，不断充实自己。在其他课程上，专心听讲，做好笔记，打好专业基础。同时也会更加努力，用心配合其他班委及同学的工作，加强班风学风建设，使整个班级成为团结上进的大集体。

第三，继续坚定自己的入党信心，向党组织做好思想汇报工作，多做好人好事，参加各类公益活动，奉献自我。

第四，不断丰富自己的业余生活，用心参加学校、班级、社团等举办的活动，多与其他同学沟通、交流、合作，不断挖掘自己各方面的潜力。

虽然我在这个学期有了不小的进步，但仍然存在不少缺点，还有很多需要改善的问题。比如有些时候计划的事情总是因为这样或那样的原因没有完成。时光总是宝贵的，我不想成为虚度光阴的人。作为学生，学业永远是第一位的。我将努力改正自己的缺点，使自己朝更好的方向发展。

（二）个人工作总结

【范文】

个人工作总结

2017 年，本人在公司领导和部门领导的大力关怀和正确指导下，围绕着本职工作，立足岗位，兢兢业业，踏实工作，较好地完成了各项任务。现将个人工作情况具体汇报总结如下：

一、工作总体情况

（一）思想进步，态度端正

参加工作以来，本人在思想上严格要求自己，利用业余时间，不断加强思想理论学习，关注时政，认真学习了党的十九大精神、“中国梦”等，努力提高自己的思想觉悟，提升自己的内涵素养，拓宽视野，让自己更好地与时俱进，适应社会和岗位发展需求。

（二）严于律己，真诚待人

在工作中，我严格遵守公司的各项规章制度和决议，始终与公司党委保持一致，立足本职，团结同事，尊重领导，服从组织工作安排。同时，在与同事相处中真诚相待，虚心学习同事们身上的优良品质和精神，不断提高自我综合素养，更好更快地促进自我发展提升。

（三）立足本职，做好工作

目前，我的工作部门是客户服务部，工作内容较细较杂。在工作中，我将责任心和耐心放在首位，要求自己能够静下心来，认真处理每项工作中的细节，确保工作不在我的范围内出错，不因我耽误工作。我的主要工作内容如下。

1. 认真做好电子版巡检记录：全年共对×××块电子版进行巡检，记录各类问题×××次。

2. 统计水电周、月报表：对水电数据进行认真核查，按时按质做好水电周、月报表工作，确保每张报表数据准确无误。

3. 做好档案管理工作。针对负责的档案多且杂等特点，一方面个人认真学习档案管理业务知识，参加相关专业知识培训，不断提高自己的业务理论水平；另一方面，结合档案管理的实际情况，完善档案管理台账，定期更新档案，严格遵守档案管理制度，努力确保档案不出差错。此外，积极强化运用电子档案管理的能力，充分发挥电子档案的作用。

4. 完成库房账目及各项内务工作。在库房账目方面，坚持财务管理制度，做到账库相符，账库相实；在内务方面，按时按质完成领导交办的各项工作任务，尤其是每日定时定期地做好办公环境的保洁工作，努力营造一个干净卫生、氛围良好的工作环境。

二、存在问题

（一）学习力度还需要不断提高

由于工作忙等现实原因以及自己在学习上存在一定的松懈、侥幸心理，我对热力行业的相关专业知识学习的力度还不够，了解还不深，对一些政策性的理论学习重视度不足。因此，在未来的工作实际中，在这些方面自己仍需不断加强和提高。

（二）专业技术能力仍需提高

在实践业务操作过程中，个人的业务能力仍需不断提升，在档案管理等相关业务实践过程中，自己还存在业务素质和能力不强的现实状况，与公司的要求尚有一段差距。

（三）工作的统筹计划性需加强

在工作中，个人对工作的安排和计划性仍需不断提升，常常因为工作安排不合理，而造成手忙脚乱的局面，极大地影响了工作的效率，这是本人需要不断改进的地方。

三、下步工作安排

（一）抓学习，提内涵

在未来的工作中，注重抓学习，重点学习党的各项理论知识、公司的规章制度及热力行业专业知识，努力促进自我的全面发展。

（二）重统筹，提效率

注重对工作的科学安排和计划，积极提高工作的效率。同时，努力增强对工作的独立思考，提升发现、分析和解决实际问题的能力。

（三）积极完成好各项工作任务

在未来工作中，本人将围绕着年度工作计划，科学安排，合理统筹，立足本职，认真遵守公司的各项规章制度，按期按质地确保本人年度工作任务的圆满完成，积极为公司的发展作出自己的贡献。

×××

××××年××月××日

（三）政府工作总结

【范文】

2016年石鼓镇人民政府工作总结

2016年，在县委、县政府的坚强领导下，我镇深入贯彻党的十八大和十八届五中、六中全会精神，以新型农业产业为主导，走乡村旅游的发展道路，按照“生态立镇、文化靓镇、农业富镇、旅游强镇”的总体发展战略，镇党委政府带领广大干部群众全面完成了全年各项工作任务，经济和社会发展取得显著成绩，综合实力明显提升，现将情况总结如下：

一、党的建设不断加强

围绕党建工作目标，加强基层组织建设。

一是圆满完成建制村合并。把原有31个行政村合并成16个行政村，完成了15个行政村合并任务，并选优配强了13个村的临时工委班子队伍。

二是狠抓基层阵地建设。开展村部规范化建设，扩建了歇马、石鼓等6个村部，极大地方便了合并村开展工作。

三是规范党员发展工作。严格落实“2233”制发展党员，全年我镇有入党积极分子30人，发展对象23人，发展新党员18人。

四是认真开展“两学一做”教育活动。统筹部署“两学一做”学习教育动员会和开展“两学一做”教育业务骨干专题培训，认真制定了《石鼓镇“两学一做”学习教育工作安排表》，各党支部已开展专题学习讨论80余次，书记大讲堂2次，党政负责人上党课20余次。

五是扎实做好党员冬春训工作。书记带头讲党课，精心组织2次专题培训，全覆盖安排1次分管区集中培训，充分利用远教资源创新培训载体完成16个村党员冬春训工作，共发放了1 000份党员冬春训工作意见反馈表，944名农村党员参加了培训。

六是扎实推进“连心惠民”工程。扎实开展抓党建促精准扶贫工作，组织机关党员干部与79户贫困户进行了一对一帮扶，开展走访慰问150余次，办理实事30余件，帮扶慰问4万余元；认真落实党员教育培训“五项计划”，积极推行党员积分制管理，全年共处置4名不合格农村党员干部，调整不胜任现职村干部1名；开展软弱涣散村集中整顿工作，选派了2名村党支部第一书记到软弱涣散村指导党建工作。

七是全面落实党风廉政建设责任制，切实履行党委的主体责任和纪委的监督责任。年初与各村（居委会）、管区、站办所签订党风廉政建设责任书，健全教育、制度、监督并重的惩治和预防体系，切实做到遵守党的纪律不动摇，执行党的纪律不走样。

二、政府工作稳步推进

今年，我镇完成总产值6.3亿元，同比增长8%。其中农业完成3.2亿元，同比增长10%；工业总产值完成1.6亿元，同比增长6%；固定资产投资9 000万元，同比增长10%；第三产业完成1.5亿元，同比增长9%，农民人均纯收入11 750元，同比增长8%，完成财政总收入3 120万元。

（一）农业地位继续稳固

一是继续夯实传统农业。全年水稻播种面积68 018亩，其中早稻32 940亩，晚稻34 650亩，一季稻440亩，优质稻面积54 800亩，完成早稻集中示范面积500亩，辐射面积1 000亩。建立了道贯村1 000亩双季高产连片示范片和200亩的双超示范片基地，做好了耕地修复治理和土壤取样工作，在万家和珠联共发放石灰240吨，有机肥86吨，叶面肥17万毫升，在珠联村建立了绿肥示范基地。

二是扎实抓好畜禽防疫。全面完成了5 568头牲猪及152 086羽家禽的免疫注射任务，加大检疫力度，做好了打捞病死动物无害化处理工作，协助保险公司做好了能繁母猪的查勘理赔工作。

三是做好农机购置补贴工作。全年共补贴农机具160台，补贴资金26万元；完成了石鼓村连片200亩插秧田间示范演示工作。

四是认真抓好造林绿化工作。全年完成长防林工程建设任务400亩，封山育林600亩，退耕还林坡耕地造林25亩。认真做好“三边”绿化工作，共完成路边绿化10公里，庭院绿化50

户，水边绿化 11 公里，共栽植苗木40 000余株，同时强化宣传，积极整治，全年没有发生一起森林火灾。

五是引导农业发展专业化。积极探索灵活多样的土地流转方式，培育新增专业合作组织 4 家，新增家庭农场 6 户，新型主体逐步成为我镇农业发展的主力军。

六是着力推动结构调整。扶植农业产业基地，引导农业发展特色化，在珠联、石鼓等村建立了2 000亩连片的绿肥示范基地，以顶峰旅游景区和山花线沿线为主建立了万亩连片的油菜高产示范基地，海云西瓜、葡萄、兴旺红枣、橙子种植基地都已初具规模，效益明显。

（二）工业经济持续发展

一是传统工艺伞业健康发展。石鼓油纸伞今年已成功列为省级非遗项目。据协会统计，今年全镇共产销伞 300 余万把，实现产值2 500多万元。尤其是竹缘工艺伞厂借助县级淘宝、阿里巴巴等电子商务平台开通了自主销售渠道，逐步掌握市场的主动权。

二是引进项目发展良好。石材产业经过近两年的关停整顿后，今年新招商引进的湘潭德源石材，已经完成了重组、技改工作，正在办理相关证照。今年引进的伍子醉槟榔加工厂，厂房已经建设完毕，预计投资 200 万元。

三是重点项目取得新突破。昌山风电项目总投资 4.67 亿元，装 22 台风机，预计年发电量为9 000万 kW/h，整个项目的建设周期为 18 个月。目前已经完成前期各项准备工作，即将投入实质建设，项目的实施既能改善我镇的基础设施，也将成为我镇稳定的税收来源。

（三）乡村旅游初显成效

我镇依托秀美的田园风光，深厚的人文底蕴，深度整合农业、林业、水利、移民等方面的资金和项目，按照“一轴三区”

工作思路，推动乡村旅游发展，促进农业结构调整和农业规模化经营。3月，成功举办了第二届“无限风光在顶峰—石鼓·顶峰之旅”活动，以“登湘潭西藏、走湘军古道，品非遗文化、赏万亩菜花”为活动主题，吸引了5万余名游客前来石鼓踏春旅游，实现旅游收入1 000万余元，极大地增加了老百姓的收入。全年完成了5公里旅游干线环湖路段8米宽的路基建设，9月底启动了旅游干线全线硬化工程，目前水稳层施工已完成，农历年前将实现全线6米宽的沥青硬化；完成了精品区2公里道路硬化及顶峰公路的安全防护工程，完成了顶峰游步道入口建设；做好了油菜、紫云英、桃花、苗圃基地的管护工作。今年我镇顶峰村成功申报了国家级传统村落保护项目，现已完成了项目的规划编制，该项目的实施将极大地带动我镇乡村旅游的发展。目前，发展生态农业促进乡村旅游，两者形成良性互动，已经成为全镇上下的共识，基本形成了政府主导、群众参与、社会资本辅助的良好工作格局。

（四）基础设施明显改善

一是重点推进道路和桥梁建设。今年4月重建了明道大桥和飞跃桥，解决了6个村近1万余人出行难的问题；全年共维修村道、乡道路面11处，护坡1处，补板880多个平方米，完成了10.82公里的农村公路硬化；完成了顶峰盘山公路2公里道路硬化和安全防护栏工程；全线拉通了歇马村至铜梁村旅游专线及环铜梁水库旅游公路。

二是改善和修复水利基础设施。共计投入水利建设资金820万元，完成各类水利工程920处，完成劳动工日130万个，完成骨干塘建设43口，完成断面尺寸1.5米以上高标准砼渠道28.3千米，完成渠道清淤扫障122公里，完成6座河坝的除险保安，完成9个村的“五小”水利项目建设，恢复面上重点水毁工程3处，完成土石方130万方。

三是完善基础配套设施。为配合乡村旅游，今年下半年我镇启动了3个停车场和3个公厕的建设工作，目前3个停车场都已动工，其中2个停车场主体已完成，2个公厕已基本建成，明年旅游节时停车场和公厕均可投入使用。为整治马路市场，还居民一个安全洁净的环境，今年我镇完成了农贸市场给排水工程、停车场和文化广场等配套设施建设，11月马路市场成功搬进了新农贸市场。

（五）社会事业统筹发展

一是积极开展平安和谐石鼓建设。认真抓好排查调处工作，不断完善防控体系建设，维护我镇稳定健康的社会秩序。今年4月和9月开展了两次民调大走访活动，采取领导包片、干部包村的方式，组织召开村民小组户主会，倾听群众呼声，解决群众困难，今年我镇民调取得了全县第二全市第十的较好成绩。

二是狠抓安全生产工作。强化安全生产监管，狠抓事故隐患排查整改，深入开展道路交通、消防、食品安全、烟花爆竹、非煤矿山等专项整治。全年召开安全专题会议6次，开展安全大检查6次，下发整改通知36份，发放一封信10 000余份，6月份开展安全生产宣传月发放资料袋1 000个，资料20 000余份。积极配合开展省级安全生产示范县创建工作，完善相关制度和资料，通过宣传栏、横幅等积极开展宣传，圆满通过了省、市、县三级验收。

三是计生工作巩固发展。全面落实人口计生政策，提供优质服务。今年全镇共出生575人，政策外出生32人，符合政策生育率94.43%，符合政策生育率多孩16人，多孩率2.78%，性别比109.85。落实长效节育措施506例，补救措施156例，完成社会抚养费征收115万元，免费孕前检查完成278对。积极开展计生服务活动，大力推动免费孕前优生健康检查，完成孕前优生检查278对。全年慰问计生贫困家庭、留守儿童等68人，发放慰问金 1.5 万余元；发放各类奖扶资金 16.134 万元。

四是农村环境卫生整治有效推进。开展专项整治行动，把改变镇村面貌、改善群众生活环境作为一项长期而艰巨的任务，实施全方位拉网整治。按照“能收就收，能沤就沤，能烧就烧，能埋就埋”的处理方式，全面推行垃圾分类处理，建立了 24 个垃圾分类回收站，新设立了农药废弃包装物回收点，全年回收玻璃瓶、农药瓶 30 多吨。评选了 3 个美丽屋场，50 户美丽庭院，打造亮点特色工程，农村环境卫生整治工作全年保持在全县先进行列。

五是社会保障工作扎实推进。今年，我镇农村低保对象 1 067户1 997人，城镇低保对象 43 户 54 人，五保对象 361 人。全年累计退出低保 138 户 193 人，其中整户取消 55 户。取消五保 20 人，新增低保户 97 户 231 人。积极开展临时救助，累计救助 128 户，救助金额 38 万余元。积极为优抚对象服务，发放走访慰问金 10 万余元。6·15 洪灾期间，认真落实救灾物资款的发放，共发放救灾救济款 28 万余元，为 39 户唯一住房全倒户申请了灾后重建，解决重点特困户建房对象 8 户，发放棉被 120 床。积极开展残疾人帮扶工作，全年共帮助 6 户贫困残疾人完成了家庭无障碍改造，帮助 4 名贫困儿童进行了抢救性康复训练，认真组织疑似白内障患者到爱尔医院进行筛查，为筛查出的近 80 名白内障患者实施了复明手术。完成农村劳动力转移新增就业 182 人，完成全年任务的 101%，城镇新增就业人员 124 人，完成全年任务的 103%，下岗失业人员再就业 15 人，圆满完成年度任务，就业困难人员再就业 5 人，完成全年目标任务的 100%，通过开办培训班、举办招聘会、送就业送政策等形式积极开展精准就业扶贫。完成城乡居民养老保险参保缴费16 194人，新农合参合46 783人，参合率 82.97%，全年报销各类医疗费用2 100万余元。

六是精准扶贫卓有成效。全镇共有建档立卡贫困户4 175人，今年计划脱贫1 201人，三个省扶贫村在年内实现摘帽。我镇积极整合人力、物力、财力，根据各村实际制定脱贫方案，因户施策，做到“一户一策”，加强各村基础设施建设，以产业发展为支撑点，加快发展村级主导产业，因地制宜，充分利用观光农业推动乡村旅游发展，促进农村增收农业增效，圆满完成了今年的脱贫任务。易地扶贫搬迁方面，全镇有 8 户 24 人实行分散安置，主要在本村就近安置，目前房屋建设已全部完工，贫困户已入住；有 20 户 62 人实行集中安置，集中安置点选址位于歇马村，占地 12 亩，总建筑面积1 684平方米，该项目农历年前可全面竣工，贫困户可在年前搬入新房。

过去的一年，我镇武装、宣传、统战、工、青、妇、办公室等工作都开展得有声有色，顺利完成了商会第三届换届工作，成功召开了第一次妇代会，金融、保险、邮政、电信等社会事业蓬勃发展，有效地推动了石鼓的和谐进步。

三、2017 年工作思路和打算

2017 年我镇将以习近平总书记系列重要讲话精神为指导，以“四个全面”战略布局为总揽，牢固树立创新、协调、绿色、开放、共享的发展理念，大力实施“生态立镇、文化靓镇、农业富镇、旅游强镇”发展战略。

一是继续大力发展乡村旅游。重点加强旅游基础设施和配套设施建设，优化旅游发展环境。完成乡村旅游规划编制工作，做好传统村落的保护与规划工作，完成大坪至铜梁旅游干线沥青路面铺设，完成 3 个停车场和公厕建设，完成镇域内山花线 12 公里拓宽加固，完成歇马、铜梁、珠联三个村4 000亩高标准农田建设项目。同时将乡村旅游与精准扶贫工作充分结合，打造以农业观光、休闲娱乐和特色餐饮为代表的乡村旅游产品，加大引导资金、技术、政策等方面的帮扶力度，帮助扶贫对象增收。明年

3月举办第三届“无限风光在顶峰——石鼓·顶峰之旅”活动。

二是积极打造精美镇区。重点通过硬化镇区沥青路面2公里，添置环卫设备，美化民居，改造排水管网，改造镇区亮化工程等基础设施，来打造精美镇区。

三是推动重点工程建设，服务好昌山风电项目，重点做好土地征收、项目周边环境协调等工作，积极推进昌山风电场建设。

四是打造服务型政府，强化服务意识，转变政府职能，加强党务政务公开，着力打造高效廉洁的服务型政府。

五是认真完成中心工作，按照县委县政府的统一部署，做好支村两委换届、精准扶贫、环境卫生整治等中心工作。

石鼓镇人民政府

2017年1月5日

（四）专题性总结

【范文】

实行“三化”　提高工作质量

办公室工作的被动性、从属性、事务性和服务性特点，常常导致办公室在忙、乱、杂中运转。如何从被动中求得主动，提高办事效率、办公质量？现将我们岳阳石化总厂储运公司的一些做法介绍出来，以期抛砖引玉。

我们采取“抓住重点，带动一般”的办法，在重点项目上建立健全工作程序、标准和制度，实现工作程序化、标准化和制度化，从被动中求主动。具体来说就是：抓住文件、会议、小车管理和接待协调三大项目，带动其他日常工作，对各项工作都要求绘出程序图，制定出制度和标准，在规定目标的同时，也规定达到目标的方法。

首先，我们根据三个重点项目各自的特点，绘制了《经理办公程序》《行政会议组织程序》《公文审稿工作程序》《客人接待工作程序》《小车安排工作程序》等二十四个工作程序图，制定和完善了《草拟公文工作标准》《秘书日常工作标准》《文稿修改工作标准》《复印文件工作标准》等十二个工作标准和《关于复印文件暂行规定》《关于保密工作的暂行规定》《关于印信使用的暂行规定》等八项工作制度，使各项工作有程序标准和制度可依。

其次，在严格执行上下功夫。例如，我们要求在办文中严把“四关”，即一把拟办单位关，要求拟办单位草拟文件时不草率；二把文字关，即看是否要行文和以什么形式行文，是否符合党和国家的政策法规，文字表达是否准确、简练、通顺，涉及几个部门时是否协商一致，和本单位前后文件是否有矛盾，体例格式是否规范；三把打字、校对、印刷、装订、分发关；四把文件发出后的催办关。通过严把“四关”，文件的草拟、审核、审批、打印、校对、印刷、装订、分发和催办形成一条龙，从而保证了文件整体质量的提高。再如，在提高会议质量时，我们根据所规定的工作程序、标准和制度，主要抓了会前的准备工作、会中的记录和提醒、会后的记录整理、有关事项的催办和反馈四个环节。会前填写会议议题单，会后下发会议决定通知单或会议纪要，严格控制会议，认真整顿会风，提高了会议质量。

经过几年的实践，我们体会到：实行工作程序化、标准化和制度化，可以把复杂的工作条理化、规范化和责任化，使每个人都明确自己的责任和义务，达到了用时少、效率高的目的。

××××

××年××月××日

【范文评析】

这是一篇工作专题性总结。文章总结了该办公室实行工作程序化、标准化、制度化这“三化”的经验，针对性强，偏重于介绍做法、总结经验，内容集中，写得具体、细致、条理清楚，是一篇比较好的经验总结。

（五）综合性总结

【范文】

回顾与展望

——广西师范大学中文系十年对外汉语教学工作的总结和思考

一、因时制宜，不断拓展办学层次

……略……

二、因材施教，建立和完善教学管理体系

……略……

三、因势利导，强化学科建设，努力开创对外汉语教学的新局面

1. 加强学科意识和学科建设，提高学术科研水平。

……略……

2. 抓紧培养对外汉语教学师资和人才，提高教师素质。

……略……

3. 抓好对外汉语教学的课程建设，提高教学质量。

……略……

【范文评析】

这是一篇综合性总结，从对外汉语教学的三个方面，即“因时制宜，不断拓展办学层次”“因材施教，建立和完善教学管理体系”“因势利导，强化学科建设，努力开创对外汉语教学的新局面”，全面深入地进行了总结，有经验，有教训。层次分明，结构严谨，内容充实，语言简明。

四、拓展训练

（一）改错训练

指出以下总结中存在的问题，并予以修改。

2003学年我的个人总结

炎日当空，天上没有一丝云彩，火辣辣的太阳简直叫人不敢出门，空中没有一点风，只有知了在树上不停地叫着，好像在说"放假啦，放假啦"。又一学年过去了，我应该利用暑假对这一学年的学习情况做一些总结，以迎接新学年的到来。

在这一学年里，我学习了成本会计、管理会计、审计原理、经济法、计算机应用、外贸会计、大学英语、应用文写作、体育、职业道德、概率论等课。其中成本会计82分，管理会计86分，审计原理77分，经济法89分，计算机应用90分，外贸会计90分，大学英语72分，应用文写作68分，体育是中，职业道德是优，概率论是中。总的来说，成绩还是可以的，在班上属中等水平。其中计算机应用和外贸会计成绩好些，而大学英语、概率论和应用文写作差些。下一学期，我要继续努力，争取取得更好的成绩，最好都在80分以上，这样就可以获得奖学金，减轻家庭的经济负担，更可以在择业时增加自己的实力。

文秘一（1）班×××

参考答案：

（1）标题不当，应该为"2003学年个人学习总结"。

（2）正文内容不当，应该分前言、主体、结尾三个部分写。前言开门见山，切入内容；主体是总结的血肉所在，主要写成绩和经验，问题和教训；结尾写今后的打算及努力的方向。

（3）语言表达不当，应该用书面语，不能口语化。

（4）落款没有日期。

（二）写作训练

（1）请就自己某一门实训课的学习情况进行总结。

（2）本学期你有哪些收获呢？请你就本学期的学习、生活、思想、纪律、社会实践等方面的情况做个总结。

五、知识链接

做实习生注意事项

实习是开始正式工作前的一个重要环节，大部分人会选择在正式工作前找一份实习工作，实习是一次预演，它将会小范围地暴露你在未来工作中将会遇到的问题，如人际关系、基本技能、行事方式等，不要小看实习，应当从一开始就抱着自己是正式员工的想法工作，千万不要因为自己是实习生就自由散漫。如果你找的是一份自由散漫的实习工作，那么这份实习其实是没有多大意义的，下面我就给大家介绍一下做实习生的注意事项。

1. 摆正心态

一般而言，实习生的工作都是比较辛苦的，而且工资比较低，有时候想想会觉得不平衡，因为你可能比正式员工还要辛苦，拿的工资却是人家的零头。有这种想法的时候就暗示自己：实习其实是来学习的，我来学习人家不但没收我的钱，还给我工资，我真是赚到了。这样一想，心里是不是舒坦多了？

别人都有，就我没有，真不公平。一般而言，福利都是针对正式员工的，实习生是不能享受的，因此也有可能出现这种情况，大家在办公室里分东西的时候，没有你的份。遇到这种情况，默默安慰自己：什么时候老师们发福利，会分给学生的啊？专心做好自己的事情，假装不知道好了。

2. 基本技能要扎实

进公司之前，一定要学习好Excel，PPT，还有Word，最好能够精通，因为这些是办公的基本处理软件，不熟练的话，很容易影响到你的工作速度，即使一边做事一边使用网络搜索，效率还是低的。因此，在去实习之前，最好能掌握这些基本技能。

掌握快捷键的使用方法。公司讲究的是效率，他们看重的是结果，而不是过程，你怎么做出来的不重要，最重要的是又快又好地完成。这些快捷键的使用方法在网上有很多教程，可以打印出来背一背。

学好英语。英语在工作中很重要，很多时候，同事跟你说话会在中文里加上英文，那些英文都是在工作中常用的。除了日常对话，有些作业甚至要求PPT使用全英文，所以还是得不断地学习。

3. 人际关系

这是实习中会遇到的一个很棘手的问题，虽然没有真正踏入职场时那么严峻，但是也很复杂，到底怎么跟同事相处呢？应该先寻找最友善的人，友善的同事会带着你进入他们那个圈子，教你很多东西。这个寻找的过程其实不难，都是在平时相处中发现的，你仔细观察就好。

多跟同事一起吃饭。这是一件很令人心疼的事情，为什么这么说呢？因为我所在那个公司的大部分同事家境都不错，人均消费蛮高的，一顿饭要花费40元左右，我一般自己吃的话，花费15元差不多了，所以每次跟同事吃饭，压力很大，一天的实习工资不到100元，一顿饭就吃掉了一半，怎么能不心疼呢？但是和同事一起吃饭是迅速建立友谊的最好方式，本来实习就不是能赚钱的，能积攒到有利于自己的人脉才是最关键的。

别人指派给你任务，一定要做好。你是实习生，肯定有很多时候别人找你帮忙，如果你正在做其他人给你的任务，你最好询问一下，哪个工作更重要，需要先做哪一个，大概什么时间要做好，然后按先后顺序排好。一般而言，大老板的工作往往更重要些，要先做，其余的要跟给你任务的人商量。

跟前台处好关系。跟前台处好关系等于你对公司里其他人的情况有了一个基本了解，有什么情况也能及时从她那里得到消息，但是切忌八卦。

多跟别人分享。很多同事喜欢在办公室里分享零食，我觉得这是一个不错的提升人际关系的方式，你也可以试试。如果总是别人分享给你，你却从来没有分享过，久而久之，人家嘴上不说，心里也会对你有意见。分享给别人的东西一定要是拿得出手的。

4. 工作态度

按时上班。

尽量在下班之前把自己的事情做完，如果做不完的话，不要避讳加班，你如果要加班，有可能是工作任务太重，还有可能就是你能力不行，效率太差，不管是哪一个，都是存在问题的，你要想着去解决问题。

及时回复邮件。一般公司同事之间有任务传达都是用邮件的方式，因此你要及时检查邮件，看看有没有新的任务，收到邮件要及时回复。

记住你同事的名字，这是礼貌，也是你必须要做的事。一般情况下，公司都会有一张员工联络名单，把它贴在办公桌上，多留心谁是谁。

不要背后说别人坏话。不要轻易反驳你的上司。

实习总结怎么写

毕业季，除了要写毕业论文，还要准备实习总结。一般情况下实习是由学校安排岗位，但是也有一些学生选择自己找实习单位。去年，我自己找到的实习岗位，比学校推荐的岗位更有挑战性，另外自己找的岗位一般都有工资，和学校安排的义工性质的岗位相比有很大的优势。当然，不管你的岗位是什么性质的，这个实习总结都有一个大概的写作方法，下面我们就来看看实习总结该怎么写。

1. 实习总结由哪些结构组成

一般实习总结对内容的要求并不严格，各个学校、各个学院也有不同的要求，大体而言，实习总结由四个部分构成：工作内容（你的岗位主要做什么）、实习目的（你为什么选择了这个岗位）、实习体会（你有什么感想）、实习收获（在知识能力上有什么提高的地方）（如图 6—10 所示）。这几个部分都要在你的总结中有所涉及。

图 6—10　实习总结的构成

2. 采用哪种形式去组织上述内容

一般总结都是总分结构，也就是在开头综述一下大概内容，然后再详细分条目去写（如图 6—11 所示）。这样可以使你的总结看上去主次清晰，结构明确，一目了然。

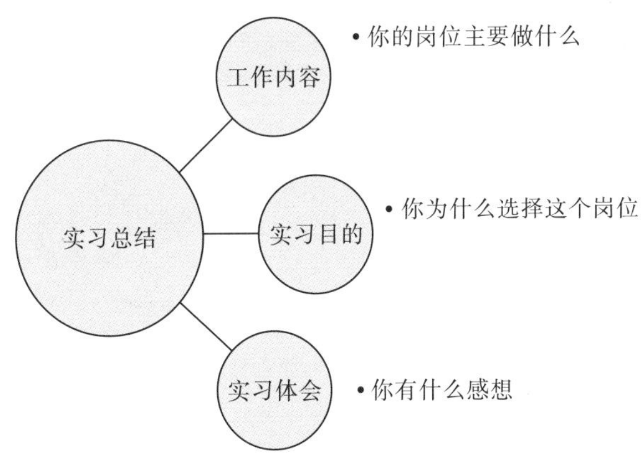

图 6—11　实习总结的形式

3. 写好前言部分

说实话，并不是每个老师都会认真地看完实习总结，大部分学校的大部分老师只是根据总结的第一印象给分。为了获得更好的分数，我们要特别注意前言部分，因为有时候只有前言部分才能决定你的得分。前言部分主要介绍实习者本人在哪些时间进行实习，对企业的哪些情况进行了了解，通过这次实习自己在哪些方面得到了提高和锻炼，取得了哪些认识，等等（如图 6—12 所示）。这些内容在实习总结接下来的部分会有详细的介绍，这里只是简要地概括，你要达到的目的是让人看完前言部分就能了解你的整个总结。

图 6—12　实习总结前言的主要内容

4. 参考工作日志

要写好一篇实习总结，最好在实习的时候有什么感想就及时地记录下来，这样在写总结的时候就能参考工作日志，轻易地回忆起工作时候的细节（如图 6—13 所示）。在总结中插入细节的技巧可以使你的实习总结显得更加真实真诚。

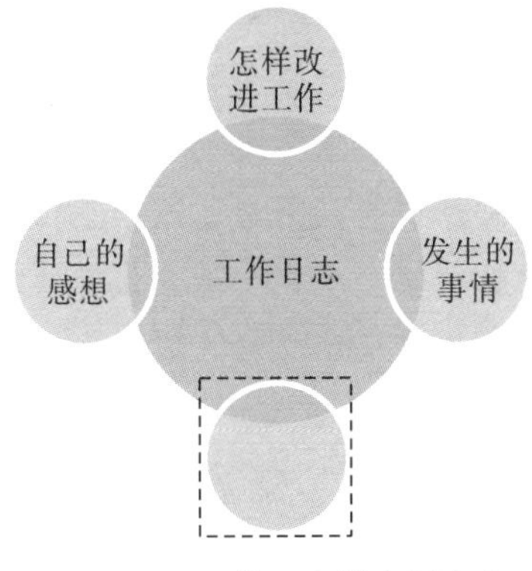

图 6—13　工作日志的主要内容

5. 注意总结中各部分的比例

为了把握好各部分的比例，你首先要想好自己写的总结的重点是什么。一般情况下，总结中的重点可以有以下几种：自己的体会，自己的收获，对实习单位的意见建议（如图 6—14 所示）。对于你要写的重点部分，可以列出次级列表进行更加详细的叙述。

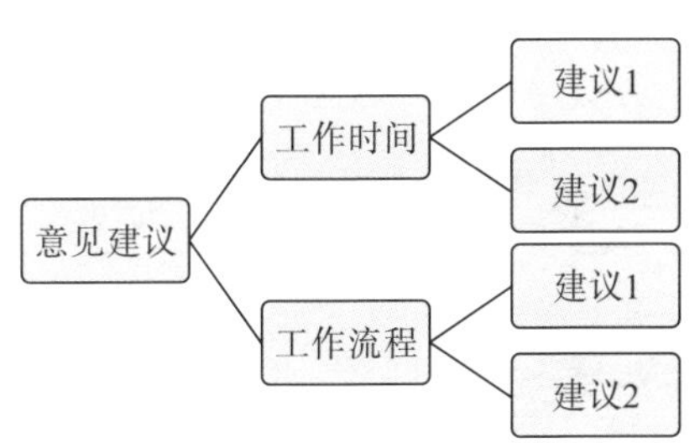

图 6—14　列出次级列表进行叙述

6. 须切记的注意事项

可以参考但不可抄袭他人的实习总结。参考和抄袭之间的区别是，参考看的是别人的文章的形式，按照其形式来组织自己的内容；而抄袭就是复制粘贴。一般实习报告都会得到及格以上的成绩，但是抄袭的总结一般都会不及格。

态度端正。实习总结虽然不是特别重要，但最能看出一个人对待工作的态度。把实习看作是对未来工作的预演，不要吊儿郎当，更不要在实习总结中表现出自己不端正的态度。

不要有过多的错别字。现在大部分人都使用拼音输入法，这种输入法容易上手，但是也容易输入错别字。我写的实习总结就曾经因为错别字过多的问题被发回重写，最后的得分就不会很高了。